시리우스(Sirius) 총서

시리우스(Sirius)는 새해 첫 날 태양보다 먼저 떠서 태양을 인도하는 밝은 별로(1등성)알려져 있습니다. 그래서 고대 이집트에서는 태양력의 기준으로 삼는 항성(恒星)이 되었습니다. 이러한 의미의 역할을 한들 시리우스(Sirius) 총서가 독자들과 함께 만들어 가겠습니다.

Die Absolutheit des Christentums und die Religionsgeschichte
Siebenstern-Taschenbuch Verlag 1969

by Ernst Troeltsch
tr. Lee Ki-ho & Choi Tae-kwan

Die Absolutheit Des Christentums

기독교의 절대성

에른스트 트뢸치 / 이기호 최태관 옮김

시리우스 총서 09 SIRIUS BOOKS

안늘출판사

에른스트 트뢸치의 소개와 주요 저작

에른스트 트뢸치(1865 – 1923)는 아우구스부르크 근방에 있는 하운스테텐에서 태어났다. 그는 에를랑겐, 베를린 그리고 괴팅겐대학에서 신학 과정을 마쳤다. 1891년 뮌헨에서 목사 후보생 수련과정을 끝낸 후에 괴팅겐대학에서 교수생활을 시작했으며, 본(1892), 하이델베르크(1894) 그리고 베를린(1915)에서 철학부 교수를 지냈다. 1차 세계대전 이후, 1919년에서 1921년까지 프로이센 문화부 산하 개신교사업부의 차관보를 부수적으로 맡았다. 그의 다양한 작품은 문제 제기에 대한 결과들과 같이 주제의 다양성에 있어서 개신교적 조직신학과 20세기 초 종교철학의 최고점이 되었다. 에른스트 트뢸치의 주저는 다음과 같다.

1891년: 《J. 게르하르트와 멜랑히톤에게 있어서 계시와 이성》
1902년: 《기독교의 절대성과 종교사》
1904년: 《칸트의 종교철학에 있어서 역사적인 것》

1906년: 《근대의 개신교적 기독교와 교회》
　　　　《근대세계 형성에 대한 개신교의 의미》
1911년: 《기독교 신앙을 위한 예수의 역사성의 의미》
1912년: 《기독교적 교회들과 공동체들의 사회론》
1913년: 《종교적 상황, 종교철학, 윤리를 위하여》
1915년: 《어거스틴, 기독교적 고대와 중세》
1922년: 《역사주의와 그의 문제들》
1924년: 《역사주의 그의 극복》(사후 출판)
1925년: 《종교사와 종교사회학을 위한 논문들》(사후 출판)
　　　　《독일의 정신과 서유럽》(사후 출판)
　　　　《신앙론》(게르트루드에 의한 필사본)

트루츠 렌토르프의 기독교의 절대성에 대하여

(트뢸취학회장, 뮌헨대학교 교수)

기독교가 그의 세계사적 시대로 넘어갈 때, 그는 문제 상황을 규정한다. 오늘날 세계 도처에서 의식된 상황에서 신학은 새로운 기회들을 갖지만, 정확히 새로운 사도(邪道)와 탈선의 가능성에도 역시 노출되어 있다. 그러므로 그 상황이 이미 알려져 있고, 중심 주제가 된 신학적 작업의 동일한 모습을 지향하는 것이 의미가 있다. 여기에 에른스트 트뢸취의 저작과 항상 개선된 방식으로 광범위하게 논쟁하는 현대적 신학을 위한 실질적인 동기가 있다. 기독교의 세계사적 장소는 그의 문제 의식에서 하나의 탁월한 위치를 차지한다.

에른스트 트뢸취의 작품은 20세기 초에 개신교 조직신학과 종교철학의 최고점에 도달하였다. 문제제기에 대한 결과와 같이 그의 다양한 신학적 주제는 신학을 위해서 표본적인 특성을 띠고 있다. 하지만 그는 어떤 신학자와도 다르게 근대의 조건 하에 존재하는 신학의 근본 문제를 학문적이고 총체적인 상황으로 끌고 들어가지 않았다. 동시에 신학의 과제를 근대세계 일반의 현재적 물음들에 대한 표현으로 이해하지 않았다. 트뢸취 사유의 내적 역동성(Dynamik)은 초자연주의와의 단호한 결별에서 비롯된다.

트뢸취는 계시의 요구들을 토대로 신학의 특수한 권리를 요구하는 모든 신학적 진술을 비판하면서 곧 그의 신학의 큰 배경이었던 알브레히트 리츨학파로부터 떠났다. 항상 그는 반복적으로 모든 특수한 결과들을 비판하면서 떠났으며, 사유 형태의 모든 교리화와 학문적인 입장에 맞서서 역사적 삶의 현상에 대한 개방성을 우위에 두었다. 또한 그는 단 하나의 관점에서 비롯된 신학의 형태를 벗어났다. 20세기 초 이미 동시대에 살았던 학자들과 같이 트뢸취는 대단히 무거운 지성적 부담으로 느꼈던 사유의 개방성 입장에서 기독교 세계를 파악하는 획기적인 이론가가 되었다. 왜냐하면 트뢸취가 항상 새롭게 반성했던, 세계사적인 상황에서 기독교의 공동성이 의심할 여지없이 신학과 철학에서 생성된 규범적인 양식에 따른 모든 개별적인 위치들보다 크기 때문이다. 이 공동성의 근본 특징에 대한 강조는 그의 조직적인 사유에서 실천과 같이 동일한 요구 앞에 선 이론이 만족감을 주고 실천적 생활세계에 대해서 그의 원칙적 기능을 기독교의 이론에 분배하는 과제로서 나타난다.

트뢸취의 본 저서는 그의 학문적 작업의 핵심을 묘사하며 특별히 그 사유의 현재성에 대한 논쟁에 기초를 제공하기 위해서 적합하다. 이 저서에서 기독교 신학일반의 가능성에 대한 폭넓은 논쟁에 불이 붙었다. 트뢸취는 인간적 대상들에 대한 역사적 직관에 따른 방법적 근본 원칙을 여지 없이 또한 모든 교의학적 제한 없이 받아들이고, 기독교적인 종교의 의미에 대한 원칙적 질문과 함께 결합했다. 따라서 그는 신학적 주제를 학문적 상황을 허가하는 것으로 환원하지 않고, 학문적 의식의 상황에서 신학의 새로운 전개 가능성을 열었다. 또한 트뢸취가 역사적인 총체적 직관으로부터 인식한 방법은 독일 관념론의 거대한 설계로부터 20세기의 경험 상황을 연결하는 다리를 놓는다.

이미 형성된 이론적 입장들의 결과는 그렇게 이론으로 퍼지고, 역사적 의식의 새로운 단계로 향한다. 역사적 사유의 조건들 아래에서 철학적인 신학의 가능성이 문제인 곳에서, 이 책은 대자적으로 진술할 수 있다. 이 책이 기독교적인 삶의 세계에 헌신하기 위해 존재하는 한, 바로 그 곳에 열려 있는 난제에서 현재적인 신학의 과제와 만난다. 이미 이 책에 존재하는 종교사적 문제제기에서 세계사적인 문제제기로의 이동은 문제제기의 동일한 진행을 암시하는 동시에 트뢸취의 삶의 작업 안에서 반영하고 오늘날 보편적이 되기 시작한다.

두 가지의 계속적인 논문들 –신앙을 위한 예수의 역사성의 의미와 현재적 삶에서 교회 –은 절대성의 저서에 첨부되었다. 그 논문들은 절대성의 주제 영역에 있고, 그 주제의 신학적이면서 실천적 결과들을 위해 재현적이다. '예수의 역사성의 의미'에 대한 논문은 기독교 교회를 위한 기독론적 교의학의 대표 가치를 그의 기능으로부터 새롭게 규정하기 위해 편견이 없고 대단히 관계적 시도를 묘사한다. 슐라이어마허가 사용했던 역사적인 총체적 삶의 개념을 수용하면서, 트뢸취는 모든 신학의 교회성에 대한 주제에 연결한다. 또한 그리스도의 중심 위치와 모든 경건성이 추구하는 사회성이 상호 간 지지하고 제약하는 방식을 증명한다. 왜냐하면 기독론적 전통의 난제들은 역사적이 된 기독교로부터 기독교 전통의 진리 내용들을 분리하는 것을 통해 극복될 수 없기 때문이다. 만약에 기독교에서 그 정위의 중심을 이미 역사적 근거들로부터 부인해야 했다면, 기독교에 대한 진술은 의미가 없어진다는 사실이 명확히 가치가 있다. 그와 같은 결과에 대해서 역사적인 작업으로부터는 결코 어떤 동기도 존재하지 않는다. 역사적인 방법을 구성적으로 사용하는 것은 학문적 신학과 공동체의 경건성 사이의 논쟁을 인도하고 그 대립을 합의의 길로 인도하는 가능성을 창조한다.

"현재의 삶에서 교회"에 대한 논문은 트뢸취가 학문의 내재적 작업을 넘어서, 기독교의 구체적 삶의 문제들과 동시대적으로 관계했던 수많은 문서들 중 하나이다. 즉시 트뢸취의 표준적 해명은 직접적으로 현재를 지향했던 그의 표현들에 대한 이론적이고, 종교적이며, 역사철학적 논문들의 관계를 끊임없이 눈여겨 보아야 한다. 왜냐하면 이 논문들은 다른 논문과의 관계에서 그의 사유가 그 자신의 충동을 받아들이는 곳으로서 세계에 대한 구체적인 서술을 위해 이 사상가의 본질적인 감각성에 대한 증언을 제시하기 때문이다.

에른스트 트뢸취는 기독교의 입각점에서 볼 때, 20세기 문화 이론가이다. 왜냐하면 역사적이고 지리학적이며 정치적이고 공동체적 형태들을 넘어서는 20세기의 문화 팽창 역시 그의 사상 속에서 계속해서 표현되고 있기 때문이다. 수십 년 동안 단지 무익한 톤과 함께 특징화된 것, 즉 문화개신교의 형성이 에른스트 트뢸취에게 있어서 기독교적 세계의 전개과정을 위한 표어이다. 그런데 신학은 오늘날 도처에 존재하고 이미 시대의 이념에 도달한 대상의 한계들을 넘어서는 그의 지속적 진보를 필요로 한다. 더불어 현대 공동체의 공동체적이며 정치적 문제 상황에 대한 트뢸취의 특별한 관심은, 이 선집에서 고려되지 않는다. 학문의 수행에 있어 보다 후반부 시대에 항상 강력하게 출현하는 문제 제기들을 매우 상세하게 표현해보자는 그의 문헌들의 후속 출간에 따른 의도이다.

이 판은 정확하고 근본적인 호르스트 렌츠의 협력을 통해서 가능하게 되었고 그의 세심함과 뒷받침 덕분이다. 또한 H. J. 페취는 교정하는 일에 협력하였다.

차례

에른스트 트뢸취 소개와 주요 저작 / 5
트루츠 렌토르프의 기독교의 절대성에 대하여 / 7
옮긴이의 해제 / 15

I. 기독교의 절대성

1. 역사적 사유방식에서 본 신학적 변증의 근본 유형들 ·················· 51
2. 절대종교로서 기독교의 역사적 구성의 불가능성 ················· 71
3. 역사적이고 상대적 개념과 규범 획득에 대한 그 개념 관계 ·········· 93
4. 종교사적 비교의 결과로서 기독교의 최고 가치 ················· 116
5. 기독교의 역사적 제약성에 대한 신앙적 확실성의 문제 제기 ········ 125
6. 기독교의 교회적이고 역사적 형태로부터 해방 가능성 ················ 139

II. 기독교 신앙을 위한 예수의 역사성의 의미

1. 그리스도 신앙에 대한 역사적 비판의 영향 ·· 175
2. 근대적 신앙개념과 예수의 역사적 사실성 ······································· 178
3. 종교공동체의 요구에서 비롯된 새로운 중심으로서 역사적 예수 ··· 188
4. 기독교의 필연적 상징으로서 역사적 예수 ······································· 204

III. 현재의 삶 안에 존재하는 교회(1911) ············ 213

기독교의 절대성 ·· 237
    첫째 판에 붙이는 서언 / 237
    둘째 판에 붙이는 서언 / 255

이정배, 책 한권의 번역에도 역사가 있다 / 259

■ 옮긴이

트뢸취의 "기독교의 절대성과 종교사" 해제

1. 작품의 배경과 그의 신학적 문제들

본 저서는 트뢸취가 하이델베르크대학의 철학부 교수로 재직할 때 쓴 글이다. 정확하게는 1901년 10월 3일 독일 뮐아커에서 강연한 내용을 담고 있다. 아돌프 폰 하르낙이 베를린 훔볼트대학을 설립한 프리드리히 빌헬름 3세를 기념하기 위해서 발표한 논문 "신학부들의 과제와 보편적 종교사"에 대한 응답으로 쓰였다. 당시 베를린대학이 신학부를 종교학부로 통합하려고 할 때, 하르낙이 신학부를 기독교 종교사의 탐구를 위해 독자적으로 유지해야한다고 주장했다. 그 때 트뢸취는 그의 생각에 동조했다.[1] 왜냐하면 신학이 보편적 종교사가 아니라, 규범적이며 종교학적 인식을 얻는 과제를 가진다고 믿었기 때문이다. 하지만 트뢸취는 하르낙과는 다른 방식으로 주장했다. 기독교의 종교사에서 존재하는 외형적 문화요소로부터 기독교의 본질을 구분하려고 했던 하르낙과는 달리, 트뢸취는 역사

---

1) Ernst Troeltsch, *Die Absolutheit des Christentums und die Religionsgeschichte*, 34.

적 사유방식을 토대로 기독교적 종교사를 재구성해야 한다고 믿었다. 그 방법은 역사적 방법이다. 트뢸취의 역사적 방법은 기독교 '종교사'를 비판, 발전, 이상의 개념을 토대로 문화종교로서 기독교 발전사를 구성한 방법이다. 그 구성의 출발점은 그 자신의 문화유형으로 발전된 근대세계의 가장 중요한 근본 특징들 중 하나인 인간적 대상들에 대한 철저한 역사적 직관의 형성이다.[2] 유럽 근대적인 문화의 특성에 대한 논쟁에 있어 그의 최초의 작품이다.

첫 번째, 기독교의 절대성에 대한 물음은 기독교의 절대적 가치를 변증하는 다양한 학문적 시도들에 대한 비판적 물음이다. 트뢸취는 계몽주의 이래로 생성된 새로운 신학적인 흐름과의 논쟁에서 '역사적이고 개별적인 개념'과 '규범적으로 평가되는 보편개념'을 구별했다.[3] 그 구별에서 트뢸취는 역사적이고 개별적인 개념의 특성을 구체화한다. 그 역사적이고 개별적인 개념은 일시적이고 제약적이며 변화가능성을 함축한다. 하지만 역사적으로 볼 때, 기독교의 절대성 개념은 역사적 예수에 대한 신앙에 기반을 둔 주체적인 확신에서부터 시작되었다. 뒤따르는 역사적 예수의 인격의 절대화는 역사적 종교로서 기독교 절대화의 기반이 된다. 그 '절대화'는 역사적인 대상을 절대적인 현실성으로 만드는 방법이다. 이 방법을 통해 기독교는 더 이상 역사적 예수의 삶에서 출발하지 않고, 신학적으로 규정된 '절대적인 현실성'을 토대로 하는 '학문적 신학'으로 구체화된다. 그 결과 기독교의 개념은 영원하면서 무제약적이고 변화하지 않는 개념으로 이해된다. 역사적이면서 개별적인 개념이 현실화 되면서 기독교 절대성의 물음은 더 이상 기독교의 절대가치에 대한 질문이 아니라, 기독교 본질의 변화 과정과 변화 가능성에 대한 물음으로 바뀌게 된다. 특히 역사적인 사유와 규범적으로 정위된 진리

---

2) 같은 책, 34.
3) 같은 책, 2.

의 충돌에 있어 역사적 종교로서 '기독교'와 '현대적인' 학문의 공존 가능성에 대한 질문이 제기된다.[4] 특히 트뢸취는 그 대립관계를 가지고 내적인 논쟁의 문을 열었다. 따라서 트뢸취의 이 작품은 기독교의 절대가치에 대한 요구를 벗어나기 위해서 절대적인 것과 상대적인 것 사이의 논쟁으로 이끈다. 그런 의미에서 이 책은 그의 사상적인 체계 안에서 가장 중심점에 있다.

두 번째, 기독교 절대성에 대한 물음은 그 당시 문화적 다원주의에 직면했던 기독교 가치의 유효성 문제이다. 그 물음에 대한 응답으로서 트뢸취는 기독교의 현재적 가치를 역사에서 찾으려고 한다. 왜냐하면 기독교는 절대종교나 종교의 보편개념이 아니라 '역사적이고 상대적인 종교'이기 때문이다. 특히 그는 '역사적'이라는 용어와 '상대적'이라는 용어를 동일한 의미로 이해하면서, 다른 문화 구성요소들과 동일한 가치를 가지고 있는 대상으로 이해했다. 기독교의 역사적 대상들은 모두 동일하고 상대적인 가치가 있으며, 절대적 근거로서 신의 궁극적 현실성은 사라진다. 또한 그는 기독교의 초자연적인 특성을 인정하지 않는 대신에, 기독교가 역사적 발전사유를 통해 형성되는 '창조적 통합'의 방법에서 그의 최고 가치를 경험적으로 증명하게 된다는 사실을 강조한다. '창조적 통합'은 역사적 종교로서 기독교와 절대 종교로서의 기독교의 양자택일을 피하기 위해 사용된 표현이다.[5] 트뢸취는 기독교를 유럽주의적 종교사에 제약된 종교로서 상대화했으며, 발전적 인식에 따른 창조적인 역동성을 기반으로 최상의 가치가 있는 문화종교로서 이해했다. 문화종교로서 기독교 이해는 기독교의 '문화제약적 가치'와 '다양한 공동 정신'을 통합하는 구성원리이다. 그러므로 《기독교 절대성과 그의 종

---

4) 앞의 책, 3.
5) 최태관, "종교간 대화의 원칙으로서 창조적 통합의 원리," 〈기독교신학논총〉 79집 2012, 156.

교사》에서는 유럽주의적 종교사가 기독교의 보편성이 아니라, '절대성'의 근거를 묻는다. 트륄취는 그 '절대성'의 근거를 역사 저편에 존재하는 신으로 이해한다. 그에 따르면 인간은 신을 실체적으로 증명할 수 없지만 인간의 내면에 존재하는 신적인 의지의 근원으로서 직관할 수 있다. 그 직관 형식은 한 개인의 제한된 방식으로 규정될 수 없고, 신적 의지와 관계하는 방식에 따라 다양하게 규정된다. 즉 유럽적 역사를 직관하면서 그는 유럽주의적 종교사를 단일론적 형식이 아니라 다양한 공동정신들이 공존하는 복합적인 구성체로서 이해한다.

세 번째, 기독교 절대성의 물음은 기독교의 사회적 본질에 대한 물음이다. 절대종교로서 기독교의 증명이나, 종교의 보편개념으로서 기독교 이해에 직면하여 트륄취는 더 이상 개인 종교가 아니라, 사회적 종교임을 밝히려고 하였다. 기독교의 사회적 본질이란 기독교 공동체성에서 비롯된 종교적 가치이다. 기독교의 공동체성은 타종교의 종교사적인 비교 과정에서 드러난 기독교의 최고가치(Die Höchstgeltung des Christentums)로 드러난다. 최고가치의 기준은 인격적인 종교성의 계시이다. 트륄취에 따르면 기독교의 유일한 위치는 무한히 가치가 있고 모든 다른 종교를 제약하면서 형성한 인격적인 삶으로서 숭고한 세계를 지시하는 데에 있다. 그러나 기독교의 가치는 유럽인의 내적인 공동 의식에 기반하고 있다는 점에서 사회적 본질의 가능성을 분명하고 철저하게 보여주고 있다. 그러므로 이 작품은 트륄취가 기독교의 종교적인 가치 위기에 직면하여 새로운 가치의 근원을 찾아보려는 노력이 담긴 옥서이다.

2.1. 역사적 사유방식에서 본 신학적 변증의 근본적인 유형들

이 논문에서 제시한 트륄취의 핵심적 논제는 유럽주의적 종교사에서 기독교가 문화종교로서 최고가치를 증명한 종교라는 점이다. 이 논제는 트륄취가 직면하게 된 '역사주의'와 '무제한적 상대주의'에 대한 신학적인 응답이다. 더 나아가 다른 세계종교와의 비교에서 드러난 기독교의 위치에 대한 그의 신학적인 입장이다. 그의 신학적인 입장을 종교사적인 입장에서 상세하게 피력해 보려고 한다.

먼저 트륄취는 유럽주의적 종교사에서 나타난 기독교 절대성에 대한 신학적이며 철학적인 변증의 유형들을 비판적으로 살핀다. 그는 초자연적 변증과 진화론적 변증을 비교하면서, 역사적 사유 방식의 근본 토대를 밝힌다. 유비적 관계에서 초자연적 변증과 진화론적 변증은 동일하게 사실적으로 인식된 궁극적인 것에 대해서 만족하지 못하고, 항상 다른 종교적 대상들에 대한 대립적 관계에서 기독교의 규범적 가치를 기독교의 특수한 위치에서 도달하려고 한다. 정통적이면서 초자연적 변증은 종교적 진리들의 생성 근원으로서 '계시'에서 찾는다. 반면 진화론적 변증은 '역사'에서 찾는다. 근대의 교회 중심적 문화유형과 가치체계에 대한 신뢰가 흔들리고 교회철학과 교회적 체계에 근거를 둔 기독교 절대성이 무너지기 시작하면서, 헤겔과 슐라이어마허는 기독교의 가치를 역사적인 발전사유에서 인식하고자 했다. 근대에 생성된 기독교적 가치를 증명하는 방법으로서 진화론적 변증은 비기독교적인 역사종교들의 진리를 상대적인 진리로 분류하면서, '보편사'의 지평에서 절대적 진리를 함축하고 있는 역사 종교로서 기독교를 절대 종교로서 이해한다. 트륄취에 따르면 "절대성의 표현이 보편적 종교사의 지평과 모든 비기독교적 종교들을 상대적 진리로 인정하는 일과 그 상대적 진리들이 절대적 진리로 완성된 종교의 형상으로서 기독교의 구성을 포함하는 한, 기독교 절대성의 표현은 현대적인 진화론적 변증에서 비롯되었고, 단지 그 진화론적 변증의 전제들 하에서 규정적인 의미를 갖는다."[6] 레싱, 칸트, 헤르더가 역사철학을 통해 그 길을 열어놓았다면, 슐라이어마허와 헤겔은 각기 다른 방식으로 그 길을 발전시켰다.

헤겔은 역사적 다양성의 문제를 역사 안에 드러난 절대종교로서 기독교의 현실화와 그에 따라 구성된 발전개념을 토대로 역사적인 사유방식으로 해결하려고 했다. 먼저 역사적 사유 방식을 토대로 기독교 절대성을 더 이상 교의학적인 방식이 아니라, 역사 발전과정에서 증명하려고 했다. 왜냐하면 그는 기독교를 절대종교로 이해하지만, 기독교는 여전히 표상 안에 붙들려 있는 절대종교의 전단계이며 여전히 역사 발전의 과정 중에 있기 때문이다.[7] 그럼에도 불구하고 결국 헤겔은 기독교를 최고의 궁극적인 단계에 존재하는 절대종교로서 이해한다. 이에 따라 종교사에서 드러난 헤겔의 '종교의 본질'과 '본질의 발전개념', '절대종교'로서 기독교 본질의 상관적인 개념들은 자유주의 신학의 변증적 기반이 된다.

슐라이어마허는 유럽주의적 종교사에 나타난 종교적 보편 개념의 근거로서 역사적 예수의 인격성을 이해하면서, 기독교를 실증종교로서 이해한다. 그러나 트뢸취는 초자연주의적인 사유방식에서 드러난 역사적 예수의 인격성에 제한하는 시도를 비판하면서, 모든 역사적인 대상들의 동일가치를 주장하는 진화론적인 변증 사유의 입장을 수용한다. 초자연주의적 사유방식은 "예수의 빛을 유일하게 드러내기 위해서 모든 다른 빛을 꺼버렸고, 모든 것을 전적으로 예수에 대한 신앙에 묶기 위해서 미래의 완전한 구원을 그의 죽음에 편입시켰다."[8] 그러나 역사는 역사적 대상의 고립화를 지향하면서

---

6) 앞의 책, 35.
7) 앞의 책, 57-58.
8) 앞의 책, 135.

종교의 근원으로서 역사적 예수를 기억해야 한다고 주장한다. 진화론적 변증에 따르면 인간적이고 신적인 것은 대립적으로 존재하지 않고 모든 것이 인간적이면서 신적이다. 이에 따라 트뢸취는 '기적'이나 '회심'에 따르지 않고, 종교사적인 사유에 따라 드러난 모든 내적인 삶의 지반으로 기독교적 '종교의 지반'과 '최고점'을 인식한다. 왜냐하면 그 유럽주의적 종교사 내에서 모든 신적인 힘에 대해서 조망하게 되고, 역사 안에서 신적인 최고의 목적을 인식할 수 있기 때문이다. 특히 인간의 신인식은 신에 대한 절대적 인식 일반이 아니기 때문에 지속적인 인간 인식의 발전적인 진화를 지향한다. 그러므로 "'절대성'이란 표현은 절대성이 가진 명백함에 대해서 투쟁하는 이념의 완성된 자기 파악과 인간 의식 안에 존재하는 신의 자기 현실화를 의미하게 된다."[9] 이제 "우주의 각 점에서 이념은 현재적으로 구성할 수 있다. 그러나 유한적인 의식을 위해 이념은 의식된 신의 이념이나 종교가 된다. 그 결과 이 이념은 전체적인 의미와 인간적인 현실성의 관계로부터 먼저 점차적으로 내용과 본질 그리고 그의 의식의 깊이들을 자신에게서 항상 보다 더 밝혀지는 인간성과 함께 계시되어야 한다."[10]

진화론적 변증은 근원적으로 초자연주의적 변증의 배타적이면서 초자연적인 계시를 따르지 않고 또한 종교개념의 절대적 완성을 주장하지도 않으며, 역사에서 비롯된 순수한 규범적 가치를 따른다. 그러므로 진화론적 변증은 규범적 가치를 역사의 원칙과 인간성의 총체적 역사의 근본개념으로부터 획득하면서, 객관적인 역사비평과 종교사적 인식을 토대로 역사의 법칙을 인식하려고 한다. 역사 법칙에 따른 역사의 구성을 통해서 역사의 각 단계에 존재하는 보편개념을 형성해야 한다. 이와 관련하여 트뢸취는 역사주의의 문제를 지

---

9) 앞의 책, 39.
10) 앞의 책, 39-40.

적한다. 역사주의의 문제는 역사적 사유방식에서 나타난 역사적 상대성에 대한 문제이다. 역사주의는 근원적으로 기독교 절대성의 표현과 함께 형성되었고, 역사적인 것 자체의 근대적 개념으로부터 직접 성장해왔다.[11] 그러므로 종교의 개념, 즉 종교의 본질은 모든 역사적인 현상 안에서 그의 근원과 목적으로서 나타난다.[12] 그 과정 속에서 기독교는 현실화된 종교의 보편개념으로 나타난다. 그러나 트뢸취는 역사적인 대상들이 자연법칙과 같은 역사의 법칙성으로 환원될 수도 없고, 보편적인 구성 개념을 토대로 구성될 수 없다고 주장한다. 왜냐하면 역사는 단지 역사의 일시적이고 제약적인 형식만을 드러내기 때문이다. 트뢸취는 슐라이어마허와 헤겔의 사유를 무비판적으로 받아들이지는 않지만, 그들의 사유구조에서 끊임 없이 역사와 관계하는 종교로서 기독교를 인식하게 된다. 또한 그는 그들이 공통적으로 인식했던 역사적인 것의 다양성 문제를 독일 관념론의 신학에 비롯되었고 넘어서려고 했던 특별한 역사적인 문제로서 인식한다. 왜냐하면 역사적인 것의 다양성에 대한 인식이 끊임 없이 기독교 절대성의 근거를 상대화시킴으로서 기독교를 절대종교로서 기독교의 의미를 퇴색시켰기 때문이다.

2.2. 절대종교로서 기독교의 역사적인 구성의 불가능성

트뢸취의 다음 논제에서 출발한다. 기독교를 절대종교로서 구성하는 일은 역사적 사유방식과 역사적 수단에서는 불가능하다.[13] 왜냐하면 개인이 역사발전의 목적으로 구성하려고 애쓰는 종교의 다가오는 미래상이 대단히 혼란스럽고, 동시에 그 종교의 목적으로 이

---

11) 앞의 책, 54.
12) 앞의 책, 33.
13) 앞의 책, 137.

끌기도 하고 그 종교 안에서 최상의 위치에 기반을 잡아야 하는 단계에 대한 종교들의 평가와 구성이 다양하기 때문이다.[14] 또한 현실적 역사는 보편적이며 법칙적인 것을 단지 '물리적'이면서 '인간학'적인 조건들과 '사회학적'인 법칙과 같은 전형적이고 영적인 근본힘에서만 전제하기 때문이다.[15] 그러므로 트뢸취는 더 이상 역사학과 관련하여 보편개념이 아니라, "유일회적이고 개별적인 개념"에 관심을 갖는다.[16] 트뢸취에 따르면, "유일회적이며 개별적 개념은 매 순간 이끌어낼 수 없는 삶의 내적인 움직임과 모든 역사적 사건의 상관적 관계로부터 비롯된다."[17] 우리가 일반적으로 믿고 있는 보편적인 발전의 법칙들과 역사의 가치들에 대한 우리의 이론들은 매순간 생성되는 새로운 입각점에 의해서 역사적이고 개별적으로 제약된다.[18] 이제 트뢸취는 종교의 본질이나 종교의 보편개념을 내적인 법칙에 따라 모든 개별적인 종교들을 생산하는 힘으로 고려한다. 그 힘은 종교의 보편적 개념을 자기현실화 하는 목적론적 순서에 따라 순서대로 제시한다. 트뢸취는 이를 기독교 본질사유의 3가지 단계로 구성한다. 이는 '비판', '발전', '이념'의 개념으로 구성된다. 이 과정 속에서 기독교의 '이념'이 종교 발전의 최고점을 찾아내는 토대가 된다. 그 "구성은 규범개념과 이상개념의 파악을, 그 법칙적이면서 인과적인 진행이 보편의 개념으로부터 뒤따르는 것처럼, 법칙적이면서 인과적인 진행의 완전한 보증을 의미하는 발전이론을 통해 절대적인 현실화의 개념 안에서 이미 진술된 가치가 충분한 것의 연속적인 형성과 함께 묶는다."[19] 그 발전개념 아래에서 기독교의 현

---

14) 앞의 책, 46.
15) 앞의 책, 137.
16) 앞의 책, 137.
17) 앞의 책, 138.
18) 앞의 책, 46.
19) 앞의 책, 48.

상은 규범개념과 개념 이상으로 높여진다. 그러나 기독교의 발전개념이 기독교의 보편개념은 아니다. 왜냐하면 발전개념은 인과성과 궁극성을 일치시키는 힘이면서 동시에 그 힘에 의해서 생성된 이상을 해명하는 개념이 아니기 때문이다. 또한 그 개념 안에 종교의 절대적 현실화를 포함하고 있지 않기 때문이다. 오히려 각 시대에 일시적이고 규범적 역할을 할 뿐이다. 그러므로 역사가는 기독교에 대한 비판적 인식을 통해서 개선된 규범을 인식해내고, 발전개념은 그 속에서 이전과는 구별된 규범적 현상들을 인식하게 된다. 따라서 기독교는 역사 안에서 절대적 종교나 현상은 아니다. 그리고 기독교에 대해서 일반적인 종교들은 발전단계의 순서나 과정이 아니라, 각 시대와 그 종교가 속한 문화적인 현상에서 규범적인 종교의 힘을 가진다. 결국 역사법칙적인 인과성과 궁극성을 포기하는 꼴이다. 또한 개별적이고 역사적인 영향들에 대해 절대적이고 역사적으로 무제약적인 원인을 요청하는 것이 불가능하다는 사실을 분명하게 보여준다. 결국 보편개념과 규범개념의 일치를 포기하면서 트뢸취는 '역사적이고 상대적인 것'의 개념을 보다 의미 있는 종교의 본질 개념으로 이해할 수 있게 되었다.

2.3. 규범형성을 위한 역사적이고 상대적 개념의 관계

'규범을 획득'하기 위해 전제되는 역사적이고 상대적 개념의 역할에 대한 인식이다. 역사적이고 상대적 개념은 규범적 개념이지만, 일시성과 발전가능성을 함축한다. 왜냐하면 역사적이고 상대적 종교로서 '기독교'의 개념은 종교의 보편개념에 대한 인식을 토대로 고정적인 방식으로 구성될 수 없기 때문이다. 결국 역사가는 기독교를 매 시대마다 지속적으로 새롭게 연구해야 한다. 이제 역사적 사유방식을 통해서 트뢸취는 '무제한적 상대주의'와 적극적으로 대응하려고 한다. 무제한적 상대주의는 '보편개념'을 전제하지 않기 때문에 학문적 구성적 체계의 형성이 불가능하다. 단지 무제한적 상대주의에 기반을 둔 역사가는 '역사학의 전문화', '인과성'과 '설명'을 토대로 하는 '자연주의적 역사이해', 낯선 세계에 대한 역사적인 인식을 위한 '공감'의 기술을 가질 뿐이다. 그러므로 트륄취는 역사에서 생성된 규범들을 배제하지 않고, 종교적 아프리오리를 토대로 하는 역사적인 작업을 통해서 역사적 발전을 인식하고 규범을 총체적으로 파악하는 학문적 방법을 '창조적 통합'으로서 인식했다. 이 창조적 통합을 기반으로 트륄취는 '상대주의' 혹은 '절대주의'에 대해서 양자택일하지 않고, 상대적인 대상에서부터 절대적인 목적과 이상으로 나아가려고 했다. 여기서 기독교는 역사적이며 상대적인 개념으로서 문화제약적인 인식의 근거이며, 다양하고 역사적 기독교의 형상들을 포괄하는 원칙이다. 이와 관련하여, 트륄취가 언급하는 절대적인 목적과 이상이란, 단지 이 세계에서는 현실화 될 수 없는 이상향인 반면, 기독교적 종교사 구성은 규범성에 대한 역사적 종교의 현실화를 의미할 뿐이다. 그러므로 "매순간 절대적인 것에 대해 가능한 형상을 부여하지만, 진실하면서 최종적인 보편가치들에 대해 순수하게 다가가는 감정을 느끼게 된 항상 새로운 창조적 통합은 역사의 자연화를 통하거나 특수한 회의에 의해서도 배제될 수 없는 문제이다."[20]

이제 창조적 통합을 위해서 그는 역사종교들의 '비교'와 '판단' 그리고 '이상' 개념에 대한 종교사적 구성을 수행한다. 종교사적 구성에서 먼저 '인간성'의 구체적인 판단척도를 통해 비교한다. 그 비교의 대상은 자연적이고 영적인 인간의 본성에 저항하면서 높은 영적 가치를 세운 소수의 종교, '유대교', '이슬람교', '기독교'와 '브라만주의'와 '불교'이다. 그 비교에서 그는 '인격성'을 역사적 종교의 근본적인 힘이라는 사실을 인식하게 되었고, 그 인격성을 중심으

---

20) 앞의 책, 69.

로 다양한 종교들이 다양한 규범들을 역사 안에서 형성해왔음을 인식하게 되었다. 예를 들어, "종교의 생산적인 힘은 단지 역사적인 종교들 안에서 약동하며 인간성의 종교적 가치들에 대해서 모든 입장은 먼저 그 종교들과 관계가 있다. 후기 고대의 종교철학은 이와 같이 기독교와 떨어질 수 없도록 오늘까지 묶여 있다. 인도의 사변은 브라만주의와 불교에 그 지지 기반을 가지고 있다."[21] 역사적 종교에 대해서 철학적이며 이성적 종교들은 그 종교가 속한 역사와 상황으로부터 기독교의 역사적 제약성에 직면한 신앙의 확신에 대한 물음을 역사적 기반으로부터 분리시키면서 철저하게 사변화했지만, 여전히 그 종교적인 힘과 이념을 소유할 수 없었다. 그러므로 여전히 트뢸취는 역사종교들의 가치를 상황에 따른 신적 진리의 개시가능성에서 주목한다. 또한 '비교'와 '판단'의 과정을 통해 다양한 역사적 종교의 현상들을 분류하고, 그 현상들 안에 내재되어 있는 '인간성'의 힘을 의식하면서 종말론적 사유로 인도한다. 이를 토대로 트뢸취는 '인간성'을 중심으로 하는 역사적 종교들의 공동관계를 제시한다. "규범적인 것과 보편가치가 있는 것이 개별적이고 제약된 양식으로 곧 심리학적이며 인식론적으로 인간성 앞에서 움직이고, 가치 있는 이상의 개념으로 고려되어 나타난다면, 그 이상 자체는 인간에게는 보다 고등적인 현실성과 순수한 영적 삶으로부터 출현한 영적으로는 개인적이고 내적인 인간의 무제약적인 가치에 근거한 현실성으로서 나타난다."[22] 그 무제약적인 현실성을 트뢸취는 순수하게 자연적인 세계에 대립하면서 이상을 제시하는 사유 안에서 앞으로 몰아가는 불안함과 갈망 속에 나타난 생산적인 힘으로서 이해한다. 그러나 무제약적 현실성으로서 '인간성'의 이상은 단지 공동적인 이상이지만, 보편개념은 아니다. 또한 그 '인간성'의 이념은

---

21) 앞의 책, 72.
22) 앞의 책, 77

궁극적인 그의 원칙적 근본 방향의 출현을 요구하지만, 절대적인 현실화는 아니다. 그렇지만 인격성의 이념을 지속적으로 발전시켜온 기독교는 다양한 역사적 종교들 중에 가장 강력하고 최상으로 집합된 인격적인 종교성의 계시이다. 이는 기독교의 자연 극복과 무제약적 가치의 형성 결과이다.

2.4. 기독교의 역사적 제약성에 직면한 신앙의 확신에 대한 물음

기독교의 역사적 제약성에 직면한 신앙의 확신에 대한 물음은 창조적 통합의 결과로서 '기독교의 최고가치'[23] 인식의 문제이다. 트뢸취는 기독교를 다수의 종교들 아래에서 가장 강력하고 최상으로 집합된 인격적 종교성의 계시로서 이해한다. 때로는 그 이상이기도 하다. 트뢸취가 발견한 기독교의 최고가치의 근거는 "이스라엘의 예언자주의, 예수의 설교, 바울의 신비, 플라톤주의와 스토아주의의 이상주의, 종교적인 사유와 유럽적인 문화의 통일성의 중세적 합류와 독일적인 루터의 개별주의, 개신교의 행동성과 양심을 통일시킨다는 점이다."[24] 이 기독교의 통일성은 역사적이면서 개별적인 종교사적인 발전의 결과이다. 먼저 이스라엘 예언자주의에서 율법종교로서 유대교와 이슬람교가 생성되었지만 그 핵심을 넘어서는 유일한 종교는 '기독교'이다. 또한 신과 영혼의 분리를 극복하면서 필연적으로 매순간의 행위 안에서 스스로를 현실화하고 무제한적인 가치를 통해서 순수하게 존재하는 것과 존재하는 모든 것들을 단지 '금욕'과 '사변'을 통해 극복하려고 하는 브라만주의와 불교적 구속종교에 대해서 기독교만이 도처에서 느끼게 된 보다 높은 세계와 낮은 세계를 급진적으로 파괴시키면서 철저하게 유일한 위치를 승인

---

23) 앞의 책, 84.
24) 앞의 책, 85.

한다. "기독교는 대상적이면서 사실적으로 주어지고 함께 수반된 현실성을 행위와 내적인 필연성으로부터 비롯된 보다 높은 세계를 통해 세우며 변화시키고 지양하면서 세계와 죄책 안에 얽혀진 영혼들을, 세계에 대해서 대립적으로 나타나면서도 그들을 붙드는 신의 사랑과 결합시키면서 그들의 구원을 가능하게 한다. 기독교는 자연종교의 한계와 조건들을 수반한 유일하고 완전한 전환점이고, 무한히 가치가 있으며 모든 다른 것들을 제약하고 형성하는 개인적인 삶으로서 보다 높은 삶을 제시하는 종교이다."[25] 그러므로 트뢸취는 기독교의 삶을 인간의 절대적인 결단과 역사적이면서 상대적인 발전 구성의 결합으로 인식한다.

이제 트뢸취는 기독교의 최고 가치로서 절대성의 근거를 밝힌다. 트뢸취는 주체적 결단과 기독교의 역사적 상대성과 개별성의 문제를 주목한다. 먼저 그는 신으로 향하는 다양한 길에 직면하여 모든 인간이 그 길에서 주어진 확신성을 요구하게 된다고 주장한다. 특히 기독교가 다른 역사적 종교보다 최상의 가치로 인식하게 된 계기는 신으로 향한 길 안에 존재하는 신성에 대한 이해 때문이다. 트뢸취에 따르면, 브라만적 구속종교와 불교는 신성을 존재자의 최종적인 추상화이며 창백한 일자로 이해한다. 반면 기독교적 신성은 철저하게 '역사적 예수' 중심의 인격성이다. 먼저 인간의 최종적인 결단의 근거는 예언자적이며 기독교적인 삶의 세계에서처럼 그가 신을 현실적으로 발견해온 것과 같이 발견할 수 없고, 결국 신이 그의 '인간성'과 함께 하고자 하는 것을 그 신앙은 결코 속일 수 없었다는 사실이다. 그 신성은 역사적 예수 곁에 서 있는 인간에게 향하고, 그 인간의 총체적 삶의 직관과 근원으로서 역사적 예수의 중심점 없이는 그 신앙을 촉진시키는 종교 공동체를 형성할 수 없다고 주장했다. 역사적 "예수의 곁에 존재하는 우리를 위해서 생각해 낼 수 있

---

25) 앞의 책, 89.

는 모든 미래의 결합은 그에게 하나의 신앙이다. 그 신앙은 그와 함께 주어졌고 여기에서 뒤따른다. 그러나 그의 대가로 기독교 신앙 일반이 가졌어야 하는 교의학적 이론은 아니다."[26] 그러므로 트뢸취는 누군가가 완성하고 유일한 진리를 가지고 있다는 주장을 필요로 하지 않는다고 주장한다. 단지 역사적 삶의 근원으로서 신 안에서만 절대적인 것으로 인식하며 개별적이고 역사적 신의 현상에서는 절대적인 것을 인식할 수 없다. 하지만 기독교가 규범적 종교로 인식될 경우, 트뢸취는 역사적 예수의 인격성과의 관계에서 새로운 삶의 계시가 시작된다고 보면서 역사와 미래에 존재하는 규범적 종교로서 기독교 인식이 가능하다고 본다. 그 결과 절대적이고 역사를 초월하며 무제약적으로 가치가 있는 계시 안에서 인간은 절대적인 대상에 참여할 수 있다. 역사에서 절대적인 것을 절대적인 방식으로 개별화하려는 시도는 망상에 지나지 않는다. 다른 한편으로 기독교의 규범성은 기독교의 공동체 형성과 관련이 있다. 트뢸취에 따르면 "기독교적인 삶의 공동체와 기독교적인 정신의 공동체는 신앙과 사랑의 유일한 공동체로서 남아 있다. 그 공동체는 예수에게서 출발하며, 그에 대한 선포에 대해서 자신을 성장시키고 강하게 한다."[27] 그러나 그 공동체는 교의학적인 변증이나 절대적 종교의 증명을 필요로 하지 않는다.

2.5. '유럽주의적 종교사'와 '문화종교로서 기독교 이해'의 근간으로서 기독교 절대성의 유형과 발전

"종교의 최고점으로서 기독교 이해는 역사적이며 상대적인 것에

---

26) 예수의 중심 위치에 대한 사회 심리학적 논의는 "신앙인을 위한 예수의 역사성의 의미"에서 상세히 묘사된다, 앞의 책, 95.
27) 앞의 책, 100.

대해 모든 고려를 하지만 동시에 신의 공동체의 확실함과 구원의 분명함에 대한 종교적인 욕구를 만족시키는 이전까지의 사유 결과이다."[28] 트뢸취가 추구했던 기독교의 핵심적 이해는 기독교적 공동체의 '새로운 형성'에 있다. '종교사적'인 시각에서 볼 때, 기독교가 '교회 중심적 공동체'를 지향했다면, 이제는 합의와 타협에 따른 규범적 공동체의 형성을 지향한다. 그는 유럽주의적 종교사에 드러난 기독교의 규범적이며 공동체적 힘을 인지하고 그 힘을 기반으로 하는 기독교를 국가, 법, 공동체, 예술, 도덕의 근원으로 이해하면서, 개인적이고 문화적 구성 요소들에 대해 절대적인 감정을 느끼게 된다. 그에 따르면, "각자의 가장 단순한 인지 판단, 각자의 가장 자연적인 의지의 자극, 각각의 압도된 규칙과 도덕은 순수한 사람에게는 절대적인 것으로서 가치가 있다."[29] 여기에서 트뢸취는 순수한 절대성을 인식한다. 순수한 절대성에서 학문적 세계상에 대한 규범적 인식으로 변화하는 과정에서 그는 순수한 절대성을 부정하지 않고, 단지 그의 제한성에 대한 인식과 그에 따른 비판적 수행을 한다.

첫째, 트뢸취는 '독단주의'로부터 해방을 주장한다. 그에 따르면 이미 "상대적인 것에 대한 대립과 기만적인 극복에 대한 시각을 포함하고 있는 표현에 대한 걱인 없이, 가장 단순하고 분명한 의미에서 절대성은 모든 순수한 삶의 평균적인 특성이다. 순간에 대한 각각의 인지는 절대적이며, 보다 낮은 가치와 높은 방식의 가치와 긍정은 그 생성의 순간에서는 절대적이며 무제약적이며 무제한적으로 가치가 있다."[30] 또한 모든 종교인이 자신의 종교가 이미 절대적 종교로서 믿고, 자신이 소유하고 있는 진리에 대한 절대적 가치를 강조하기 때문에, 순수한 절대성은 가치 상대성에 대한 인식을 포함한

---

28) 앞의 책, 102.
29) 앞의 책, 104.
30) 앞의 책, 108.

다. 그러므로 순수한 절대성의 단계에서 개인의 종교간 가치 우열에 대한 인식은 불가능하다. 하지만 독단주의적인 '자기기만'과 '다양한 가치의 충돌'은 점차적으로 이 순수한 절대성의 현실성을 흔들게 된다. 만약 종교간 우열에 대한 인식이 존재한다면 이는 독단주의의 산물일 뿐이다. 더 나아가 "교육, 교류, 투쟁, 도덕적 자기 원칙과 확장된 경험이 이 절대성을 제한한다."[31] 이제 '비교'와 '인정'을 기반으로 하는 학문적 세계상으로의 변화는 독단주의적이면서 근시안적인 종교적 신앙을 넘어 개별적인 신앙을 형성한다.

둘째, 트뢸취는 '학문적 세계관'으로 전환하면서, 순수한 절대성을 벗어나려고 한다. 왜냐하면 개인은 '비교'와 '조정'을 통해 순수한 절대성을 무너뜨리고 다양한 사유에 대해 자신의 사유방식을 개방하기 때문이다. 이와 관련하여, 트뢸취는 "순수한 절대성에서의 해방을 문화의 본질"[32]로 이해한다. 또한 다양한 종교들이 한 문화 안에서 충돌할 경우에, 개인 역시 '비교'와 '조정'을 통해 종교간 '통일성'과 '관계성'을 인식하면서 학문적 세계상으로의 전환을 지향한다. 왜냐하면 개인은 이 순수한 절대성으로부터 벗어나면서, 근원적인 힘을 상실한 느낌을 갖지만, 다양한 종교들과의 관계 속에서 개별적인 종교의 절대성을 정당화하며 합법화하기 때문이다. 그 구성 과정을 통해서 그는 편협함, 비관용, 불확실함으로부터 벗어나게 되며, 다른 종교들과의 연대의 가능성을 갖게 된다. 또한 그는 다양한 문화적 구성 요소들과의 관계에서 기독교의 '개별적 보편성'을 인식하게 된다. 먼저 '비교'를 통해서 개인은 다양한 종교의 요구들에 대한 제약성과 특수한 양식들을 인식하고, 그에 따른 확신성에 따라 대상 자체에 동반된 요소로서 완전한 힘을 느끼고 그 힘이 개별화된 것으로 느낀다. 또한 그 힘에 의거한 확신성을 토대로 자신

---

31) 앞의 책, 109.
32) 앞의 책, 104.

의 종교적 인식을 구성한다. 예를 들어, 순수한 세계상에서 학문적 세계상의 원리로의 변화가 천동설에서 지동설의 인식론적인 변화를 의미하게 되었다면, 종교도 역시 심리적으로 다양하게 제약된 주체들의 현상과 역사적으로 개별적이고 다양한 부분에서 동일한 요구들을 내세우는 종교들의 무제한적인 영역이 되었다. 그러므로 이제 개별종교로서 기독교는 역사적 개인들의 '조정' 과정을 거쳐 통합적인 인식에 이르게 된다. 또한 트뢸취는 문화종교로서 기독교의 최고 가치를 증명한다.

셋째, 발전사적 인식과정 안에서 드러난 순수한 절대성을 함축하고 있는 종교들의 유형에 대한 인식이다. 트뢸취는 학문적인 세계상으로의 전환을 통해 순수한 절대성을 소유한 다양한 종교들을 발전 사유에 따라 단계적으로 구성한다. 가장 하부 구조에 속하는 종교는 '자연적 절대성'에 근거하는 악마적인 혈통종교와 종족적 종교이다. 트뢸취에 따르면 "자연적 절대성은 마치 고대 문화에 속한 종족들의 거대한 다신적인 종교에 이르기까지, 마치 혈족이나, 종족, 민족들을 지배하는 신성 자체의 본질과 같이, 근원적으로 제한되고 제약된 절대성이다. 현재와 같이 동일한 방식으로 신성은 혈연, 장소, 고향 땅과 거룩한 성전에 붙들려 있다."[33] 여기에서 순수한 절대성은 '인간적인 의지'와 '인간적인 예술'에 붙들려 있다. 그러나 자연적 절대성에 직면하여 '무제한적 절대성'을 주장하는 신비주의적 범신론과 "윤리적이며 신비주의"의 보편 종교들이 나타난다. 한편으로, 신비주의는 민족종교의 자연적인 절대성을 파괴하고, 그 과정에서 드러난 인간화와 신화들과 형상들에 대해 비판적인 입장을 취한다. 종국에 그들은 신과의 무아적 합일에 대한 이념을 제시한다. 트뢸취에 따르면 제사장적 계층종교로서 '신플라톤주의', '브라만교'와 '불교'가 여기에 속한다. 여기에서 트뢸취는 순수한 절대성의 근거를

---

33) 앞의 책, 112.

"어둡고 종교적인 기분"[34]으로 인식한다. 하지만 트뢸취는 자연종교적인 의식의 이상과 신비주의적인 이상으로부터는 총체적 세계의 구성력이 나타나지 않는다고 비판한다.

그는 자연적 본성으로부터 구별되는 윤리적 의지에서만 그 총체적 구성의 가능성을 발견한다. 왜냐하면 윤리적이고 보편적 종교들은 그들의 근원을 더 이상 '신적 현현'이나 '제의의 장소', '진부한 전승'과 '신부들의 학문'으로 환원시키는 것이 아니라, 진리의 힘에 의해 파악된 심증의 살아 있는 자기 확신성으로 환원시키기 때문이다.[35] 그 힘은 구체적인 신의 현실성에서 드러나는 신적 힘이다. 트뢸취는 그 힘에서 비롯된 윤리적이고 종교적 보편성의 근거를 '설립자의 권위'와 그에 따른 추종자들의 순종으로서 인식한다. 여기에는 조로아스터교, 유대교, 이슬람교와 같은 예언자적 종교가 속한다. 그 형식에 따라 조로아스터교는 순수한 절대성에서 시작된 윤리적 보편성을 선한 신의 조력자와 그에 의해 선택된 민족이라는 민족적 보편주의에 근거한다. 따라서 페르시아 중심적인 국가 종교로서 '종교적 보편성'을 취하게 된다. 유대교 예언자들은 '야훼'를 세상과 이교도 신의 총체적인 움직임에 대한 도덕적인 의지로 인식하면서 그에게서 비롯된 예언자적인 윤리적 보편주의를 유대교와 결합시킨다. 이슬람교적 보편주의는 유대교적이고 종교적이며 윤리적 사유에 그 근거를 가지고 있으며 유일신론과 윤리적 사유를 토대로 하는 절대성을 얻게 되었다. 그 "절대성은 모하메드의 선포들 안에서 진정한 예언자적인 방식으로 표현된다."[36]

이제 트뢸취는 기독교 안에 존재하는 종교적 삶의 내재성과 순수한 인간성과 함께 예수의 선포 안에서 존재하는 순수하고 내적인

---

34) 앞의 책, 113.
35) 앞의 책, 113.
36) 앞의 책, 115.

절대성이 다른 종교의 절대성으로부터 의미 있게 구별된다고 본다. 왜냐하면 예수의 윤리적 보편주의는 "윤리적이고 필연적인 것의 절대성을 신적 계시와 결합하기"[37] 때문이다. 그와 관련하여 "예수의 순수한 절대성은 하늘에 계신 아버지가 그를 세상에 보냄에 대한 신앙 이상 다른 것은 아니다. 또한 아버지의 의지가 유일한 도덕적 진리이고 유일한 구원이라는 확신이다."[38] 그 절대성은 기독교적 "공동체 안에 규정된 신앙의 명제가 되고 예수에게서 나타난 그 사태 자체 안에 함축되어 있다."[39] 반면에 역사적 예수의 인격성은 종교 공동체의 중심으로 나타난다. 트뢸취에 따르면, "예수는 단지 자신의 영혼 안에서 무제약적으로 가치 있게 체험된 거룩하고 은혜로운 하나님의 의지를 선포한다."[40] 그 선포에 드러난 역사적 예수의 인격성은 기독교의 '절대성'과 '보편가치성'의 출발점이다. 그 인격성은 다른 보편적 종교들과 같이 '순수한 절대성'의 성격을 가지면서도 학문적인 방식에 따라 점차적으로 절대적인 기독교의 목적으로서 하나님 나라의 현실성으로 현실화 된다. 또한 점차적으로 기독교 절대성은 과거의 삶으로부터 분리되는 영원한 삶의 포괄성에 그 근거를 가진다. 트뢸취는 이 과정을 학문적 변증의 단계로 인식하면서 기독교의 특수한 위치를 인식하는 과정으로 보았다. 이 과정에서 트뢸취는 순수한 절대성과 인위적인 절대성 사이의 중간 길을 보지만, 점차적으로 인위적인 절대성의 문제로 전환되어가는 역사의 발전과정을 분명히 인식하게 된다.

학문적 변증의 최초 단계는 예수의 '순수한 절대성'과 메시아와 속죄 제물로서 예수를 기념하기 위해 모인 원시 공동체에 의해서

---

37) 앞의 책, 114.
38) 앞의 책, 118.
39) 앞의 책, 116.
40) 앞의 책, 115.

형성된 '인위적 절대성'의 구분이다. 원시 공동체는 예수의 순수한 절대성을 메시아와 주의 인격으로 받아들이면서 그의 인격을 절대화한다.[41] 그 결과 공동체의 중심으로서 역사적 예수의 인격성 이해는 트뢸취의 기독교의 학문적 변증 기반이 되었다. 그에 따르면 "원시 공동체의 메시아 신앙과 바울적이며 그리스도적 신비주의는 순수한 교의학적 사유의 출발점이고 교회적인 교의와 변증의 핵심이다."[42] 두 번째 단계인 유럽주의적 종교사에서 트뢸취는 자신의 종교적 위치만을 긍정적으로 평가하면서, 다른 종교들의 현실성을 부정하는 "초자연주의적인 절대성" 사유의 형성 과정을 인식한다. 이는 계층에 따라 두 가지 방향에서 비롯된다.[43] "첫 번째 사유가 사회적인 저급한 환경의 그늘 아래에서 일하는, 지식적이지 않은 공동체의 근본적인 작업과 투쟁에서 형성된다면, 두 번째는 지식층과 교육을 받은 계층으로 유포되면서 세계의 형식들 안에서 움직이고, 세계에 대한 질문들과 더불어 변증하는 변증적인 문학의 출현이 초자연적인 절대성의 사유로 자라난다."[44] 지식적이지 않은 공동체에서 악마적인 것이나 인간적인 기만에 대해서 기독교의 진리가 유일한 구원의 진리로서 절대적이다. 두 번째 계층은 모든 기독교 외적인 기독교 이전의 진리를 "원형 계시의 나머지 부분이거나 혹은 그리스도 안에서 인간이 된 로고스의 준비된 작업"으로 이해한다.[45] "그 진리는 통일적이면서 지속적이고 제한된 진리라고 할지라도 기독교에 의해 단순이 그의 육신으로부터 기독교와 함께 이상적인 것으로 요구될 수 있는 진리이다."[46] 이제 기독교의 진리는 교회를 중심으

---

41) 앞의 책, 118.
42) 앞의 책, 119.
43) 앞의 책, 121.
44) 앞의 책, 122.
45) 앞의 책, 121.
46) 앞의 책.

로 구성되기 시작했으며, 교회철학을 기반으로 확고한 절대성의 체계를 형성해 갔다. 형이상학, 우주론, 심리학과 국가학을 교회는 자신의 본질로 발전시켜 갔다. 특히 교회철학은 '삼위일체론'과 '성육신'과 같은 핵심적인 교의학을 '초자연주의적 절대성'과 '합리적 절대성'을 위한 근거로 삼았다. 더 나아가서 초자연적인 절대성의 요구에 대한 자연신학적인 보충으로서 타학문과 타종교의 진리를 보충하게 된다. 이 과정에서 트뢸취는 인위적 절대성의 자체가 관계와 비교의 산물임을 분명하게 보여준다.

근대에 들어와서, 자연과학의 급격한 발달로 인해 교회 중심의 신학 위치는 급격하게 흔들리기 시작했으며, 자연과학과의 관계를 통해서 신학은 '진화론적 절대성'을 형성해 갔다. 진화론적 절대성은 트뢸취에게 발전사적인 유럽주의적 종교사 이해와 그 종교사 이해에 근거한 유럽주의적 종교이해의 형성에 기여하게 된다. 그 과정에서 트뢸취는 '기독교의 종교사 이해'와 '유럽주의적 종교 이해'가 기독교의 교회적 유형으로부터의 해방의 과정이라는 점을 분명하게 강조했다. 여기에서 종교적 아프리오리를 통한 다양한 종교사 구성과 그에 따른 현재적인 의미의 기독교의 절대성은 기독교 공동체 형성을 근간으로 하는 윤리적인 공동체에 근거된다. 그 과정에서 역사적이고 상대주의적 인식과 종교적 아프리오리의 구성은 트뢸취의 핵심적인 학문의 방법이다. 그 창조적 통합의 방법을 통해서 트뢸취는 기독교를 역사적 현상 또는 절대적 종교로서 사유에 대한 양자택일을 거부하면서 새로운 방식으로 문화적인 힘들과 특히 종교적인 힘들을 결합하면서 절대적인 것에 새로운 시간제약적인 형상을 부여하려고 했다. 즉 역사철학적인 사변과 교의학적이고 초자연주의적인 사유방식에 역사적인 구성의 "역동적인 절대성"이 등장한다.[47]

---

47) Hans Georg Drescher, *Ernst Troeltsch*, 273.

3. 기독교의 절대성과 역사적 예수의 인격성의 문제

트뢸취는 원시 기독교에서 생성된 역사적 예수의 '인격성' 문제를 역사적 예수의 문제로부터 구분했다. 그리고 그는 역사적 예수의 '인격성' 문제를 인위적 절대성의 시작점으로 인식하면서, 기독교 절대성 문제가 역사적 예수의 실존적인 삶이나 학문적 기독교 형성에 제한적으로 이해할 수 없고, 기독교적 삶의 총체적 구성으로 확대될 수밖에 없음을 분명하게 보여주고 있다. 그런 의미에서 역사적 예수의 인격성 문제는 다원화된 현대사회 속에서 기독교의 종교적 자기정체성을 규정하는 근원적인 문제이다. 트뢸취의 비판적인 입장에 따르면 "공동체 역사의 시작에 근원적이며 종교적인 이념의 형성은 예수를 역사에서 끌어내었고 그를 역사적인 형태 안에서 우리에게 나타난 영원한 그리스도, 말씀, 신으로 만들었다."[48] 그는 항상 역사적 예수의 인격성 문제를 유럽주의적 종교사로부터 분리하면서 그를 절대화한 시도는 변증적인 절대성의 가장 큰 오류로 보고 있다.

자유주의 신학은 역사적 예수의 인격성을 철저하게 증명가능한 것으로 주장했다. 무엇보다도 역사적 예수의 상과 그의 인격성을 현재에도 유효한 현재의 에토스로 주장한다. 한편, 슐라이어마허는 역사적 예수의 인격성을 "암시적인 인격성"[49]의 힘으로 이해하면서 종교적 인격성에 대한 총체적 영향으로 인식한다. 종국에 그는 공동체의 중재를 통해 신인식으로 확장시키면서, 교회를 종말까지 지속되는 '인격성'의 공동체와 역사적 예수를 통해서 가능해진 절대적인 구속과 절대적 진리를 소유한 공동체로서 이해한다. 물론 트뢸취는 슐라이어마허가 교회적 과제와 신앙론의 기획에 있어서 역사적 예

---

48) 앞의 책, 132.
49) 앞의 책, 138.

수의 인격성을 기독교 신앙의 '상징'과 '힘의 근원', 또한 설교와 제의의 중심으로서 이해했다. 하지만 그는 슐라이어마허가 그 의식적인 근거를 사회심리학적으로 파악하지 못했다고 비판한다.[50] 다른 한편으로, 리츨은 역사적 예수의 암시적인 힘보다 "죄의 용서에 대한 확실성을 일으키는 예수의 권위"[51]와 관계한다. 리츨에 따르면 하나님 나라의 왕으로서 역사적 예수의 권위는 공동체의 중재를 통해서 얻어진다. "그 확실함이 없다면 죄인은 죄인을 용서하시는 신의 은총에 대한 신앙을 믿으려고 시도하지 않고, 믿으려고 시도할 수 없다."[52] 빌헬름 헤르만 역시 예수의 역사적 현실성을 인간 실존이 신앙적으로 신을 바라보며 죄를 두려워하게 되는 근원으로서의 현실성으로 이해한다. 그에 따르면, "그 인격성은 그 이념에 우선 힘과 확신성을 부여하며 그와 같이 강력해진 힘이 그리스도의 현존 안에서 일치된 공동체의 소유물로 만든다."[53] 그러나 역사적 예수의 사회심리학적 동기는 그들에게서 여전히 은폐되어 있었다.

사실 역사학과 성서에 대한 역사적 비평학의 발전을 통해 '신학'은 근원적 문서를 비평적으로 다루면서 분명했었던 '역사적 예수의 생애'를 점점 해결할 수 없는 문제로 포기하게 되었고, 종국에는 신학의 과제를 그의 설교를 묘사하는 것으로 제한했다. 결국 "예수의 설교 묘사에 대한 인식 가능성과 공동체의 신앙으로부터 후에 추가된 연속적인 부분들로부터 예수의 설교를 정돈하는 가능성에 대해서 의심했다. 또한 저 지반들의 역사적인 사태와 종교적인 결합에서 끌어냈다."[54] 그 결과 기독교 절대성의 변증적 사유는 철저하게

---

50) 앞의 책, 159.
51) 앞의 책, 138.
52) 앞의 책, 138.
53) 앞의 책, 139.
54) 앞의 책, 134.

파괴된다. 하지만 트뢸취는 예수의 역사적 실존성에 대해 부정적인 입장을 비판하면서, 기독교를 역사적 예수에게서 시작된 하나의 역사적이며 종교적 원칙으로서 이해한다. 그 원칙에 대해서 예수의 역사성의 의미는 기독교적 종교의 출발점에 존재한다. 유럽주의적 종교사에서 나타난 역사발전으로서 기독교의 구원은 "모든 경우를 위해 그리스도의 사역 안에서 완성되고, 개별자들에게 적합한 것이 아니라 매순간 새롭고 영혼에 대한 신의 영향 안에서 신인식을 통해 스스로를 완성해가는 과정이다."[55] 그러므로 트뢸취는 역사적 예수의 절대적이면서 영원한 중심 위치를 주장하는 일은 상당히 편협한 시각으로 보면서 낯설게 느끼고 이해할 수도 없다고 주장한다. 오히려 그는 역사적 예수를 기독교적 삶의 세계를 이해할 수 있는 종교적 상징으로 이해하면서, 그 상징을 통해 기독교적 정체성의 인식이 그의 유럽주의적 종교사 인식에 핵심적인 과제로서 이해한다. 또한 역사적 예수의 인격성을 중심으로 형성된 "교회는 개별적인 사람들에게 구속 사역의 힘이 성서와 성례전, 그리스도, 즉 신인에 의해서 확립된 기적의 관계를 통해 중재되거나 신인의 기적이 성서와 교회적인 구속 기관 안으로 전개하는 공공적인 기관이 아니다. 교회는 오히려 신앙의 공동체이면서 기독교적인 신인식의 공동체이다."[56] 이제 그는 역사적 예수의 인격성과 그에 대한 기독교적 자기 정체성을 기반으로 하는 '공동체의 신인식을 인격적 체험과 경험 안에 존재하고, 인격적 자신의 확신성과 신적 계시에 대한 본래적인 감정으로 넘어오는 종교적인 의식 변화에 있다고 본다. 트뢸취에게 있어서 역사적 예수는 외형적 권위를 가지고 있는 천상의 존재도, 기적의 근원도 아니며, 역사적 인격일 뿐이다. 결과적으로 유럽주의적 종교사에서 기독교는 신의 진정하고 내적인 신 의지의 본질에 대한

---

55) 앞의 책, 135.
56) 앞의 책, 135.

실천적 인식을 지향한다.

그 정체성 인식의 전초적인 과제는 종교적 공동체의 욕구로부터 비롯된 예수의 중심 위치에 대한 새로운 인식이다. 그는 '원죄론'과 '구원론'에 대한 교의학적 인식에서 벗어나면서, 역사적 예수의 인격성에 대한 '숭배'와 '존경'을 포기한다. 왜냐하면 기독교는 '마술적, 혹은 '구속'적 의미에서 제의가 아니라, 설립자로서 역사적 예수를 중심으로 하는 '공동체 모임'과 '그의 정신'과 '삶'으로부터 인격의 성장을 지향하기 때문이다. 그 결과, "현재화하는 신에 대한 기도는 역사적인 것의 배제를 통해 제거되고",[57] 신은 단지 역사적 예수를 중심으로 하는 종교적 공동체 안에서 신적 의지로서 규정되고, 그 의지에 따른 '신의 현현'과 '신성'에 대한 기도를 중심으로 모이게 된다고 주장한다. 그러므로 트뢸취는 '종교적 공동체'와 '제의'의 상실을 근대 기독교와 종교성 일반의 병적 질환으로 이해한다. 그에 따르면, 종교적 공동체의 부재가 다양한 개인적인 중심점들을 양산해내고, 종교의 공공성의 부재를 야기한다. 이제 트뢸취는 '교의학'이나 '이념'이 아닌 '공동체'와 '제의'를 중심으로 하는 살아 있는 교제를 강조한다.

그 교제는 살아 있는 종교적 공동체 구성의 핵심적인 힘으로서 나타난다. 그 힘의 근원적 동기는 역사적 예수에게서 드러난 "사회심리학적 원칙"[58]이다. 그 법칙은 일반적으로 우선 대단히 정교하고 개별화된 문화를 생산하는 것과 같이, 오랫동안 단지 평행적으로만 느끼거나 사유하는 개인들이 서로에 대한 상호작용과 관계 없이 서로의 곁에 존재할 수 없다는 사실이 아니라, 수천 번의 관계로부터 비롯된 도처의 공동체의 영역들이 높거나 낮은 질서를 수반하여 나타나고 구체적인 중심점을 필요로 하는 사회심리학적 법칙이다.[59]

---

57) 앞의 책, 147.
58) 앞의 책, 148.

결국 사회심리학적인 원칙으로서 '역사적 예수의 인격성'이 다양한 기독교적 공동체를 형성하는 기반이 된다. 왜냐하면 역사적 예수의 인격성은 '제의', '영향력', '상징'을 위해 필요로 하고, 그의 인격성과 그에 대한 인간의 실존 관계에서 드러난 '그리스도의 중심 위치'와 '기독교의 학문적인 이념'의 결합을 통해서 끊임없이 새로운 종교적 현실성을 산출하기 때문이다.

이제 트뢸취는 학문에 대한 투쟁을 통해서 기독교적 종교의 '역사적 본질'과 '문화종교'로서 기독교의 본질을 구성하려고 한다. 그 학문적이고 실천적 구성을 위해서 트뢸취는, 본질적으로 종교적 목적과 예수의 역사성에 대한 인정과 그의 가르침에 대한 종교적 해명을 위해서 역사적 연구를 시도한다. 그런 의미에서 그는 역사적 예수의 인격성을 기독교적 신앙의 인식과 삶에서 비롯된 힘들의 유일한 '샘'으로서 이해한다. 그 역사적 예수의 인격성과의 관계에서 기독교는 "예수 인격성의 중심 위치에서 기독교를 모든 종교로부터 분리시키면서 그에게 유일하게 먼저 구속을 가능하게 만드는 특별한 독특성을 가지고 있는 것이 아니라, 그에게 본래적인 방식으로 인간적인 정신의 삶의 보편적 원칙을 성취한다."[60] 그 과정에서 기독교의 "본질적인 것은 고정적 '교의'와 동시에 고정적 '도덕법칙'이 아니라 살아 있으면서 다양하고 동시에 고양시키면서 강하게 만드는 인격성이 그 중심점과 상징이다."[61] 그의 인격성으로부터 그는 구원자의 절대성을 보지 않고 새로운 인격성의 이념을 지속적으로 나타나게 하는 인격성의 '중심'으로서 이해하고 그를 중심으로 하는 공동체와 이념에 대한 욕구들을 인식하게 된다. 이 과정에서, 기독교 절대성의 문제는 항상 근원적인 예수의 역사적 인격성과 구분

---

59) 앞의 책, 148.
60) 앞의 책, 157.
61) 앞의 책, 157.

되면서 현재적인 종교의 삶에서 새롭게 발전적인 규범인식의 형성 과정에서 최고점으로 스스로를 드러낸다.

4. 트뢸취의 '기독교 절대성' 사유의 '영향사'

트뢸취는 기독교를 유럽종교로 이해하면서, 기독교 진리를 항상 문화제약적 의미에서의 진리로 인식했다. 반면에 그는 기독교를 종교의 역사 발전의 최고점으로 인식하면서, 그의 종교사 신학은 유럽적 신학의 정점을 찍게 된다. 하지만 그의 절대성 사유는 "역사주의와 그의 극복"이라는 논문에서 기독교의 개별성을 강조하게 되면서 그의 종교사 신학에서 그 힘을 상실하게 된다. 그럼에도 불구하고 20세기의 신학에 대한 영향은 특징적이다. 구체적으로는 트뢸취의 종교사 신학은 20세기의 '종교사 신학', '유럽주의적 신학', '종교신학'에 영향을 미치게 된다.

먼저 종교사의 관점에서 볼 때, 트뢸취는 기독교 진리 주장의 문제를 기독교적 자기 정체성의 문제로 인식한다. 그러므로 그 정체성의 근거로서 역사적 예수의 '역사성의 문제'는 항상 신학의 중심에 놓인다. 그는 역사적 예수에 대한 실존 관계를 통해서 형성되는 다양한 규범적인 공동체의 문제를 주목하면서, 기독교의 발전사적 흐름에서 다양한 공동정신과의 연속성을 인식하게 된다. 여기에서 트뢸취는 '역사적 예수'를 포기할 수 없는 계시의 '역사적 현실성'으로서 이해하면서, 그것을 중심으로 하는 기독교의 '사회적 본질'을 인식한다. 트뢸취에 따르면 기독교의 사회적 본질은 유럽 역사와 유럽 문화 안에서 기독교의 사회적 역동성을 드러낸다. 기독교의 사회적 본질에 대한 신학적 근거는 '성서', '전통', '체험'이다.[62] 그 신학 구성의 궁극적인 목적은 '신앙 공동체'로서 교회 공동체 형성을 위한 규범적 교의학에 대한 인식이다. 먼저 역사적 예수에게서 드러난 순수한 절대성과 그에 대한 실존적 체험에 드러난 개인의 절대성의 체험은 그의 기독교 신앙의 자기 정체성의 핵심적인 요소가 된다. 또한 기독교적 공동정신의 종교사적이고 발전적 인식에서 그는 기독교 교의학의 종교적 규범적인 의미를 인식하고 그에 따라 역사적 예수의 '인격성'과 '제의'를 종교적 교제 공동체의 핵심적인 근거로 삼는다.

트뢸취의 입장에 대해, 예수 그리스도의 역사적 현실성을 무제약적이고 현실성으로 파악하는 변증법적 신학자였던 불트만, 고가르텐은 맹렬하게 비판했다. 빌헬름 '헤르만'은 '종교적인 언어에서 학문적인 언어로의 전환'에서 기독교의 절대성이 학문적인 언어의 길에서 증명될 수는 없지만, 개인에 의해서 체험된 역사에 도달되어야 한다고 주장한다. 이 기독교의 종교사와 관련하여, 기독교 신앙은 단지 기독교의 절대성의 확신만이 아니라 '증언'이다. 그 증언에서 역사적 인격으로서 예수는 그와의 만남의 체험과 같이 결정적인 역할을 한다.[63] 그 결과 역사적 예수에게서 인간은 종교적 체험으로부터 비롯된 인격적인 구원의 확신성의 사유를 얻게 된다. 헤르만에 따르면, 인간은 합리적인 방식으로는 기독교의 절대성에 이를 수 없고, 믿고 고백할 수 있을 뿐이다. 또한 '불트만'은 종교사적인 근원의 상황, 즉 예수의 경건성에 '순수한 절대성'이라는 표현을 사용한 점을 불충분한 것으로서 지적했다. 왜냐하면 불트만은 개별적인 내재성과 체험의 경건성이라는 의미가 아니라 설교 안에서 결단으로 부르기 때문이다.[64] 불트만의 결단의 사유는 절대성의 문제를 기독교의 절대성이 아니라 신앙의 절대성으로 부르기 때문이다. 무엇보

---

62) E. Troeltsch, *Glaubenslehre*, 24.
63) Hans Georg Drescher, *Ernst Troeltsch*, 281.
64) Hans Georg Drescher, *Ernst Troeltsch*, 276.

다 인간의 실존에 대한 절대성만이 존재한다. 고가르텐은 종교사의 현실성을 "신의 현실성으로서 '너'"와 주체와의 만남으로서 이해한다. 그 만남은 피조물과 신의 만남, 역사적 예수와의 만남을 함축한다. 그러므로 트뢸취와 같이 '창조적 통합'의 현실성이 아니라, 인간에게 구원을 향한 결단을 촉구하는 절대적이며 신적인 현실성이다. 이와 같은 비판적인 입장에도 불구하고, 트뢸취의 역사적 사유 방식은 20세기 기독교의 새로운 본질 규정에 대한 과제를 제시했다. 예를 들어, 그의 역사종교와 문화종교로서 기독교 이해는 종교다원주의적 상황 아래에서 기독교의 문화적 이해의 출발점이 된다. 기독교의 문화적 이해를 이어받은 틸리히는 트뢸취의 무제약적 현실성이 존재하지 않는 역사적 상대주의에 대해서 비판적인 입장을 취하면서도, 유럽주의적 종교사와 다양한 문화 안에 존재하는 무제약적 현실성을 인식하고 해명하는 종교사 신학을 그의 실존론적 신학에 수용했다.

이제 '트뢸취'와 '틸리히'의 종교사를 수용한, 판넨베르크는 그와 같이 교의학적이고 초자연주의적인 종교사의 재구성을 거부하고, 그와 다르게 종교신학으로서 종교학을 수행했다. 왜냐하면 트뢸취와 다르게 종교심리학, 종교사회학, 종교현상학이 중심이 아닌, '보편적 종교사'를 중심으로 하는 종교학을 수행했기 때문이다. 그럼에도 불구하고, 판넨베르크는 '보편적 종교사'의 총체적 관계에 대한 개방적인 이해의 틀에서 기독교적인 진리의 '궁극성'을 드러내려고 했다.[65] 이는 예수 그리스도의 '십자가'와 '부활사건'에 대한 선취적 진리인식이다. 역사적 의식 아래에서 기독교적인 '계시'의 가치인식을 근거한 점은 철저한 트뢸취의 영향이다. 한편으로, 그는 기독교의 가치를 교의학적으로 인식해온 변증법적 신학에 대해서 철저하게 비판적이다. 다른 한편으로, 종교의 현상 파악을 위해서 현재적

---

65) Christian Danz, *Einführung in die Theologie der Religionen*, 142.

인 종교현상학의 기여에도 불구하고, 그는 종교현상학의 '비역사성' 역시 핵심적으로 비판한다. 그 결과 그는 종교현상학을 '종교사'를 통해서 완성하려고 한다. 해석학적인 입장에서 "모든 인간의 역사성에 대해서 급진적인 의미를 내세우는 모든 인간학은 결국 그들의 전통들과 삶의 형식들과 경험을 포함한 그들의 공동체와 그의 인간성의 역사의 전체 안에 존재하는 개인들의 구체적인 역사의 해석을 지향해야 한다고 주장한다."[66] 그렇지만 트뢸취와 근대적인 인간학적 사유와 같이 신 사유가 인간학으로 환원되는 것이 아니라, 인간학적으로 증명된다고 본다. 그런 의미에서 전체의 지평은 트뢸취와 같이 "인식론적인 의미의 전체성이 아니라, 모든 것을 규정하는 통일성을 의미의 총체성을 일치시키는 통일성으로" 인식한다.[67] 즉 종교사의 과제는 구성적인 과제가 아니라 해석학적인 과제이다. 왜냐하면 종교사는 인간의 역사적인 자기해석이면서 동시에 신의 현상의 역사이기 때문이다. 이제 그의 종교사 안에 신의 현실성과 진리는 신과 인간의 사실적인 교제 안에서 나타나게 된다. 결과적으로 트뢸취의 종교사 개념에서 구별되게, 판넨베르크는 자신의 종교사를 종교사의 총체적인 이론으로서 만이 아니라 다양한 역사적인 종교들의 구별된 첨가 모델로서 종교사를 강조한다. 보편사적 관점에서, 그는 종교사를 트뢸취와 같이 선험적인 방식으로 규정하지 않고 단지 시대를 구분하면서, 종교사의 현사실적 진행을 연구한다. 특히 보편 종교사적인 특징 안에서 종교의 다양성을 인식하면서 종교들의 상호작용과 통합의 과정으로서 종교사적 발전을 구상한다. 이는 종교사를 기독교 중심적인 종교사로서 구성하려는 트뢸취에 대한 비판적이면서 발전적 인식의 결과이다.[68] 그렇지만 종교사의 통일성

---

66) W. Pannenberg, *Erwägungen zur Theologie der Religionsgeschichte*, 262.
67) Christian Danz, *Einführung in die Theologie der Religionen*, 143.
68) W. Pannenberg, *Erwägungen zur Theologie der Religionsgeschichte*, 268.

은 문화적인 의미에서의 자기 정체성의 의미가 아니라, 종말론적인 의미에서 완성된다. 현재에서 인간성의 종교적인 총체적 상황의 긴장으로 가득한 통일성의 형상을 가질 뿐이다.[69] 그러므로 종교사는 다양한 종교들의 조화를 강조하지 않고, 궁극적인 현실성에 대한 다양한 종교적 해명들 사이의 논쟁만을 보여준다. 하지만 종교사의 궁극적인 목적은 비기독교적인 종교에서 인간들의 구원을 인정하는 것이 아니라, 단지 예수의 현실성이 종교의 구원을 위한 분명한 기준임을 보여주고자 한다.

유럽적 신학의 입장에서, 렌토르프는 트뢸취의 종교사 신학과 절대성 사유를 비판적으로 계승한다. 특히 그는 근대의 산물로서 기독교의 '절대성'에 대한 트뢸취의 비판적 사유에서 드러난 기독교의 '개별화'의 과정에 주목한다. 렌토르프는 개별화 과정에 따른 성서의 '문화적 해석'과 그에 따른 기독교적 실천 의식을 지향하는 이론 형성한다. 그 과정에서 그는 이웃 종교에 대한 '차이 인식'과 더불어 각기 다른 종교에 대한 고유한 '종교성'에 대한 인식을 강조한다. 또한 그는 트뢸취의 '종교사'로서 '유럽주의'를 유럽적인 시각의 자기 절대화에 대한 비판적 인식을 받아들이면서도 역사적 상대화를 단순히 역사적인 개별성의 상실이 아니라 의식의 역사적 개별성의 새로운 인식으로 받아들인다.[70] 그러므로 그는 '절대성'의 문제를 더 이상 기독교의 개별성 문제가 아니라, 보편적 종교들의 문제로 인식한다. 또한 그 문제를 종교간 '갈등'과 '대립'의 문제로서 인식하면서, 개별종교들의 종교적 개념의 해석 과제와 그에 따른 대화적 관계를 제시한다. 결과적으로 다원주의 조건으로서 '절대성'의 문제를 통해서 절대적인 것에 대한 다양한 개별종교의 관계들을 다원주의의 의미성을 찾는 의미 있는 길로서 보여준다.[71] 이제 더 이상 '절

---

69) 앞의 책, 275.
70) Trutz Rendtorff, *Theologie in der Moderne*, 53.

대성'과 '다원주의'의 문제는 분리될 수 없는 정치적인 주체로서 유럽주의 신학의 핵심적인 문제로 인식된다.[72]

종교신학적인 입장에서 힉과 니터는 트뢸취의 종교사적 사유의 영향을 받는다. 먼저 종교사의 비판적 인식을 통해서 나타난 자기중심에서 실재 중심으로 인간의 의식 변화를 주장하면서, 힉은 궁극적 실재와 '개별종교'들과의 관계를 실재 자체와 실재 관계로서 인식하면서 다양한 종교적 경험들 사이의 구조적인 연속성을 주장하게 된다.[73] 힉의 실재 중심의 사유는 틸리히의 존재 자체와 상징적이고 종교적인 대상 사이의 구별과 유사한 특징을 가지고 있다. 하지만 트뢸취의 신에 대한 인식과는 구별된다. 트뢸취는 역사 안에서 절대적 현실성을 인정하지 않기 때문이다. 다른 한편으로, 신을 향한 종교의 길을 다양성을 주장하면서도 종교들 사이에 연속성은 그의 종교신학적 보편성을 드러내는 핵심적인 토대이다. 그 사유를 토대로, 그는 개별종교들과 종교적 전통 사이의 차이를 인간적인 정신이 문화상대주의적 상황에 대한 인식에서 비롯된 실재를 경험하는 방식의 차이에서 비롯되었다는 사실을 강조하게 된다.

1980년대 이후 독일의 신학자들은 트뢸취의 사유의 길을 추적하면서 새롭게 재해석해가고 있다. 그 결과로서 다양한 트뢸취의 연구 논문집과 그의 비평적인 전집이 계속해서 발간 중이다. 특별히 트뢸취의 기독교의 절대성의 문제는 2004년 뮌헨에서 열린 트뢸취학회에서 조직신학적인 입장, 종교사의 입장, 종교신학적인 입장에서 쓰인 논문들을 통해서 다양하게 소개되었고, 포스트모던 시대에 절대성 문서의 긍정적인 의미들을 새롭게 제시했다. 2012 슐라이어마허-트뢸취-틸리히 콩그레스에서 그의 신학적 영향에 대해서 소개

---

71) 앞의 책, 84.
72) 앞의 책, 89.
73) Christian Danz, *Einführung in die Theologie der Religionen*, 156.

되었다. 이 책을 통해 한국에서 새로이 트뢸취 신학이 논의되는 장이 열리기를 기대한다.

기독교의 절대성
(1902)

0(1902)

1. 역사적 사유방식의 빛에서 본 신학적 변증의 근본 유형들

18세기 이래로 영향력이 있고 지배적 형태들로 발전된 근대세계는 고대의 세계문화와 가톨릭교회의 문화 곁에서 자신의 본래적 문화유형을 묘사한다는 사실과 가톨릭교회의 문화로부터 실로 오래된 전통적 개신교회가 너무 괴리되어 있지 않았다는 사실은 인정될 수 있다.[1] 근대세계의 가장 중요한 근본 특징들 중 하나는 인간적 대상들에 대한 끊임없는 역사적 직관에 대한 교육이다. 근대 역사는 모든 인간적 대상에 대한 총체적 직관의 원칙이다. 이 원칙이 근원적으로 정치적이며 사회적 체제에 대한 계몽비판, 가톨릭적 전설에 대한 종교개혁적 투쟁들과 개선된 교회적이고 정통적 언어학으로부터 성장했다. 그러면 근대사는 주요한 발전사적인 독일 이상주의의 세계관을 통해서 깊어졌고, 결국은 개별적 작업에서 독립했으며 대상과의 교제 안에서 본래적 사유와 탐구 방법이 되었다. 그 사유방식

---

1) 다음의 논제와 비교하라: P. De Lagarde (1827-1891), *Deutsche Schriften*, 1924 (hg. V. P. Fischer), 269 f.u.ö.

은 화려한 결과들을 통해서 자신을 입증해 왔다. 근대의 역사가 주어진 형이상학적 선입견들로부터 해방될수록 동시에 총체적이고 자연과학적 개념의 형성에 직면하여 그의 독립성이 인정될수록, 근대의 역사는 모든 세계관 형성의 중심지로 나타난다.[2]

근대역사는 단순히 이전에 실행된 사유방식들에 대한 보다 강한 강조만이 아니라, 원칙적으로 대략 새로운 것이다. 근대역사는 뒤로

---

2) 다음의 책들과 비교하라. 빌헬름 빈델반트(W. Windelband), 《역사와 자연과학》 (*Geschichte und Naturwissenschaft, Strassburg*, 1984); 하인리히 리케르트(H. Rickert), 《자연과학적 개념 형성의 한계들》(*Grenzen der naturwissenschaftlichen Begriffsbildung*, Freiburg 1899); 동일 저자, 《문화과학과 자연과학》(*Kulturwissenschaft und Naturwissenschaft*, Freiburg 1899); 동일 저자, 《역사 속 보편성의 네 가지 유형》(*Les quatre modes de l'universel en Historie, Revue de synthese historique* 1901); 게오르그 짐멜, 《역사철학의 문제들》(*Probleme der Geschichtsphilosophie*, Leibzig 1892); 빌헬름 딜타이, 《서술 심리학과 분석심리학에 대한 이념》(*Ideen über eine beschreibende und zergliedernde Psychologie*, Sitz.-d. Berliner Akademie 1894); H. 뮌스터베르그, 심리학의 근본 특징들 I》(*Grundzüge der Psychologie I*, Leibzig 1901). 이 책에 대해 오토 릿츨의 의해 제기된 비판, 즉 "정신과학에 있어서 인과성에 대한 고려"(Die Kausalbetrachtung in den Geisteswissenschaften, Bonn 1901)를 나는 단지 유형들의 개념의 확립과 관계에서 획득한다. 더 나아가서 루돌프 오이켄(R. Eucken), 《인간성의 의식과 행위에 정신적 삶의 통일성》 (*Die Einheit des Geisteslebens in Bewußtsein und Tat der Menschheit*, Leibzig 1888). 마지막으로 나의 논문-신학에 있어서 역사적 방법과 교의학적 방법(Historische und dogmatische Methode in der Theologie, theolog. Arbeiten aus dem rheinischen wiss. Pred.-Verein 1900)과 짧은 논문들(Die Artikel in Herzogs Realenencyclopädie "Aufklärung," "Deutscher Idealismus," Deismus. 그 논문들 안에서 나는 특별히 현대적이면서 역사적인 이념의 생성사를 해명했다. 그 사이에 나는 이 연구들을 나의 다음 저서-칸트의 종교철학에서 역사적인 것(Das Historische in Kants Religionsphilosophie, 1904)-에서 전개했다. 그 문제의 중요한 측면을 "역사 속에서 가치 평가"(Die Wertschätzung in der Geschichte, 1903)에서 그로텐펠트는 해명했다. 그리고 골드스타인의 경험적 역사서술(Die empiristische Geschichtsauffassung Humes 1903), 마지막으로는 쾰러 역시 교회들 안에서 이념과 인격성 Idee und Persönlichkeit in der Kirchen Geschichte 1910) 을 해명했다.

는 과거를 향한 지평확장의 결과이면서 앞으로는 현재의 총체적 넓이이다. 근대역사 통해서 그 자신의 가치의 당연성을 추구하는 지배적 문화유형과 가치체계에 대한 근원적이면서 순수한 신뢰는 흔들리기 시작하고, 자신의 가치는 다른 것들 곁에서 하나의 역사적 대상이 된다. 그들 사이에 존재하는 가치척도들은 일반적으로 비교될 수 있다. 그러므로 근대역사는 계시를 혹은 자연적 이성진리를 향해서 관계적으로 단순한 개념들과 함께 순수한 가치요구들을 실체화했던 교조적인 개념 형성의 종말이다. 즉 근대역사는 새롭고 역사로부터 먼저 방향을 얻는 사유방식의 원칙이다.

고대역사는 역사적 비판을 시작하고, 유비적이고 심리적 이해를 부분적이면서 상세하게 수행하면서, 정치적이고 애국적인 척도들을 수반한 개별적 국가들의 역사이다. 가톨릭 교회사는 인간성의 역사이다. 그러나 그 역사는 단지 순수하게 교의적이고 기독교적이며 가톨릭적 고대문화를 절대화하는 척도들만이 아니다. 또한 순수한 교의적 요구들을 통해 모든 지배할 수 있는 사태들을 확립하고, 그 결과 도처에 연결되어 있는 비판을 수반하면서도 각자의 후체험에 대한 기술과 경향이 철저하게 부재했던 인간성의 역사이다. 양자의 경우들에 있어 역사는 지배적인 문화사유들, 즉 국가적이고 합리적이며 신학적인 규범 사유에 대한 첨가요 보충이다. 그와 반대로 근대역사는 비판적 근원들과 심리학적 유비의 결론들을 근거로 하는 민족들과 문화영역들과 문화요소들의 발전사이다. 그 발전사는 모든 역사적 현상들을 지속적이고 모든 개별적 현상들에서 스스로를 대립적으로 제약하는 인간성의 형성 과정과 결합시키기 위해 모든 교의들을 사건의 흐름 속에 용해시키고, 후에 느낄 수 있는 정당성을 가지고 모든 현상들을 곧 그 자신의 기준에서 측정한다.

인식들이 지닌 모든 불완전성과 불확실성에도 불구하고 끊임없이 새롭게 노력하여 얻어진 총체적 상은 오늘날 그의 상이한 완성

1. 역사적 사유방식의 빛에서 본 신학적 변증의 근본 유형들 53

단계들과 함께 인간성의 이상적인 것과 규범들에 대한 모든 판단들의 전제이다. 그러므로 역사는 더 이상 단순히 사물들에 대한 고려의 한 측면이거나 혹은 앎에 대한 충동의 부분적 만족이 아니라, 가치들과 규범들에 대한 모든 사유의 근본 토대이며, 역사의 희망들과 그의 근원들과 그의 본질에 대한 자기자각을 위한 수단이다.

기독교에 대한 그 개별적 결과들을 자유롭게 두면서도, 규정된 방법적 전제들에 묶어두는 사유방식의 영향을 쉽게 관찰할 수 있다. 기독교는 원래부터 모든 거대한 정신적 운동과 같이 그의 규범적 진리에 대한 순수한 신뢰를 가지고 있었다. 변증론적 반성들은 이 신뢰를 총체적으로 고대시대로부터 모든 비기독교적 대상에 대한 기독교의 대립을 통해서 확고히 만들었다. 그 곁에서 비기독교적인 것은 점점 더 동일한 종류의 인간적 오류들에 속하고, 기독교적인 것은 항상 비기독교적인 것보다 외형적이고, 내적인 기적에서 인식할 수 있는 신적 실현이 되었다. 교회철학과 신학은 그러면 절대적인 기적을 통해서 세워지고, 회심과 성례의 기적에서 스스로를 주장하는 교회를 역사 속에 존재하고, 역사로부터 비롯되지 않은 초자연적인 조직체의 개념으로서 완성했다. 순수하게 인간적으로 제약된 진리들을 수반한 일상적 역사는 교회의 입장에서 볼 때 죄와 오류의 영역이다. 단지 교회의 역사는 절대적이지 않게 소진할지라도 절대적이고 확실한 진리를 부여한다. 왜냐하면 교회의 역사는 역사로부터 비롯되지 않고, 신으로부터 직접 나타난 힘을 가지고 작업하기 때문이다. 그러나 지금 역사는 근본적이고 전체적으로 풀어내면서, 이 변증적 사유의 구조에 영향을 미쳐왔다. 실제로 교회적 신학의 복구의 한 양태로 느껴졌던, 합리적 흐름과의 대립에서 기독교의 역사적 특성의 진흥은 단지 다른 주요하고 개별적인 역사 창조들의 흐름 속에서, 특별히 종교사의 관계에서 개별적이고 익숙하게 된 규범 개념들을 통해 왜곡될 수 없는 현상으로서 기독교에 편입시켜

왔다.

외형적인 기적과 내적인 기적의 변증적인 벽은 역사에 의해 천천히 철거된다. 왜냐하면 기적에 대해서 생각할 수 있는 것처럼, 역사에서 기독교적 기적을 믿고 비기독교적인 기적을 부정하는 것은 불가능하기 때문이다. 또한 내적인 삶의 윤리적 힘에서 무엇인가 대단하게 초자연적 발견을 할 수 있었던 만큼 감각성을 뛰어넘는 초자연적인 인간으로서 그리스도인을 높이며 플라톤과 에픽테투스의 사람들을 자연적인 사람으로 규정하는 일은 불가능하기 때문이다. 하지만 그와 함께 모든 남겨진 역사에 대항해서 기독교를 고립시키고, 기독교를 곧 고립과 그의 형식적인 특징을 통해 절대적인 규범으로 규정하는 수단은 버려진다. 실제로 기독교 자체가 그의 내용 안에서 신적 진리를 단지 부분적인 작업으로 제공하고, 동일하게 그 내용을 가지고 인간적으로 불완전한 결과들을 가져올 것이라는 사실을 의식하면 할수록 더욱더 그렇다. 반대로 긍정적으로는 기독교의 원역사와 기독교에 앞선 혹은 밖에 존재하는 현상들과 결합하고 있는 모든 진보와 다른 대상들에서 형성된 근원들과 전승사 비판의 유비에 대한 모든 인용은 종교에 대한 현재적이고 심리적 관찰과 종교적 사유의 생성에 대한 모든 평가와 저 주요한 역사적 현상의 해명에 나타난 수확을 의미한다. 그러나 역시 그와 함께 저 고립 수단에 저항하는 '회의(skepsis)'에서 입증되었다. 따라서 교회적 변증은 기독교의 규범적 진리를 순수하게 그 자신으로부터 특별한 역사에 대한 매순간 넓은 시각 없이 역사에서 밝혀왔고, 오늘날 여전히 다양하게 밝힌다.

역사로 인해서 교회적 수단들과 함께 기독교적으로 종교적 사유의 규범적 가치를 더 이상 증명할 수 없다면, 인간은 곧 역사의 원칙과 인간성의 총체적 역사의 근본 개념으로부터 새로운 방식으로 그 목적에 도달하려고 시도했다. 인간은 인간성의 역사를 인과적이고 목적론적으로, 그의 내부에서 종교적 진리의 이상을 단계적으로 관철시키고 하나의 정해진 점에서 동시에 기독교의 역사적 현상에서 절대적이고, 즉 완전히 파헤친 현실화에 도달하게 되는 전체로서 이해한다. 계몽주의를 통해서 관철된 종교사에서 인간은 기독교의 편입과 기독교의 역사비평적 고려에 머물러야 한다. 하지만 포괄적 직관과 영적으로 풍성한 구성이 역사의 전체 일반과 종교사의 전체를 특별히 포괄했다면, 그 자신 안에 낮고, 은폐된 초기의 출발 상황으로부터 완전하고 분명하게 의식된 전개를 향해서 역사의 운동법칙을 끌고 가야 한다. 또한 그 구성이 역사의 단계에서 자신을 현실화하는 규범개념을 묘사해야 하는 보편개념을 통해서, 역사의 충만과 상대적이고 개별적 형성 과정들을 보편 개념을 통해서 강요하는 데 성공해야 한다. 왜냐하면 그와 같이 기독교는 여전히 중재되고 은폐된 개념의 특징들과의 대립 관계에서 종교의 현실화된 개념인 절대종교로서 나타나기 때문이다. 실제로 단 하나의 종교가 있다면 동시에 종교의 개념과 본질이 존재해야 한다. 종교의 개념, 즉 종교의 본질은 모든 역사적 현상에서 그의 근원과 그의 목적으로서 드러난다. 기독교 안에는 도처에서 잠재적이고, 수단들을 통해 결합된 본질이 자유롭게 완성되고 빠짐없이 나타난다. 이와 같이 기독교가 도처에 나타난 종교적 개념과 동일하고, 단지 그의 완전한 해명으로만 나타난다면, 당연히 규범적이고 종교적 진리이다. 그러면 다시금 역사에 저항했던 오래된 변증적 사유는 역사와 함께 존재하는 새로운 사유를 통해서 대치된다. 또한 사실상 종교개념의 현실화로서 기독교의 개념은 현대적 변증의 근간이 되었다. 레싱과 칸트와 헤르더의 역사철학이 그와 같은 사유 방식들을 열어 놓았다면, 독일 관념론의 핵심적인 두 사상가, 즉 동시에 새로운 역사비평적 신학과 종교적으로는 실증적 신학의 아버지인 슐라이어마허와 헤겔은 다른 방식이긴 하지만, 이 개념 구조와 유사한 방식의 주요 사태에서 확고한 신학의 기초를 만들었다. 슐라이어마허는 역사적이고 실증적으로 개별적인 것을 강조했다. 헤겔은 그의 발전개념의 확고한 근거를 통해 역사적 틀을 보다 명료하고 강하게 넓히면서, 그곳에서 신학 형성에 대해 강한 영향을 주었다. 종교사에서 종교의 본질과 그의 발전, 절대종교로서 기독교의 본질의 발전에 대한 상관적 개념들은 그 때부터 소위 근대적이거나 혹은 자유주의 신학의 변증적인 기반이 되었다. 이 기반을 자유주의 신학은 부분적으로 대단히 상이한 뉘앙스로 도처에 전제해 왔고, 또한 그 기반에서 대단히 초자연적으로 채색된 체계를 강하게 차용해 왔다. 기독교 역사 자체도 그 방식으로 파악하려는 시도들이 비롯된다. 그 실증적 방식은 곧 예수의 인격성이 절대적 종교를 이끄는 자와 절대적 종교의 출현 지점으로서 비평적 역사에 나타난다. 그러면 그 안에서 실현된 절대적 개념과 기독교의 원칙과 이념으로서 그의 확대된 역사 발전은 하나의 통일적 개념으로부터 구성화하고 판단하는 일에 헌신한다.[3] 여기에서 이 연구가 제기한 물음에 대한 의미는 이해될 수 있다.

그가 보편적 종교사의 지평과 상대적 진리로서 모든 비기독교적

---

3) 《처음의 3세기의 동안의 기독교 제2판》(*Das Christentum der ersten drei Jahrhunderte*, Tübingen, 1860)의 서론에서 그의 원칙들이 발전된 F. C. 바우르의 주요한 양식의 작업을 제외하고 여기에서는 무엇보다 그 작업보다 뛰어난 작업들—Ed. 케어드의 《종교의 진화》제2판," (*The evolution of religion*, Glasgow, 1894)과 O. 플라이더러 《역사의 토대 위에 선 종교철학》제3판" (*Religionsphilosophie auf geschichtlicher Grundlage*, Berlin, 1896-이 사용된다. 특별히 기독교와 예수의 인격성에 대한 적용을 위해서 항상 대단히 가치가 있는 예수의 삶에 대한 K. T. 카임의 작품들은, 특별히 《역사적인 그리스도》 제3판," (*Der geschichtliche Christus*, 1866)에서 나타난 이 작업들에 대한 교의학적이고, 종교철학적 평가가 특징적이다. 슐라이어마허와 헤겔의 역사철학적이고 종교학적 이론들은 주요한 문헌들에도 불구하고 여전히 보다 큰 입각점들로부터 출발하는 작업과 표현을 발견하지 못한다. 그렇지만 일반적으로 대단히 중요한 역사 이론적이고 발전철학적인 독일 관념론의 학설은, 즉시 신학자들이 그들의 작업에서 보다 더 효과적인 원칙들에 대한 이해를 위해서 동일한 것을 필연적으로 가져야 했던 만큼, 보다 더 혼란스러운 상황에 놓여 있다. 그 사이에

종교들에 대한 인정과 그 종교의 절대적이고 완성된 형성을 향한 발전을 포함하는 한, '절대성'이라는 표현은 근대적인 진화론적 변증에서 비롯된다. 그 표현과 전제들, 그 내용은 역시 근대적이고 학문적인 개념들과 곧 근대사 속에서 모든 인간적인 사건의 평준화를 통해서 제약된다.

그럼에도 불구하고 근대적이고 진화론적 변증은 그 동기와 목적에서 정통적이고 초자연적 신학의 변증과 매우 유사하긴 하지만, 결과적으로 강조되어야 한다. 그리고 그 사유가 사변적이지 않은 역사로부터 비롯된 것과 같이, 그 부분에 결과적으로 앞으로 끌 수 있는 사유들을 삽입해야만 할 것이다. 즉 저 변증이 외형적 기적을 내적 기적 뒤에 세우며, 그 기적들에서 본질적으로 구원의 절대적 확신성을 보호하는 기능을[4] 강조하고, 실제로 그의 근대적 형태에 존재하는 역사적 측면에 대해서 고려한다. 내적 기적의 확증과 주장을 위해서 외형적 기적들에 대해서 무제약적으로 필연적일 필요가 없는

연구들이 발표되었다; 베에룽(G. Wehrung)의 "낭만주의자들과의 우정의 시대에 대한 슐라이어마허의 역사철학적 관점"(Der geschichtsphiosophische Standpunkt Schl.s zur Zeit seiner Freundschaft mit den Romantikern, (1907) (1912년 2판의 보충). 동일 저자, "슐라이어마허의 철학적 신학적 방법"(Die philosophisch-theologische Methode Schl.s(1911). 쉬스킨트(H. Süsskind)의 "슐라이어마허에게서 기독교와 역사"(Christentum und Geschichte bei Schl. 1911). 슐라이어마허의 사유의 길은, 그의 교회적인 신앙론에서, 최종적으로 그렇지만 이미 심하게 깨어진 길이다. 그보다 위대한 헤겔의 결과는 오해할 수 없다. 역시 그의 역사철학에 대해서 그 사이에 의미 있는 책이 출간되기도 하였다. 무엇보다 라스크의 작품《피히테의 관념론과 역사》(Fichtes Idealismus und die Geschichte, 1902)에서 그 문제들이 해명되었고, 딜타이(W. Dilthey)의 《헤겔의 청소년사》(Die Jugendgeschichte Hegels, 1905)에서 여전히 가장 잘 발전되었다.
4) 그 변증은 근본적으로 F. H. R 프랑크의 신학의 수행과 경향이다. 그 신학은 나의 견지에서 보면 최상의, 가장 심오하면서 가장 명료한 현대의 종교의 발전이다. 이멜의 언급된 논문과 그보다 큰 책《기독교의 진리에 대한 확신성과 그의 최종적 근거와 그의 근원》(Die christliche Wahrheitsgewißheit, ihr letzter Grund und ihre Entstehung, 1901)을 비교하라. 그 시도들의 의미는 최종적으로 심리학적으로 내재적

것은 역사에 희생된다.

초자연적 변증과 진화론적 변증을 따르는 양자의 학파는, 마치 신학을 위해서 당연한 것처럼, 기독교적이고 종교적 사유의 규범적 가치를 분명하게 세우기 위해서 애쓴다. 신학은 순수하게 보편적 종교사만이 아니라, 모든 상황에서 규범적이고 종교적 인식에 대한 노력으로 존재한다. 그러나 양자는 그들이 사실적으로 최상의 것과 궁극적인 것에서 만족하지 못하고, 오히려 그것을 진실로 유일하게 개념적 필연성을 가지고 모든 다른 것에 대해서 대립적인 것으로 만들면서, 규범적 가치를 기독교의 원칙적인 특수한 위치를 통해 도달하려고 한다. 개념적이고 보편적 관계에서 비롯된 기독교의 원칙적이고 특수한 위치의 필연성은 양자를 위해서 특징적이다. 신적 진리의 총괄 개념으로서 필연성과의 보편적이고 우주적 관계로부터 나타난 것은 양자에게서는 자연적으로 삶 안에서 스스로를 둘러보는 인간을 위해서 최상적이고 궁극적 진리일 뿐 아니라, 세계와 신 그리고 시간과 영원을 위해서 유일한 진리로 나타난다. 단지 이 사유

인 요소로 초자연적인 확실함의 환원이다. 그 요소들로부터 형이상학적이고 역사적인 본성의 일시적인 요소들이 먼저 원죄의 내면에서 신의 기적의 효과와 성서 안에서 믿게 되는 구원의 사태에 대한 기적의 계시가 되어야 한다. 그러나 곧 최종적이면서 결정적인 변화는 가장 어렵다. 이멜은 그 변화를 프랑크에 의해서 해결될 수 없다고 믿었고 보다 더 적당한 해결을 위해 애썼다. 그에게서 성공했던 사실은 내가 기꺼이 용인할 수 없다. 특징적인 점은 유사한 노력들이 가톨릭 신학에서 역시 나타났고, 동시에 외형적이면서 역사적인 권위의 증명 불가능성을 통한 동기와 함께 나타났다. 라베토니엘(L. Laberthonniere)의 "파스칼의 변증론과 그 방법"(L'Apologetique et la methode de Pascal, Revue du clerge français, 1901)과 비교하라. 그러나 최종적으로 그 노력들을 여기에서 파스칼과 연결하고 프랑크의 언어와 계몽적인 일치에서 저자는 그의 방법을 내재성의 방법론으로 부른다. 그러나 결국 J. T. Beck과 M. 캘러와 같은 주요한 체계 역시 동일한 근본 사유에서 비롯된다. 캘러의 《교의학적 시대의 물음들》(*Dogmatischen Zeitfragen*, GGA 1899) 942 이하에 대한 나의 암시를 비교하라. 곧 예수의 선포에 대한 탐구에 대한 역설적인 위치는 이 위치들의 어려움을 해명했다. 그 어려움들은 그에게서 단지 프랑크와는 다른 위치에서 표현된다.

에 대한 수행의 수단들 속에서 양자의 개념들이 구별된다. 정통적이고 초자연주의적 변증은 그의 특수한 위치를 종교적 진리들의 생성 형태에 대한 사유를 통해서 얻는다. 그 변증에게 있어서 인간은 신의 사랑으로부터 흘러나오고, 그 안으로 인도하는 창조적 본질에 의한 완전한 신 인식에 있었다. 죄의 어두움을 통해서 인식의 빛으로부터 분리된 채, 그는 신에 대한 원형적 충동과 근원적 충동 그리고 언젠가 뒤따르게 될 전체적이며 신적 진리에 대한 희망을 갖는다. 모든 인간적인 것은 주체적이지만 오류를 범할 수 있고, 부정하고 무기력하면서, 초자연적이고 신적인 힘들로부터 나타나는 계시를 필요로 한다. 그 계시는 신적인 것으로서 곧 모든 인간적 유비를 지양하는 형태에서 인식되고, 역시 그들의 다양한 내용적인 영향에 존재하는 최종적 선에서 볼 때 단지 다음 사실을 −그 계시는 특별히 인간적 삶의 영적인 법칙성을 분명하게 깨뜨린다− 통해서 신적인 것으로서 선포한다. 형성사의 자연적 기적과 오늘까지 지속되는 회개의 심리학적 기적은 기독교적 인과성의 특수성을 확신하고 모든 종교적 사유의 요청이 현실성임을 믿는다: 즉 원칙적으로 모든 인간적 오류 가능성과 무력함에서 나타난 종교적 진리, 삶, 힘의 계시, 그러나 정통적이면서 초자연적 변증도 그에 대해서 만족한다. 종교적 인간에 의해 필연적으로 요청되고, 현실성의 경험에 의해서 제공된 직접적 신의 인과성으로의 기독교 환원과 그와 함께 모든 인간적이고, 역사적 대상과 그의 상대적 진리들과 힘들에 대항하는 원칙적인 제한은 절대성에 대한 욕구를 소진한다. 여기에서 절대성은 기독교 외적인 '평일 -인과성'의 간접성, 상대성과 반대로 기적과 기독교적 주일의 인과성의 절대성에 놓여 있다. 원칙적인 초자연주의는 결정적이다. 그와 반대로 계시[5]의 종교적 내용과의 관계에서 이 신학은 깊이 우리가 먼저 진리의 선불과 증거를 받아들여 왔고, 또한 단지 세계에 대한 공포와 죄책과 죄를 극복했다. 그러나 우리에게 존재하는 신적인 빛의 온전한 명료함은 단지 다양한 빛들 중 유일하게 하나를 깊고 넓은 어두움에 비춘다는 사실에서 비롯된다.

이 신학적 진술은 신학의 개념들을 파헤치는 종교적 인식에 대한 진술이 아니라, 그 외에 단지 종교로서 존재하는 모든 대상의 유사성을 형태적으로 표현하는 동일한 대상에 대한 진술이다. 직접적이고 신적 고시들에서 생성되었고, 그 이유로 모든 인간적 지혜와의 혼합에 저항하여 보호된 힘과 보다 높은 가치 세계가 우리에게 곧 대부분이 지속적으로 은폐되어 있고, 그렇지 않으면 영혼들의 일반을 접근하기 어려운 보다 높은 세계로 받아들이는 일이 문제이다. 동시에 기독교 절대성의 표현 역시 각인되지 않았고, 오히려 그 계시에 직면하여 다른 모든 대상은 신의 사역이 아니라 인간적 사역으로 존재하는 배타적이고, 초자연적 계시의 특성에 대한 이론이 존재한다. 절대성에서 이해하는 바는 실제로 배타적인 초자연주의이다(Der exklusive Supranaturalismus).[6]

바로 이 점에서 진화론적 변증이 대립한다. 진화론적 변증은 동일하고 형식적인 특수 위치에서 수행할 수 없는 시도들을 포기하

---

5) 역주 : 이는 여기서부터 이 책의 거의 많은 부분에 걸쳐서 트뢸치가 특별한 의도로 사용하고 있는 용어임을 알 수 있다. 거의 고집스럽다고 할 만큼, 여러 사상과 종교들의 내용을 설명해 나가는 데 있어 일관되게 그리고 동등하게 적용시키고 있는 것이다. 이를테면, 기독교에서 말하는 '계시(啓示)'를 논할 때도 이 용어를 사용한다. 혹은, 그 역으로 기독교가 아닌 다른 종교에 있어서 그 대신 '계시'를 사용할 때도 있다. 그러므로 darbieten(이 단어의 국어 역에 보면, 내놓다, 나타내다, 보이다 등과 같은 뜻임)이 나오는 본문마다 되도록이면 역자는 '드러내 보임'이라는 뜻인 '현시(顯示)'로 고정화시켜서 그대로 옮겨보려고 애썼음을 새삼 밝힌다. 저자의 의도를 따르기 위해서다. 단, 기독교를 다루는 곳에서는 애매함을 덜기 위해 간혹 '현시 내지는 계시', 이런 식으로 옮기기는 하였다. 트뢸치가 이 용어를 유별나게 붙들고서 서술해 나가는 이유를 찾자면, 이 책의 연구과정상 그것이 기독교에서 중요시하는 '계시', 그중에서도 '일반계시'와 맥을 같이하는 의미를 지니고 있음을 시사하다 듯한 데 있다고 여겨진다. 그리기에 어느 곳에서는 기독교 이외의 서술에 있어 이따금 현시라는 말 대신 계시라는 말을 일부러 쓰고 있는 것이라 하겠다.

법을 배워왔고, 그것을 위해서 내용과 본질 안에서 기독교적 이념을 개념적 필연성과 함께 인식할 수 있는 종교 이념의 현실화로서 나타내려고 한다. '인간적'이고 '신적' 대상은 여기에서 대립을 형성하는 것이 아니라, 모든 대상은 인간적이고 신적이다. 근대적 사유는 일반적 인과관계의 연속성을 모순되지 않는 것으로 이해했고, 교회적이며 교의학적 초자연주의를 불가능하게 만들었다. 그러나 근대 사유는 인과관계와 그 내적 삶의 내용들을 단지 점진적 운동에 있는 인과관계를 통해서 전개한다. 따라서 신적 삶의 운동을 인과적이고 목적론적으로 자신 안에서 통일적 삶의 관계로서 파악하는 이념을 관철하는 형태로서 고려할 수 있다. 그러므로 우주의 각각의 위치에 존재하는 이념은 즉자적이고 현재적으로 구성할 수 있다. 그러나 유한적 의식에 대해서 이념은 신의 의식된 이념이나 종교가 된다. 그 결과 이념은 인간적 현실성의 전체적 의미와 총체적 관계로부터 우선 점진적으로 그 내용, 본질, 그 의식에 대한 깊이들을 항상 자신에게 보다 더 밝히 드러내는 인간성과 함께 계시해야 한다. 하지만 이념은 지금까지 단지 방해하면서 드러나고, 앞서 해명하면서 계시된 모든 대상이 궁극적 결말을 발견하는 완성된 목적과 개념으로 나타나야 한다. 그러므로 모든 종교는 그 영적 생성의 보편적 단계에 상응하는 신에 대한 진리이다. 그러나 동일한 대상으로서 공통적 개념 안에 존재하고, 발전 법칙들로서 나타나는 최상의 궁극적 단계가 존재해야 한다. 기적과 회심의 변증이 아니라 기독교적 사유의 영원한 내용에 대해서 열심히 심사숙고하는 경건한 사람은 자신

---

6) 여기에서 율리우스 카프탄과 나의 논쟁 《역사와 형이상학》(*Geschichte und Metaphysik*, ZThK VIII)을 비교하라. 그 곳에서 대표된 강한 헤겔적인 입장이 나에 의해서 여기에서는 리케르트의 영향 하에 비평적인 입장으로 넘어가게 되었다; 역시 리케르트와 나의 논쟁은 다음 논문 "현대적인 역사철학"(Moderne Geschichts-philosophie, ThR VI, [GS II, 673-728]과 역시 비교하라.

을 거룩하게 만들고, 지속적인 모든 내적 삶의 기반을 보게 된다. 그는 확고하고 신적 영향의 본질로부터 뒤따르는 법칙들에 따라 도처에 그 기반이 드러나고, 경건한 경탄에서 비롯된 개선의 법칙으로부터 최고점이 불가피하게 드러남을 인식한다. 그 최고점에서 그는 우리 지구 역사에 나타난 모든 신적 힘에 대한 조망과 모든 목적과 힘의 성취를 추구하는 통찰과 함께 서 있다. 그 통찰에 나타난 얽힌 현실성이 크리스털과 같이 투명하게 된다. 명확하게 인지된 혼돈은 밝히 드러나는 필연성들이 존재하는 기적의 땅으로 변한다. 종교적 지질학은 기적의 땅에 존재하는 모든 나라와 지방을, 그들이 전체의 왕관으로서 만들었던 정상을 향한 단계로 이해하도록 가르친다.

그 인식은 당연히 신 인식의 절대적 인식 일반은 아니다. 신 자신만이 그 절대성을 갖는다. 그러나 그 인식은 절대적이고 그들의 개념과 본질적 이상을 소진하는 인간적 신인식과 신으로부터 비롯된 출구와 신으로 돌아가는 길에 서 있는 인간을 무한 속에 뿌리내리게 하고, 경건한 예배에서 그의 유한성을 양육하고 정화하는 유한적 정신으로 이해하는 신인식의 현실화이다. 여기에서 단지 절대성의 표현이 완전한 의미를 갖는다. 그 절대성의 표현은 완전하고 명확하게 진술하기 위해서 논쟁하는 이념의 완성된 자기 파악과 인간적 의식 안에 드러난 신의 자기현실화를 뜻한다. 그 절대성은 교회적이고 교의학적인 초자연주의의 사변적 보충이다.

양자의 이론은 규범적이며 종교적 진리를 단지 개념적으로는 필연적이고 유일한 것으로 확인된 인간성에 대한 종교적 힘들을 해명하는 이론에서 제시할 수 있다는 사실을 당연한 것으로 여긴다. 또한 그 이론에서 유효하고 항상 다시금 마음을 이끄는 결과를 가진다. 만약에 규범적인 것이 순수하게 우리가 인식할 수 있는 규범적인 것 이상으로 나타나고, 유일하고 영원하며 개념적으로 동일하게 인식될 수 있는 진리로서 나타난다면, 규범적인 것에 대한 물음은 역사의 다양성에 직면하여 항상 다시금 분명하게 해결된 것처럼 보인다. 그러므로 우리가 역시 개별적으로 성서적이고 교회사적인 연구를 할 때, 시대에 뒤떨어지고, 매일 더 편협해지며, 또한 더욱 불분명해지고, 보다 더 엉클어진 초자연적 변증의 방법들을 매우 고통스럽게 느끼는 만큼, 종교적 사유 자체가 끊임 없이 강하고 새롭게 우리를 이끈다. 그의 구체적 수행이 문제일 때, 대부분의 인간은 그 종교적 사유로부터 단지 그 인식 ㅡ그 종교적 사유 자체가 저 결함들과 분리될 수 없이 연결되어 있다 ㅡ을 해방시킨다. 하지만 그렇게 될 경우에, 진화론적 변증 이상 어떠한 것도 우리에게 머무를 수 없는 것처럼 보인다. 역시 진화론적 변증은 그의 생각의 폭과 권력을 가지고, 그의 개괄하는 강력한 힘과 함께, 모든 진상(眞狀)들과 형식들을 사유의 불에서 소진시키는 에너지와 함께, 신적 세계의 영향 안에 존재하는 의미와 관계에 대한 거룩한 신앙과 함께, 모든 혼돈을 통해서 혼란하게 된 채로 나침반을 영원하고 신적 사유에 세우는 신앙을 가지고 모든 경건한 사람을 이끈다. 진화론적 변증에서는 세속적 사건의 전체적 다수가 이념의 힘들을 형성하고 해명하는 수단으로서 투명하게 변하는 일이 쉽지 않은 것과 같이, 만약 다른 길이 통행할 수 없게 되었고, 일반적으로 하나의 길이 주어져야 한다면, 이 길은 유일한 길로 나타난다.

절대적이고 유일하게 근거된 진리로서 기독교를 고립화하고, 특별히 기독교적 인과성으로 유일성을 환원하는 시도가 아무것도 도울 수 없다면, 그 이상은 모든 종교의 진리 안에서 공통적 대상들에 대한 개념과 기독교에서 유일하게 진실하고 보편적 사태의 개념을 현실화하면서, 보다 더 분명하게 그 개념에 도달해야 한다. 기독교의 절대성에 대한 진술이 존재한다면, 양자의 이론들은 역시 진지하게 고려될수록 돋보이는 이론들이다. 그들은 유일하게 근본에 대해서 주요하고 분명한 생각을 가지고 있으며 그 입장에 대해서 진지한 근거를 내세우고 사유한다. 오늘날 많은 신학자들이 이 이론들을 무시하는 경향은 대단히 표면적이고 분별적이지 못하다. 따라서 그 결과는 좋지 않다. 왜냐하면 그들이 이 양자의 이론을 계속해서 모순적으로 차용했기 때문이다. 정통주의가 헤겔적 사유와 같이 이해하기 어려운 우위에 대한 감정과 함께 종종 죽은 것으로 진술된 만큼, 그 양자의 이론에 조의를 표하는 신학들은 죽은 형식들을 종종 사용한다. 그러므로 그들은 기꺼이 그들에게서 내적인 삶의 근거를 상실했다. 이와 같이 기독교의 절대성 표현은 많은 사람들에게는 전적으로 빛바랜 개념이 되었다. 그 개념은 강한 설득력을 가졌지만, 명확하지 않은 의미로 전달되었다. 단지 '절대성'은 근대적이고 중립적이고 학문적 표현일 뿐이다. 그 개념과 함께 대부분의 학자들은 '계시됨'의 정확한 근거 없이 본래적으로 초자연적 계시됨을 생각한다. 다양한 신학자의 가치를 잃은 학문적 마스크가 신학의 축제를 덮고 있다. '완전성'의 개념에 대해서 조금도 염려하지 않고, 그 근거에 따라 모든 경험적 현상을 이끌어내지만, 그 이념에 대한 신앙과 함께 항상 발전적 해명을 필요로 하지 않는 절대성의 개념은 다른 사람들에게 궁극적이고 완전한 종교로서 더 나은 기독교의 특징을 의미한다. 다른 이웃에 대해서 절대성은 다시금 유일한 진리에 대한 기독교의 요구이다. 그 요구는 모든 유사한 다른 요구들과 함께 거칠게 부딪치지만, 받아들여야 하는 기독교의 본질에 속한다.

따라서 자연과학적 인식과 유사한 다른 종류의 진리와 인식에 대한 다양한 입장이 배제되지 않고, 기독교 사유에 대한 묘사에서 단순하게 받아들인다. 단지 다른 종교들이 제시한 동일한 요구들 앞에서, 절대성을 주장하는 신학은 어떤 근심도 하지 않는다. 오늘날 신학자들이 다른 어떤 개념보다 더 의미 있게 만들었지만, 가장 다루기 어렵고 진지한 개념들이 그와 같이 가볍고 불투명하게 다루어지곤 하는 상황에 직면해서 모든 것은 다음 문제와 관계가 있다. 인간은 유일하게 그 문제를 진지하게 그의 분명하고 규정된 의미에서 파악한다. 순수한 규범적 가치는 배타적이며 초자연적 계시와 구별되고 동일하게 종교적 개념의 절대적 완성과도 다르다. 이번에도 양자의 개념은 원칙적이고 일치할 수 없을 만큼 다르다. 특별히 사람들은 현재적 중재신학에 의해서 대단히 총애하는 마음으로 '증언'이라고 선언했고, 초자연적 변증과 진화론적 변증의 혼합으로서 찬양되었던 시대착오적 형태를 통해서 양자의 최종적인 대립에 대해서 속일 수 없다.

고대 기독교는 문화세계를 향한 출구에서 분명히 승리할 때까지 이웃 종교와 전쟁을 해야만 했다. 유대교는 동시에 아시아로부터 들이닥친 종교적 가르침과 제의, 오래된 국가종교들과 철학적인 개혁종교들에 대한 그의 관계를 진지하고 실천적인 싸움과 영적인 작업 안에 확고하게 세웠다. 압도하는 이론적인 문제들과 함께 비교하는 종교사의 지평은 아니지만, 실천적이고 학문적 결단들의 필연성과 투쟁하는 종교들의 환경은 그의 생성되는 신학을 포괄했다. 이미 그리스도 신앙을 독립적이고 보편적인 종교의 힘으로 새롭고 느꼈던 첫 번째 사람은 사도 바울이었다. 부분적으로 그의 논쟁은 여전히 편협하게 유대교와 관계한다. 이교도에 직면하여 단순히 유대교적 변증이나 혹은 헬라적이고 유대적인 혼합적 변증을 전제했다. 부분적으로, 그의 논쟁은 거의 인격적이고, 흉내를 낼 수 없는 체험들과 그리스도의 현상, 그 변증이 뒤따르는 세대들에게 당연히 존재할 수 있고 만족할 수 있는 것보다 내적인 법과 그의 영적 소유와의 투쟁에 너무 내적으로 매달려 있다.

처음 영지주의는 원칙적으로 이 문제를 제기했고, 교회적 기독교는 바울과의 논쟁에서 부분적으로는 거부하고, 부분적으로는 활용하며 그의 궁극적인 위치를 취했다. 기독교는 이 전쟁에서 초자연적이고 신적 계시와 성육신에 대한 가르침에서 바울이 만든 최초의 확고한 갑옷을 단련시켜 갔다. 이 과정에서 기독교는 완성되었고, 궁극적 신인식으로서 나타났으며, 그의 원칙적 새로움과 절대성을 제시했다.

기독교는 비문자적인 공동체 신앙에 의해 단련된 갑옷을 넘어, 여전히 교회의 철학에 의해서 준비된 두 번째 갑옷, 즉 낯선 제의들, 신화들, 철학적 주장들, 도덕론들을 이끄는 방법을 배워 왔다. 또한 다른 곳에서 포함된 모든 진리의 순간이 자연세계에서 생성된 신적 이성에서 비롯되고 촉진되면서, 순수하고 온전한 신적 이성의 성육신, 즉 그리스도를 통해 파악된다는 이론을 익혀 왔다. 지금까지 은폐된 신적 비밀들의 계시와 같이 기독교는 절대적 형태로 존재하는 자연적 이성 진리이다. 하지만 첫 번째 단계에서는 절대성의 증명은 그의 핵심을 초자연적 계시론에 갖고 있었다. 그에게 첨가된, 그리스도 안에 계시된 신과 보편적이고 이상적 진리와 자연적 도덕법칙과의 동일성에 대한 이론은 독특하고 고전적 사유방식에 속한다. 그 사유방식은 목적론적 역사 인식과 분별력 있는 역사적 비판을 묶는 의미에서 기독교적 신인식의 위엄을 향한 종교의 역사적인 발전을 주장하는 것으로부터 멀리 떨어져 있다. 고전적 사유는 특별히 종교사를 주장하는 것으로부터는 더 거리가 멀다. 고대에는 국가종교들과 문화가치들이 충돌하면서 붕괴되었기 때문에 오히려 확고하고 형이상학적이며 윤리적 개념들이 전체적으로 비역사적인 방식으로 보편화되었다. 또한 전적으로 환상적이고, 형이상학적이며 윤리적 개념들과 함께 파괴되고 근원이 사라졌던 국가 종교들의 그림과 신화와 결합하는 혼합주의가 나타났다.[7] 모든 종교적 개혁의 시도와 새로운 형성은 합리적이고 혼합적 사유를 점령하고, 기독교는 주요한 결과들과 함께 합리적이면서 혼합적인 사유에 헌신한다.

---

7) 1900년 프라이부르크에서 출간된 나의 《학문적인 상황과 신학에 대한 요구들》 (*Wissenschaftliche Lage und ihre Anforderungen an die Theologie*)의 13-27페이지

비기독교적 종교들은 기독교 일반에 대해 본질적 의미의 종교들이 아니다. 종교의 유개념은 기독교에는 전적으로 부족하다. 기독교 자체는 계시이지 종교는 아니다. 낯선 종교들은 흩어지고 왜곡된 자연적 신인식의 철학적 사유들이다. 그러나 이 철학적 사유들은 신적인 명료함에서 모든 것이 기독교에 있고, 기적으로서 계시의 밑받침을 통해 특별한 자연적 불확실성에서 벗어난다. 이 기독교에 근거한 철학적 사유의 내용은 좌초하는 고대를 위해서 영적 구원이었다. 후기 고대에 있어서 학문적 정신 안에 나타난 그 사건은 합법적인 것이었지만 이 사유는 진화론적 변증의 사유와는 관계가 없다. 또한 초자연적 변증을 위해 이러한 사유는 항상 보다 더 순수하고 유용한 사유가 되었다.

고대의 합리적이고 혼합적 종교사유는 초자연적 변증에서 보편적이며 자연적이고, 모든 종교 안에서 유용하고 종교적인 충동과 욕구들의 명시로 떨어졌다. 그리고 기독교적 계시에 의해서 먼저 그 대답을 얻게 되는 순진한 질문이 되었다. 그 질문에서 이 문제들과 욕구 자체는 우선 기독교적 산물이라는 것과 그와 가장 가까운 전 단계라는 사실은 확실하게 잊혀진다. 그와 같이 다른 종교들과의 관계에서 전적인 교회적 기획은 현대적이고 역사적으로 사유된 기독교의 절대성에 대한 물음과 대단히 적은 관계에 있다. 오히려 이 물음은 배타적으로 양자의 주요한 이론들에게 인도된 것으로 보인다.

초자연주의적 변증은 자연적 힘들을 넘어서는 내적 발전에 대한 절대적 기적을 지지하고, 진화론적 변증은 발전사적으로 나타난 기

를 비교하라. 비기독교적인 종교들과 고대기독교적 신학의 논쟁들과 여기에 뒤따르는 고대의 학문적인 신화 해명의 사용을 특수화된 채로 묘사하는 것이 가치 있는 과제일지도 모른다.-고대 기독교의 역사철학에 대해서는 1902년에 출간된 A. 하르낙의 논문《선교와 고대 기독교의 확장》(*Die Mission und Ausbreitung des alten Christentums*) 177-179페이지를 비교하라.

독교의 종교적 본질의 현실화를 지지한다. 하지만 첫 번째 이론은 그의 증명을 결코 내적인 체험과 내용으로부터 유일하게 제시할 수 없다. 단지 자연적으로 연결된 영적 삶 일반을 넘어서는 보다 높은 영적 삶에 대해서 인정하게 되고, 그의 다양한 형상을 다양한 종교들 안에서 그리고 영의 형성들 안에서 깊이와 힘에 따라서 구별할 수 있다. 여기에서부터 그 이론이 기독교의 특수한 위치를 나타낸다면, 다시금 이 체험에서 자연적 인과성을 깨뜨리고, 특별히 기독교적인 기적의 인과성을 증명하고 순수하게 내적인 기적의 인과성을, 성육신과 설립 시기의 근원적인 기적들에 대해서 역시 표면적으로 확고하게 증명하게 된다. 역사적 동일성을 깨뜨리는 내적 기적은 동일한 것으로 제시될 수 없고, 그의 본래적 기적의 특징은 거대하고 표면적이고 근원적인 기적들 안에서 지지점을 필요로 한다. 그와 함께 전체적 이론은 거룩한 것을 세속적인 사건으로부터 구별해야만 하고, 그 구별이 동시에 현대적인 역사의 공기를 마실수록, 그의 증명과 함께 이 구별을 위해서 보다 더 큰 호흡곤란으로 빠지게 되는 것으로 알려진 변증으로 밀려난다. 역시 우리에게는 이상적이고 진화론적 이론만이 비판과 사유의 대상으로서 남아 있다. 진화론적 이론은 실제로 순수하게 역사적 사유방식에서 모든 기적적인 고립의 수단들을 피하면서, 기독교의 가치와 의미를 오래된 교회적 가르침의 자기 확실성 뒤에 남아 있지 않은 의미에 제공하는 시도 그 이상의 아무것도 아니다. 하지만 진화론적 이론에서 19세기 초반에 신학의 전체적인 꽃은 피었다. 성서적이고, 교회적이고, 교리사적 연구가 중요한 반향을 일으켰고, 동시에 그곳에서 역사와 신앙 사이에 긴장은 극복되었다. 그러나 진화론적 이론은 오늘까지 사람들이 교회의 역사를 확고하게 만들 수 없는 곳에 나타났고, 그의 형식들은 역시 가르침에 대한 정확한 교육에서 멀리 떨어져 있는 사람들을 위해 오늘날까지 해결하는 용어[8]이다.

종교개념의 현실화로서 기독교의 절대성 이론이 배타하는 초자연적 계시에 대한 이론을 지지할 수 있는 방식으로 대체할 수 있는지, 혹은 그의 입장에서 최소한의 우리의 영적인 상황의 주요한 근본 문제에 대답할 수 있는지에 대한 물음은 단지 우리의 신앙과 삶에 대한 판단의 규범을 위해서 역사의 다양성으로부터 나온 길에 대한 물음일 수 있다. 따라서 뒤따르는 사유들은 이 물음에 집중해야 한다. 만약 그 대답들이 본질적으로 부정하는 것으로 존재한다면, 그 물음은 역사적 사유 자체를 훼손하지 않고, 오히려 그의 근거에서 그 문제에 대해서 다르고 강하지 않은 반대들에서 나온 다른 해결을 발견하려고 시도하는 이 이론의 보편적 전제들이 된다.

2. 절대종교로서 기독교의 역사적 구성의 불가능성

---

8) 첫 번째, 교육적이고 이러한 모든 입장을 위해서 특징적인 스타인벡(Steinbeck)의 《신학과 인식론의 관계》(*Verhältnis von Theologie und Erkenntnistheorie*, Leipzig 1899)을 비교하라. 내적 기적을 기적으로서 증명할 수 없음은 이미 오래전에 스코투스(Duns Scotus)가 초자연적 상황에—habitus supernaturalis—대한 비판에서 보여주었다. 이때 그는 교회의 외적 기적과 권위에 저항했다. 이에 대해서 제베르크(Reinhold Seeberg)의 "둔스 스코투스의 신학"(*Die Theologie des Duns Scotus* 1902)의 310, 130페이지를 보라. 포괄적인 가르침은 무엇보다 종교적인 인식을 내재하는 활력(immanentia vitalis), 또는 내재하는 종교심(immanentia religiosa)이라는 것에 기초하는 시도들과 투쟁했다. 왜냐하면 그런 것들은 기적을 위태롭게 하고 그와 함께 절대성의 근거 일반을 위협하기 때문이다. 이에 대해서 로이지(Alfred Loisy)의 《단순한 반성》(*Simples reflexions*, Paris 1908), 16페이지 이하를 보라. 두 번째, 하르낙(A. Harnack)의 《기독교의 본질》(*Wesen des Christentums*, Leipzig, 1901), 41페이지를 참조하라. "결국 복음 일반은 다른 종교들과 같은 실증 종교가 아니고 정관상의 것이나 편협한 것을 갖고 있지 않다는 사실과 복음 역시 종교 자체라는 사실이 드러난다." 유사한 것이 44페이지에도 있고 특히 《신학부들의 과제와 보편적 종교사》(*Die Aufgabe der theologischen Fakultäten und die allgemeine Religionsgeschichte*, Giessen, 1901) 안에 있는 그의 진술 15-16페이지에서 이렇게 말하고 있다. "만일 사람이 기독교에 대해서 애쓴다면, 결국은 종교 일반에 대해서 애쓰는 것이다"(16페이지). 그러므로 이단자로 몰아세우는 몰이해가 하르낙의 이신론에 대해서 진술해 왔다.

절대종교로서 기독교의 구성은 역사적 사유방식과 그의 수단들에 의해서는 불가능하고, 그 구성의 불가능성 안에는 우리 시대의 학문적 신학에서 약하고 불확실해진 불투명한 많은 이유들이 근거된다. 지속적으로 정제화하고 자립하는 이 세기의 역사적 작업이 그 구성 -기독교를 절대종교로서 구성하는 것 -의 수행 가능성에 대해 실천적으로 시험한 후에, 원래부터 그 결과로서 다음과 같이 표현될 수 있다. 한편으로, 현실적 역사는 단지 물리적이고 인간학적 조건의 형태에서 보편적이고 법칙적인 것을 전제한다. 다른 한편, 사회학적 법칙들과 같은 전형적이고 영적인 근본 힘들의 형태에서 보편적이고 법칙적 대상을 전제한다. 하지만 현실적 역사 자체는, 이 재료로부터 네트워크 내에 형성되고, 동시에 어디에서나 그 재료를 통해 역사적으로 묘사될 수 있는, 유일회적이고 개별적 대상에 전념한다. 그러나 모든 역사적 대상을 자신에게 끌어오는 유일회적이고 개별적 대상의 특징은 그의 측면에서 볼 때 매순간 이끌어낼 수 없는 내적인 삶의 운동과 모든 역사적 사건의 상관관계로부터 유래한다. 이 상관관계에 의해서 함께 작용하는 힘들을 일으키는 특수한 조건들의 결과를 -그 결과가 역시 가장 보편적이고, 넓게 퍼져 있는 의미에 의해서 보편적으로 나타나든지, 혹은 단지 그 위치에서 보편적으로 가능하든지 -특별히 내적으로 변형된 삶의 계시와 영적 삶의 계시로서 나타나게 한다. 유일회적이고 개별적 대상이 최종적으로는 가능하지 않지만, 최소한 나중에는 그와 같은 현상으로부터 특수한 것을 지워버리거나 그로부터 숨겨진 채 일어나는 보편성을 설명하는 것은 불가능하다. 왜냐하면 보편적인 대상의 이념이 단지 역사적으로 불가피하게 된 지배적 삶의 내용들의 보다 오래된 형상으로부터 벗어나면서 생성되고, 단지 즉각적 상황에서 규정된 지성적이고 윤리적 영향에서 형성되는 한, 이 보편적 대상의 이념 역시 그것이 생성되는 곳에서 특별한 역사적 조건들에 의해서 제기되기 때문이다. 역시 보편적 발전법칙들과 역사가치들에 대한 이론들은 매순간에 따른 입각점에 의해서 역사적이고 개별적으로 제약된다. 특별히 역사를 위해서 항상 주어진 본성과 스스로를 연결하는 감각들, 사유들, 욕구들과 그에 대해 투쟁하고 공격하는 보다 높은 영적 내용들 사이에 해결할 수 없는 차이가 존재한다. 그 내용들은 첫 번째 대상들 즉 감각들, 사유들, 욕구 과 얽히게 될 경우에 자신의 독립적 삶을 수행할 수 있지만, 어떤 상황에서도 보편 법칙적이고 공동적 인과 개념에서 이것들과 함께 정리될 수 없다. 만약 역사가 단성적 이론들을 그의 작업 안으로 받아들인다면, 역사는 자신으로부터 매순간 도처에서 대립적인 힘들의 싸움에 대한 그림과 자신의 인식을 매우 불투명하게 만든다. 대상과의 교제에서 자신을 형성해 가는 것과 같이 역사는 개별적이고 역사적 내용들의 지속적 발생법칙을 자신 안에 함유했고, 그 결과 모든 현상에 내재된 것을 보편적인 개념과 함께 파악하기를 허가했다. 동시에 모든 개별적 운동과 발생의 법칙과 동시에, 모든 것을 성취하는 내용으로서 유일한 가치이고 모든 역사적 현상들의 규범이었어야 하는 보편개념을 알지 못한다. 역사에 존재하는 보편적으로 가치 있는 규범들, 가치들, 이상들에게서 생성된 것에 대해서, 순수하게 보편적 대상으로의 환원, 즉 단지 보편적 대상에 의해서 나타난 개별적 대상이 충만할 경우에는 지속적으로 인식될 수 없고, 오히려 그 반대로 개별적 변화에서 지속적 대상을 찾는 추상화에만 접근할 수 있는 것과는 다른 근거가 존재해야 한다.

이 근본 법칙들은 우리가 서술하는 모든 상세하고 역사적인 묘사에 존재한다. 그 기독교의 역사에서 즉시 우리는 이와 같은 것들을 의식적 혹은 본능적으로 이 근본 법칙들에 의해서 나타나는 가장 생기 있고, 긴급한 묘사들로 느낀다. 벨하우젠의 《이스라엘 역사》, 율리허의 《안내와 비유》, 하르낙의 《교리사》는 즉시 이 과정을 통해서 본질적인 특징을 드러낸다. 우리가 이 특징들에 집중한다면 실제로 그와 같은 역사적 자료들로부터 교의학이 원칙적이고 역사적인 안내로 넘어가는 일이 항상 확실한 불쾌감에 묶여 있곤 하는 만큼, 기독교를 절대적 종교로서 근거짓는 오류가 매우 쉽게 나타난다. 그 작품에는 인간성의 종교적 삶의 총체적 현상과 소위 종교의 본질에 대한 조망이 얻어진다. 실제로 우리는 종교적 본질에 대한 조망을 당연히 시작해야만 하고, 우리 인식의 불완전함을 통해 결코 불가능하게 만들 수는 없다. 여기에서 모든 종교적 현상의 공통적인 것과 전형적인 것을 심리학적으로 분석하고 종교 안에서 긍정된 대상의 실재에 대한 넓은 인식론적이고 존재론적인 물음을 전형적인 결과들에게 연결하는 것 역시 불충분하다. 그러나 필연적이고 중요한 보편적 개념을 다루는 경우에 그것은 남아 있지 않다. 오히려 본질에 대한 보편적 개념 외에도 무엇보다 여전히 규범개념을 제시해야 한다. 왜냐하면 그 규범개념은 단지 개별적 종교들을 그들의 가치에서 평가할 수 있을 뿐만 아니라, 궁극적이고 상세히 논술하는 현실화에 이르기 때문이다. 이와 같이 종교의 본질이나 종교의 보편개념은 모든 개별적 종교들을 내적 법칙에 따라 생산하는 힘으로서 고려된다. 그 힘은 개별적 현상들 안에서 보편적 법칙의 특수한 경우들만이 아니라, 그가 완전하고 상세하게 묘사할 때까지 보편적 개념의 연속적이고 자기 현실화에 따른 목적론적 순서를 가져온다. 그러면 순서의 종결로서 동시에 개념의 절대적 현실화로서 기독교는 고려된다. 기독교 역시 그의 구체적이고 역사적 형태들은 아니지만, 마치 구체적 종교들에 대해 종교의 본질이 관계하는 것처럼, 기독교의 구체적이고 개별적 모습들과 관계하고 추상화에 의해서 확고하게 세워진 본질 안에서 고려된다. 기독교의 개별적 모습들이 그 안에 내재된 보편개념으로부터 고려되어야 하는 것처럼, 기독교 역시 동일하게 종교의 보편개념에 현실화된 그의 보편개념으로부터 고려해야 한다. 그의 경험적 현상에 대한 확고하게 붙들 수 있는 비판이 일반적으로 종교의 보편 개념과 함께 묶여 있곤 하다.

이 구성의 근본사유는 분명하다. 그 사유는 역사를 통일적이고, 동일하고, 법칙에 따라 자신을 움직이고, 개별적 대상들을 가져오는 힘을 의미하는 보편개념에 이르게 한다. 기독교를 종교의 보편개념으로 구성하는 과제는 보편개념을 규범개념과 이상개념으로 높인다. 왜냐하면 그의 보편개념은 모든 사건에서 가치가 충분하고 존재하는 것을 의미하기 때문이다. 그 구성이 양자의 파악을 법칙적이고 인과적 진행이 보편개념으로부터 뒤따르는 것처럼, 법칙적이고 인과적 진행의 완전한 보증을 의미하는 발전이론을 통해서, 절대적 현실화의 개념에서 이미 진술된 가치가 충분한 대상의 연속적 형성과 함께 결합한다.

동시에 이 구성에 대해서 반박할 수 없는 계획들이 분명하게 존재한다. 역사는 그 자신이 일어나는 사건의 내용과 순서를 이끌어낼 수 있었던 보편개념이 아니라, 단지 구체적이고 개별적이면서 매순간 총체적 관계에 제약되지만, 그 핵심에서 이끌어낼 수 없었고 순수하게 사실적 현상들만 인식했다. 그러므로 역사는 동시에 사실적 보편성들과 관계하는 규범들과 가치를 알지 못하고, 오히려 보편적으로만 가치가 있고 가치를 요구하는 사유로서 가치와 규범들을 인식한다. 끊임없이 가치와 규범들이 개별적 형태에 나타나고, 그의 보편성을 단지 사실적인 것에 대항하는 싸움에서 알린다. 따라서 역사는 그 안에서 법칙적이고 보편적 대상으로서 사실적으로 가치가 있고, 충분히 가치가 있는 대상을 자기자신을 통해서 가져왔어야 했던 어떠한 발전도 알지 못한다. 결국 역사는 진실로 각각의 점에서 단지 특별하게 규정되고 제한된 발전을 통해서 개별화된 현상들을 가져오는 그 관계에서 보편개념의 절대적 현실화도 알지 못한다. 그리고 동일한 대상의 4가지 중요한 점이긴 하지만, 근본 개념들의 문제는 결과에서 보다 명료하게 나타난다.

첫 번째, 오류가 있지만 주요 현상들을 보다 더 분명히 고정하는 종교사 인식의 경우에서 종교의 보편개념을 형성하는 것은 불가능하다. 동시에 그 인식은 보편개념과 점차적으로 현실화된 규범개념의 생산의 불가피성을 포함하게 되었다. 인간은 문제가 되는 보편개념을 개별적 경우들을 자신 안에서 파악하는 법칙개념이 아니라, 오히려 인과성과 궁극성을 일치시키는 법칙으로 이해한다. 또한 그는 힘이 생성하는 모든 순간에, 그 힘에 의해서 얻어진 이상에 대한 해명을 함축한 개념이라는 사실을 확고하게 한다. 하지만 현실적으로 낮은 단계에서 보다 높은 것을 얻으려 애쓴 것과 보다 높은 단계에서 낮은 것이 앞서 진행된 것을 보는 것은 수행될 수 없는 채로 남는다. 오히려 낮은 단계에서는 여전히 알맞지 않고, 보다 높은 단계에서는 더 이상 알맞지 않는 종교의 본질개념, 정의, 각각의 구체적 현상에서 환상을 우선적으로 그의 핵심으로서 해명해야 하는 그늘진 사유가 문제이다. 많은 신학자들은 이미 형성된 종교 개념들을 당연히 대부분 일반적이고 기독교의 빛바랜 모습으로 이해하고 있다. 하지만 그들은 보다 포괄적이고 진지한 근거 없이 기독교를 단순하게 도처에서 높이 솟아오른 이상종교로서 이해한다. 혹은 진실로 무엇인가 형이상학적 고려에 의해 영감을 얻은 종교성은, 마치 그 종교성이 평균적으로 현대적 자연관에 의해서 영향을 받은 범신론적인 종교 개념들과 같이 구체적 종교들로 슬쩍 바뀐다. 모든 경우에서 인간이 전적으로 분명하게 동일한 개념에서 결합하려고 찾았던 것, 그 모든 것이 서로에게서 나타난다. 전형적인 종교의 근본 현상들에 대한 현실적이고 진정한 보편개념, 표준적이고 종교적 진리의 보편개념, 개별적이고 역사적 종교들의 구체적이고 개인적 현상, 대단히 불투명하고 불확실한 개념 규정 자체는 보편개념을 지속적으로 규범개념으로 높이거나, 혹은 역으로 규범개념을 동시적 특성으로 보편개념에 의해서 근거를 제시하는 과정이 얼마나 불가능한지 분명하게 보여준다.

두 번째, 역사발전에서 보편개념의 현실화와 함께 존재한다는 것은 보다 안 좋은 것이다. 두 가지 경우들을 살펴보면, 보편개념의 인과적 측면이 보다 더 강조된다. 그러나 그의 절대적 현실화는 단지 역사적 모습들의 전체적인 과정 자체에 함유된다. 당연히 그 과정에는 유일하게 그의 보편개념을 사용하고 묘사하는 절대종교는 존재하지 않는다. 이념은 보편개념의 총체적 대상들을 개별적 예에서 쏟아내는 것을 좋아하지 않는다.[9] 그 이념이 파악에 대한 공정함과 자유를 가능하게 할 수 있다. 그러나 그 이념은 종교에서 역사의 대상과 삶의 물음을 바라보고, 따라서 보편개념의 목적론적 측면을 잘 잊지 않는 사람은 그만큼 만족시키기 어렵다. 그럼에도 불구하고 그 이념이 역사가에게 분명한 의미를 주지만, 그 보편개념으로부터 역사가 자신은 즉시 벗어날 수 없다. 왜냐하면 그는 단지 존재했던 사물들에 대한 승인이 아니라, 역사에서 스스로를 계시하는 가치를 위해 그의 과제를 수행하기 때문이다. 이 측면이 엄격하게 강조된다면 다른 경우가 나타나기도 한다. 그러므로 인간은 이상에 의해서 자신이 사로잡힌 것으로 느끼지만, 역사의 종말에 직면해서 절대종교에 대해 진술할 수 없고, 먼저 가깝게 고대할 뿐이다. 미네르바의 새가 현실화된 절대개념의 나라에서 그의 날개를 펼칠 때까지 절대적 여명이 존재해야 한다.[10]

만약에 역사의 종말에 대해서 종교개념의 절대적이고 가장 본질

---

9) D. F. 스트라우스의 《예수의 생애》(*Leben Jesu*, 1895) 2판 734페이지를 보라. 그것은 실제로 그의 이념이 자신을 현실화하는 것처럼, 하나의 예에서 그의 전체적 내용을 쏟아내고, 모든 보편적 대상에 대해서 제시하는 방법이 아닌, 자신을 대립적으로 보충하고 변화하면서, 반면에 지양하는 개인적 예들의 다양성에 제시하는 양식이다. 그는 그의 풍부함을 넓히는 것을 좋아한다.

적인 현실화가 계산할 수 없을 만큼 멀리 존재한다면, 어떻게 그 보편개념이 만족스러운 확신과 함께 각인될 수 있을까? 또한 보편개념이 분명하게 각인될 수 없다면, 보편개념 자체가 확실성과 함께 보편개념과 절대개념에서 현실화되어 왔고, 보편개념과 절대개념 사이에서 우리가 결정할 수 있었던 단계들이 어떻게 지금까지 표현될 수 있는가?

결국 절대종교의 구성은 결코 오랫동안 역사적 종교에 붙들려 있을 수 없고, 그 자신에 의해 미래 종교의 구성이 된다. 하지만 역사종교를 절대종교 개념으로 구성하는 것은 불가능하게 된다. 왜냐하면 개인이 역사발전의 목적으로 구성하려고 애쓰는 다가오는 종교의 미래상이 혼란스럽기 때문이다. 동시에 우리가 그 종교의 목적으로 이끌기도 하고 그 종교에서 최고의 위치에 기반을 잡아야 하는 단계에 대한 그들의 평가와 구성이 다양하기 때문이다. 특별히 역사는 여기서부터 기대할 수 있는 단계에 대한 일반을 제시하지 않는다. 일반적으로 다수에게 보다 높은 과정으로의 발전을 제시하지 않기 때문이다. 단지 개별적 과정에서 역사의 개별적 내용들이 가치 있게 성장하고 발전하면서 동일한 것이 출현한다. 그러나 본질적 종교들은 결코 서로에 대해서 인과관계가 아니라, 오히려 가치관계에 대한 논쟁과 내적이고 도덕적 작업이 해명할 수 있지만 항상

---

10) 트뢸치가 그에 대해 여기에서 언급한 위치는 헤겔에게서 나온다: 세상이 어떻게 존재해야 하는지에 대한 가르침에 대해 진술하기 위해서 철학은 항상 늦게 온다. 현실성이 그의 형성 과정을 완성한 후에, 세상의 사유로써 철학은 먼저 시간 속에 나타난다. 개념이 무엇을 가르치는 것은 불가피하게 동일하게 역사를 다음 사실-먼저 현실성의 성숙에서 이상적인 것은 현실적인 것에 직면하여 나타나고, 이상적인 것 자체는 동일한 세계를 그의 실체 안에서 파악하고 지적인 나라의 모습에서 세운다-는 사실을 지시한다. 만약에 철학이 그 이상의 불확실함을 그의 불확실한 이념으로서 그린다면 삶이 진부한 것이 된다. 그리고 불확실함 속에 불확실함과 함께 철학은 젊어질 수 없고 단지 다음 사실을 인식할 수 있다: 미네르바의 올빼미는 출현하는 여명과 함께 그의 날개 짓을 시작한다.(《법 철학의 개요》, JA 7, 37페이지.)

구성되고 연속적 순서를 부여할 수 없는 서로에 대한 가까운 관계에 있다. 단순히 근동과 지중해 문화의 종교사뿐만 아니라, 동아시아 종교들의 세계가 우리 눈 앞에 서 있게 된 이래로 사람들을 더 이상 속일 수 없다. 또한 다음 사실이 주어진다. 역사는 보편개념들을 포기할 수 없지만, 그 개념들을 보편개념의 절대적 현실화로부터는 얻을 수 없다.

세 번째, 가장 좋지 않는 점은 절대종교로서 기독교의 구성과 함께 존재한다. 동시에 그 구성은 진술된 바와 같이, 역사 내에서 일반적으로 동일한 것을 증명할 수 없어서가 아니라, 구체적이고 개별적이며 역사적 형태와 구성화된 보편개념이 일치될 수 없음을 직접적으로 느낄 수 있기 때문이다. 모든 경건한 사람은 그 자신으로부터 다음과 같은 사실을 이해한다: 기독교가 최고의 의미에 대한 종교적 힘이며, 모든 상황에서 무제한된 종교적 진리이다. 동시에 특별히 기독교를 그의 근원에서 볼 때, 기독교가 매순간 진정한 역사적 현상이다. 하지만 그의 모든 새로운 대상에서 가장 깊은 내적 대상들이, 기독교가 앞서 발견하는 역사적 상황과 환경을 통해서, 또한 보다 포괄적으로 발전하게 된 결합들에 의해서 제약된다는 사실이 명확하다.

기독교는 고대의 국가종교들의 붕괴와 동시에 순수하게 자라난 고대적 가치들의 파괴를 전제한다. 또한 종교적이고 새로운 형성을 추구하는 시도를 전제한다. 그 폐허 지역에서 새롭게 종교적 가치를 창조하는 시도들이 나타날 때, 내적으로 강력한 힘으로서 기독교는 종교적 가치의 창조를 기독교적으로 채색한다. 아마도 기독교는 초기 기독교적 종교사 형성에 있어서도 이미 어떤 식으로든 참여한다. 그 외에 그의 핵심적인 사유에서도 분명히 가장 깊은 종말론적 이념들, 즉 이 상황에서 이스라엘을 사로잡은 이념들을 통해 규정된다. 먼저 그들과의 관계에서 순수하게 내적이고 그의 윤리적 사유를 진술했다. 그러나 이 윤리는 이 상황에서 세계의 종말에 대한 긴장과 신 앞에 머물러 있는 것과 모든 세속적 가치들의 동일한 가치화를 통해서, 동일한 상황에서 동일한 전제들 하에 가능한 종교적 냉혹함과 편파성으로 얼룩지게 되었다. 그럼에도 불구하고, 기독교적 신에 대한 신앙이 신비적이고 인기 있는 형태들로부터 벗어나고, 그의 순수하게 인간적이고 내적인 방향을 제시한다. 곧 그 신앙은, 새로운 것의 결합에서 전적으로 구체적이며, 제한적이고, 제약적인 모습으로 존재하기 위해서, 이상적 형이상학과 아리스토텔레스적 목적론과 함께 선택적으로 가까운 플라톤적이고 스토아적 윤리를 취한다. 오늘날까지 기독교는 그렇게 발전해 왔다. 따라서 결코 기독교는 절대적 종교가 아니고, 역사적 종교이고 또한 일시적 제약성과 전적으로 개별적 형식들로부터 자유로운 종교가 아니다. 또한 종교의 보편개념에 변화가 없고, 지속적으로 만들어내는 무제약적 현실화도 아니다. 분명하게 기독교의 지배적 이념과 내용으로부터 기독교의 발전과 지속적 형성을 찾는 것이 필연적이며, 찾은 만큼 이해할 수 있다. 그러나 이 이념들은 기독교 자체로부터 창조될 수 있고, 매순간 가장 내적이고 전적으로 규정된 역사적 조건들과 함께 자라왔다. 마치 모든 다른 이념들이 전적으로 개별적이고, 역사적 형상들에서만 자라는 것처럼, 역사적 관계에 얽혀지면서 존재한다. 만약 그 이념이 외부로부터 종교의 절대적 이념으로서 나타나고 절대적인 이념에 속하게 된다면, 그 이념은 왜곡되었고, 전적으로 그 이념의 현실성에 대한 인위적 관계에 존재하게 되었다. 그러므로 역시 신학의 기술과 고민은 최상이 되었고, 껍질과 핵심, 형태와 내용, 머물러 있는 진리와 시간사적인 제약성들, 즉 혼란에서 비롯되고 대단히 독특하게 사용해온 다양한 개념들을 지지해야 하는 형식들이다. 그렇지만 모든 신학적 시도는 그 핵심에 따른 현실적 절대성이 외형적 표현을 절대화하고, 그 외형적 현실성 역시 그 핵심을 상대화한다.

무엇보다 절대적 이상의 현실화에 따른 시간사적 형태는 밀랍으로 된 외형적 표현을 가지고 있는 불타는 쇠, 혹은 불타는 주머니를 갖고 있는 밀납의 핵심을 기억한다.

그와 같은 구별은 단지 주변적이고 사소한 사건에서 가능하다. 정확히 중요한 사건에서 중심적이고 종교적 사유들이, 강하지만 우리에게 전적으로 낯설고 반복할 수 없는 시간의 사유와 매우 밀접하게 묶여 있다. 따라서 모든 유동적인 구별 방식은 그 분리를 항상 어렵게 만들었다. 또한 개별적이고 가치 있는 역사의 현실성에 대한 솟구치는 기쁨을 사라지게 한다. 보다 앞선 구성들이 가벼운 마음으로 외형적 표현으로서 곁에 두어왔던 대상은 점점 더 올바른 역사적 묘사에서 다시 널리 인정받는다. 왜냐하면 이전의 구성이 중요한 사실이 아니고, 또한 그 주요 사태가 동시에 역사를 상실하고 영원히 변할 수 없도록 해명된 개념이 아니기 때문이다. 오히려 개별적으로 생기 있고, 이 조건들에서 이와 같이 된 구체적 현실성의 전체이기 때문이다. 이 전체에서 셀 수 없는 역사적 발전들에 대한 표현들이 계속해서 나타나고, 매순간 지배하며 앞서 지배한 욕구에 의해서 형성되었다. 그의 발전에 대해서 각각의 새로운 시간의 욕구에 따른 권리와 재료를 줄 수 있었다. 그러나 그 모든 것은 단지 우리에게 절대적으로 자신을 완성하는 개념으로부터 기독교를 절대종교로서 구성하는 일이 역사적 현실성에서 좌초하게 된 과정을 보여준다. 그 사실은 기독교의 의미와 함께, 마치 그것이 의도한 것처럼 서 있을 수 있다. 절대적 개념과 종교의 일치로부터 기독교의 기원과 역사, 그의 의미는 그의 종교사에서 인식되지 않는다.

결국 그 동일한 사유들은 모든 전체적이고 개별 수행들을 지배하는 총체적 개념, 즉 발전개념으로부터 나타난다. 즉자적으로 또한 대자적으로 이 발전개념이 가장 분명한 도구들 중 하나의 개념이고 역사의 근본 전제들 중 하나이다. 전체에서처럼 개별적인 것, 도처에 근원적인 출발점들이 인정될 수 있다는 사실이 의심 없이 보호되었다. 그 출발점으로부터 대립과 일치를 통해서 복잡하게 된 물질적이면서 영적인 삶이 자란다는 사실이 모든 인식할 수 있는 과정들의 유비에 놓여 있다. 역시 이 과정에서 생성된 모든 영적이고 가치 있는 내용, 사유, 삶의 힘이 먼저 발아적인 원형들에 출현하고, 그들의 완전한 내용을 적응과 대립, 심화와 완성, 중재와 투쟁에서 여러 세대 동안 계시했다. 결국 그들은 자신의 내적 힘과 성장하고, 내적 논리에 따라 모든 자극에 대답하는 삶의 원칙들과 영적 에너지로서 과거를 향하여 정위된 역사적 고려의 대상이 되어야 한다는 사실은 의심할 수 없다. 그러나 여기에서 모든 대상은 구체적이고 개별적 사건에 직면하여 모든 인간적 사물들이 함축하고 있는 발전의 본성을 파악하고 다루는 문제이다. 그 사변적 진화주의는 그의 특징들을 다음과 같은 사실, 즉 '그가 인간성의 총체적인 삶을 발전순서로 파악한다'는 점에서 찾는다. 발전과정들에서 일어나는 영적 이상의 내용은, 동시에 서로에게서 야기된 영적 행위들의 총체적이고 인과적 흐름이 자신으로부터 비롯되면서, 하나로 규정되고 그 이상을 논리적으로 불가피하게 개척하는 순서들의 결과로써 이끌어 낸다. 인과성과 궁극성을 은폐하면서 사변적 진화주의는 각각의 개별적 현상의 단계들의 높이를 인격적이고 윤리적인 평가에 따라서 단순히 앞서 움직이는 이상에 대한 접근으로서 고려할 뿐만 아니라, 개념적 필연성과 함께 인과적 순서로부터 계산하게 한 법칙들을 추상화 한다. 그의 입장에서 그 이론이 다시금 동일한 방식으로 그의 근거를 단지 절대적인 대상의 진화론적 형이상학에 가지고 있고, 또한 절대적인 개념에서 인과성과 궁극성을 은폐하며, 보다 중대하고 윤리적이며 종교적 사유 밖에 놓여 있다는 사실을 간과하면서, 그 구성은 순수하게 역사로부터 현실적인 사건에 저항하는 일반적인 모순으로 보인다. 엄격하고 단순하며, 보편법칙적으로 형성할 수 있는 인과관계는 실존의 자연 토대들에 결합되어 있는 인지들과 욕구들에서 증명할 수 있게 일어난다.

반대로 사변적 진화주의 구성은 자신에게 나타난 필연적 원칙들로서 자연적 동기화에 대해서 대립적으로 나타난다. 그의 측면에서, 그 구성은 높은 영적 삶의 내용들로 고양시키는 근본적이고 전적이며 인과적 운동을 그 자신에게 관철하는 힘으로서 인식할 수 없다. 또한 자연적인 기초로부터 필연적으로 나오는 결과적인 현상으로서 설명할 수 없다. 단지 유익하거나 그렇지 않은 자연적이고 영적인 운동의 상황들을 제시할 수 있을 뿐이다. 그 상황들은 보다 높은 영적인 내용의 출현을 가볍게 하거나 촉진시키든지 혹은 무겁게 하거나 제거할 수 있다.

그 구성은 이 상황들을 본래적이고 내적 필연성에서 비롯된 단지 독립적이고 의지에 정위하는 힘으로써 고려할 수 있다. 최근의 자연적 강요들에 자신을 결합하는 동기들의 운동같이, 그의 기원과 영향을 동일하고 선입견 없이 헌신하고 연구해야 한다. 그 구성은 두 가지 거대한 영적 삶의 근본 방향에 대한 투쟁 앞에 서 있다. 영적 삶의 근본 방향들은 관계 안에 서 있지만, 그 하나가 다른 하나로부터 설명되지는 않는다. 영적 삶은 일반적으로 그 구성을 위해서 원래 순수하게 인과적으로 동일한 가치에 따른 행위들의 순서에서 형성된 사건들의 순서가 아니라 비밀로 가득한 이중의 본질이다. 보다 높은 영적 삶의 내용들로부터 나온 동기는 자연스러운 동기의 단순한 전개는 아니다. 그와 같은 내용들의 전개가 단순히 지금까지의 영향들의 단순한 총합을 통해서가 아니라, 오히려 이끌어낼 수 없는 깊은 근거로부터 솟아오르는 해명들을 통해 생성되고, 그 본질 안에서 자유와 인격성의 어려운 개념들이 매순간 그 한도 내에서 근본적인 의미를 갖는다. 그러므로 동일하게 실천적 수행에서 비롯된 발전 단계들의 순수 논리적이고 변증적 구성은 현실적 역사에 대한 교의적 박해자이다. 단지 원시적 역사의 불투명한 영역에서 오늘날 여전히 존재하는 연구는 그의 구성된 기반을 충분히 갖고 있다. 모든 영적 사건을 고의적이며 경제사적으로 이끄는 가운데 그들에 대한 풍자는 지속적으로 살아 남는다. 그러나 현실적으로 주요한 역사는 그 연구로부터 자신을 해방시켜 왔고, 도처에서 그의 발전사적 그림들을 가능한 관계가 있는 영적 형상들에 대해서 할 수 있는 대로 표현한다. 다시금 그 대상만을 부여하는 생동감 있는 표현으로서 묘사하고 설명으로서 그 평가를 동일한 구성들에 연결하지 않는다.

그 구성에서 현실적 역사가 단지 순수하게 동일한 것으로서 역사의 구체적 대상과 개별적 대상만을 방해하는 것이 아니다. 오히려 특별히 구성할 수 있는 과정으로 포함될 수 없는 독립적이고 보다 높은 힘들에 의해 결정적이고, 최상의 의미가 있는, 개별적 창조들이 뿌리를 내리는 일을 방해한다. 그러므로 오늘날 역시 종교사에서 발전사적 추론들은, 확실한 근원이 부족하고 종교적 감각들에 대한 어두움이 그 이론들에게 활동할 수 있는 여지를 부여하는 곳, 소위 종교의 시작과 문화가 부재한 형태로 제한된다. 반대로 오늘날 주요한 문화종교들은 역사를 총체적으로 본래적 장소와 그들의 전제들에 의해 규정된 것으로 분류되고, 그들의 내용과 본질을 단지 해명해 주어야 하는 형상들로서 묘사한다. 또한 그들의 측면에서, 기독교 역사는 원시기독교, 가톨릭, 개신교를 하나의 논리적 순서의 구성물로 고려하고, 항상 명백히 혼란하게 하는 단계적 구성을 포기했다. 어떤 시대도 단지 통과 단계가 아니다. 모든 시대는 그들의 총체적 상황에서 그들 자신의 의미와 그들의 자족하는 의미를 갖는다. 바로 그 안에 튀빙겐 학파보다 새로운 교회사의 의미 있는 진보를 가진다. 그러므로 역시 그 결과는 여기에 존재한다. 항상 기독교가 발전개념의 포기할 수 없는 의미와 함께 존재하는 것처럼, 인과성과 궁극성을 은폐하고, 그 사실을 통해 단계의 가치들에 대한 개념적 사유를 가능하게 하는 순서의 형성에서, 발전개념은 수행될 수 없다는 결과라고 하겠다. 절대적이고 궁극적으로 그 개념을 제시하는 종교를 입증하기 위해 그 발전개념을 필요로 하지는 않는다.[11]

역시 절대종교로서 기독교의 구성 방법은 지지될 수 없다. 발전사적 신학의 교부들은 그 방법을 내세울 수 있었다. 왜냐하면 그들의 종교사는 여전히 갈급했고 협소했으며, 또한 기독교에 대한 역사적 연구는 여전히 이성적이고 실용적이며 개별적 설명들과 시적으로 직관된 환상들 사이를 부유물과 같이 떠다녔기 때문이다. 여전히 꽤나 무규정적이지만 역사적 인식의 안개에서 그와 같은 구성들의 무지개가 비출 수 있었기 때문이다. 그러므로 그들은 여전히 기독교를 자연종교, 말씀과 자연적 도덕법칙의 신적 현실화로 보았던, 보다 오래된 사유 습관의 길에 서 있었다. 이와 같은 측면에서, 종교의 본질은 유연하게 만들어진 자연종교와 결코 다르지 않게 생각된다. 기독교에서 종교개념의 현실화는 완성된 자연종교의 이상화된 신적 서곡 이상의 다른 것은 아니다. 이와 같이 기독교에서 종교개념의 현실화에 대한 오래된 사유의 습관은 여전히 그 사유 습관 자체가 이 결정적인 점에서 깨뜨려왔던 힘을 갖는다. 게다가 이 습관 자체는 그 구성을 의미 있는 제약들과 함께 수행해왔다.

슐라이어마허가 그의 《종교론》에서 어떤 책에 대해서도 성서가 되는 것[12]을 금하려고 하지 않은 후에, 그의 신학적이고 교회적 시대에 기독교를 창조 안에 놓고 육체 위에 존재하는 정신을 고양시키면서 전개된 종교 본질의 현실화로서 기독교를 구성하였지만,[13]

---

11) 1896년에 출간된 논문집 《교회와 신학을 위한 논문집 6호》(ZThK 6)에 있는 나의 논문 '종교의 독립성' (Selbständigkeit der Religion, 1896) 178에서 183페이지 사이와 1901년에 출간된 A. 도르너의 《교리사》(GGA 1901)의 제시에 나타나는 165에서 275페이지 사이의 발전 개념에 대한 나의 비판을 비교하라; 역시 라스크의 《피히테의 관념론》(Fichtes Idealismus) 중 56페이지에서 68페이지를 비교하라.

동시에 기독교를 그의 매순간 개별적이며 역사적으로 제약된, 항상 유동적인 형상 안에서 보는 것에 대해서 고민했다. 그는 개별적인 것의 표제어를 주었고, 기독교 역사의 비교의적 관계를 위해서 풍요롭게 만들어 왔다. 그러므로 그는 실제로 절대종교를 역사 위에 한 점, 즉 예수의 인격성으로 제한시켰다. 왜냐하면 그는 예수의 역사적 인격성을 현실적으로는 역사적이고, 교의학적으로는 절대적이며, 무제약적이고 무제한적 실재로 보이는, 진실로 변할 수 없는 종교적 인식과 힘을 구성해왔기 때문이다. 그와 반대로 이 원형으로부터 출발한 결과들을 그는 다시금 역사의 법칙들 밖으로 내보냈으며, 그 역사적 대상들을 매순간 그 원형에 빚진 채 완성되지 않고, 개별적으로 불가피하게 제한된 것으로 이해하는 것을 가르쳤다.

다른 측면에서, 헤겔은 최고의 최종적 종교 단계를 인식하면서, 기독교를 전체적으로 절대종교로 정의했다.[14] 그러나 사실 기독교는 헤겔에게 단지 최종적이고, 표상 안에 붙들린 채 머물러 있는 절대적 종교의 전 단계이다. 그 절대종교는 기독교 자체에서 발달하지만, 그의 진리 안에서 역사 속에서 자신을 설명하는 절대적 이념의 절대적 개념들로부터 유추를 통해 순수한 사유로서 나타나게 한다. 역시 그 후에 절대종교의 사유는 역사로부터가 아니라, 절대적인 것의 개념 자체로부터 얻어진다고 한다. 또한 절대종교는 합리적으로 필연적인 개념이며 전적으로 그 개념으로부터 논리정연하게 산출되

---

12) 그 위치는 슐라이어마허에게는 다음과 같다. 거룩한 문서들은 그 자신의 힘에 의해서 성서가 되었다. 그러나 그 문서들은 어떤 다른 책에 대해서도 역시 성서이거나 성서가 되는 것을 금하지 않는다. 그리고 동일한 힘과 함께 쓰여야 했던 것을 그 거룩한 문서들은 기꺼이 합류할게 할지도 모른다.(《종교론》 1799), 305.
13) 이 형태 안에 놓을 수 없다. 그러나 1830년에 출간된 《기독교 신앙》 2판을 §§8에서 14를 비교하라. 다음으로 §§92 이하를 비교하라.
14) 종교철학에 대한 강의들을 비교하라 (JA 15, 99페이지 이하, 16, 189페이지 이하와 비교하라.

었고, 역사 안에서는 사유의 최종적인 취득으로 나타난다. 그 안에서 단지 역사적 기독교와 무엇보다 절대종교의 개념을 실천적으로 완벽하게 생명력 있게 만드는 예수의 인격성과 이 개념의 결합이 주장된다.

이와 같이 양쪽의 사상가는 그 개념을 단지 주의 있게 사용해 왔다. 만약에 그들의 신학적 유산들이 거대하게 그 개념을 다룬 반면에, 그들의 날카로운 후계자들이 진부한 초자연적인 개념으로 후퇴시키거나 역사 내에 각각의 절대성을 배타하는 영향력 안에서 그를 인식했다. 슐라이어마허와 헤겔학파로부터 비롯된 희망으로 가득차고 개선된 신학의 봄날 가운데 등장한, 신학에 대한 수많은 배교자들과 운이 없는 추종자들은 그 사태 자체를 분명하게 만들었다. 근원적이지만 계몽적인 부르노 바우어와 멈춤 없이 역사적으로 철저하고 민감한 에른스트 르낭으로부터 눈을 돌리기 위해서, 압도적인 선생들인 D. F. 스트라우스와 라가데는 그 결과들을 최상의 보편적인 느낌으로 만들었다. 확실히 보다 깊은 종교적 본성을 갖지는 않았지만, 매우 착실하고 날카로운 연구가였던 스트라우스는 헤겔에 저항하여 반박할 수 없는 날카로움을 가지고, 역사 내에서 절대적으로 해명된 종교의 개념이 어떤 점에서도 나타날 수 없다는 사실과 기독교의 원역사는 현실적으로 엄격한 역사적 연구에 있어서 어떤 방식으로도 그와 같은 현실화로서 나타나게 할 수 없다는 사실을 보여왔다.[15] 그는 슐라이어마허에게도 동일한 방식으로 반박할 수 없도록, 개별적이고 제약된 역사적 영향들에 대해 절대적이고 역사적으로 무제약적 원인을 요청하는 것이 불가능하고, 그것으로부터 구상되고, 소위 순수하게 역사적인 방식으로 근원들로부터 확증된 절대적 예수의 인격성으로부터 모순으로 가득한 생동감이 사라진 구성이라는 사실을 보여왔다. 역사는 절대종교와 절대적 인격성을

---

15) 1841년에 출간 된 논쟁문서들 세 번째 판 57페이지서 75페이지를 비교하라.

위한 장소를 가지고 있지 않다.[16] 양자의 단어 -절대종교와 절대적 인격성 -는 모순적 의미를 가지고 있다. 다른 입장에서 진지하게 종교적 본성을 가지고 있지만, 날카로운 변증가도 아니고 폐쇄적 인격성을 소유하지 않았던 라가데는 종교적 발전사의 사유를 모든 교의학적이고 형이상학적 평가들로부터 분리시켰으며, 어떤 것에도 얽매이지 않으면서 그 대상에 대해서 헌신하고 모든 수단들을 동원해서 확실하게 탐구하는 종교사 연구를 요구했다. 즉시 그 연구는 철학적이고 신학적 개악[17]과 대립에서 종교의 특징적 현상들을 이해하도록 가르쳐야 하고, 그 기반을 토대로 기독교의 순수역사적 평가를 수행해야만 했다. 그러나 그는 다음과 같은 사실을 생각했다: 확실히 종교사의 넓은 길 위에서 아무것도 해명할 수 없고 주요한 새로운 모습들이 앞에 나타날 수 있다 할지라도, 그 변증적 장식품과 쓸데없는 것으로부터 해방된 기독교의 위엄과 거대함이 그에 대해서 압도해야 한다.[18] 전체적으로 양자의 실증적 직관이 아닌, 그와 같은 비판이 승리하거나, 혹은 오히려 보다 정확한 역사적 작업이 자신으로부터 왜곡하고 혼란스럽게 만드는 저 모든 구성을 옆으로 밀어냈고, 역사적으로 제약된 기독교의 특성을 생기 있게 파악했으며, 동일한 것을 보편적 종교사 안에 항상 보다 깊이 얽히게 만들었다. 1886년에 출간된 K. H. v. 바이제커의 사도들의 시대와 A. 율리허에 의해 1888년과 1889년에 출간된 비유에 대한 진술과 같은 성숙하고 포괄적인 작품들은 모든 측면에서 인상을 남겼고 저 개념적인 연구보다 분명하게 그 사실을 드러냈다. 교의학적이고 반교의학

---

16) 스트라우스는(동일한 책 60페이지를 비교하라) 노트 필사본을 이유로 1864년에 사후 출간된 슐라이어마허의 예수의 삶을 인식하는 것을 진술한다. 그는 그에 대해서 1864년에 출간된 그의 《독일 민족을 위한 예수의 삶이 작업되었다》 18페이지 이하에서 논쟁했다.
17) 표현이나 단어를 고치려다가 도리어 망가뜨리는 것을 이르는 말.
18) 라가데, 독일적인 문서, 1924, 81, 252.

적 연구로부터 자유롭게 역사적 현실성은 마치 역사적 인식이 그래야 하는 것처럼 전체적 인식의 불확실함과 오류가 발생하고, 미래적 이해가 제한되면서, 주요 사태를 분명하게 만들면서 우리에게 진술한다. 우리는 무한히 높고 큰 대상을 역사로부터 청취한다. 하지만 역사로부터 사람들이 제2 음정과 같이 현실화된 종교개념을 청취할 수 있는 것은 아무것도 듣지 못한다. 그와 같은 모든 대상은 기독교 생성에 대한 연구를 고전적 언어학자의 영향에서 취한 새로운 발전에서 완전히 배제되었다. 특별히 H. 우세너와 그의 학파는 순수언어적이고 후기 고대 종교사에 근거된 연구 방법을 창조했고, 오늘날 우리에게 총체적 문제를 새롭게 제기한다. 많은 경우에 그 연구에서 무엇인가 기독교에 저항하는 인본주의자들과 교육적 귀족들의 혐오로부터 무엇인가가 생겨났다. 그러나 이것은 모든 경우에 그 혐오로부터 기독교가 우리에게 일반적으로 단순한 이념이 아니라, 전적으로 규정된 시간사적인 특징이 최상으로 나타난 구조를 제시하는 역사적 흐름들의 총체적 영향이 나타났다. 그러므로 역사철학적 사유와 제한적이고 개별적이며 다양하게 제약된 모든 역사적 현상들을 인정하면서, 현재적 신학은 넓은 범위에서 전체적 작업의 결과 ―보편개념과 규범개념의 일치화의 포기, 절대종교로서 기독교의 증명에 대한 포기 ―를 인정한다. 그 방식으로부터 나타난 결과들을 지양하기 위해서, 젊고 강한 신학적 학파가 대단히 얽힌 방식에서 인정하지 않았다면, 그와 함께 명확한 상황을 가지고 있다고 생각할 수도 있다. 알브레히트 리츨과 같은 전문가는 이 비판을 받아들이지 않았지만, 기독교의 규범성을 대단히 단순한 윤리적이고 종교사적 요청들과 초자연적 권위로부터 드러낸다. 그 권위에 따르면, 기독교는 종교사에서 항상 분명히 드러나는 놀랄만한 현실화가 세계에 직면한 영적이고 도덕적 인격성의 자기주장에 존재하게 된다고 한다. 그곳에서 그는 단지 그와 같은 사유를 결정하는 기적의 개념이 낯설게 운동하도록 한다. 그대신 예수의 요구를 절대적 계시의 확실성과 기독교적 공동체의 신앙적 자기 확실성에 둔다.[19] 그러나 그의 추종자 중에 많은 이들이 이 점을 정확하게 규정하려고 찾았고, 그 점에서 곧 진화론적 변증의 어려움들, 역사의 지반에서 보편개념의 의혹을 활용할 수 있다고 생각했다.

종교의 보편개념을 가지고는 아무것도 시작될 수 없고, 이 개념은 도처에 존재하는 역사적이고 개별적 대상에서 좌초하기 때문에 규범개념을 도울 수 없다고 한다. 그러므로 규범적인 것은 일반적으로 어떠한 공통적인 것의 넓은 기초가 아니라, 전적으로 특수하고 개별적인 매우 좁은 기초에서만 얻어질 수 있다고 한다. 기독교는 이 좁은 기초를 그의 역사적으로 제약된 형태와 특별한 확실성의 근거를 토대로 그 형태를 제한하는 곳에 제공한다고 한다. 첫 번째 인간은 절대적 진리와 그를 통해서 구속이 일어나는 것을 요구하는 행위를 기독교의 개별적 특수함으로서 표시한다. 학문적 평가가 기독교를 고립화하고, 모든 다른 종교에 대한 요구를 전제로 삼으면서, 또한 기독교의 특수성에 대해서 그의 학문적 묘사와 평가가 맞춘다고 한다. 그러면 이 전제는 우선 일반적이고 자연적이며 도덕적 정신에 대한 요청들과 우선 추가적이며 대립적으로 다가오고, 비기독교적 종교들 속에 우선 포함된 예감들에 대한 관계에 기독교를 정위시키는 보편적인 사려들을 통해서 확증된다고 한다. 따라서 기독교는 생각할 수 있는 최상의 도덕적 요청들을 자연스럽게 만족시키고, 동시에 보편적이며 기독교 외의 계시를 완성하는 종교의 해명이 된다. 혹은 보편적이고 학문적 종교의 탐구는 인과적이며 기계적이고 현상학적 심리학에 제한되지만, 동시에 규범적인 것은 개별적이고 역사적 대상에서, 하지만 무엇보다 특별한 인과적 작용은 도덕

---

[19] 1888년에 출간된 《칭의와 구속에 대한 기독교적인 가르침》 3권, 3판 1페이지 이하와 비교하라.

적 자유정신의 절대적 계시를 통해서 계시된다는 사실이 요구된다. 그와 같은 종교는 존재해야 한다고 한다.

동일한 것으로서 기독교는 그의 특수함으로서 예수 안에 그와 같은 계시와 구속을 요구하게 된다. 또한 이 요구를 예수의 표현을 통해 현실화해야 한다고 한다. 이 요구에 대한 권리는 자연적 의식에 대한 윤리적 요구들과의 일치를 통해서 확증된다. 여기에 특수한 인격적 행위에서 완성된 특별히 기독교적 확실성이 비롯된다고 한다. 우선 그 확실성 의해서 비기독교적 종교에 대한 생각들의 심리적인 기제 안에서 움직이게 하는 신적 힘을 인식하고, 그들에 직면하여 판단에 대한 척도를 발견하는 것이 가능하게 된다.[20] 다른 사람들이 무엇인가 다르게 시도할 수 있다면 항상 그 시도는 종교적 보편개념의 불가능성과 보편개념으로부터 얻을 수 있는 척도의 불

---

20) 나는 이것을 위해 단지 나에 대해서언급하는 비평가들의 논문들에 대해 안내한다. 첫 번째는 G. 보버민의 이론일 수 있다.(1900년에 출판된 "신학과 교회를 위한 논문집"(ZThK) 10호 417, 421, 423을 보라). 두 번째는 F. 트라웁(특별히 1901년에 출간된 "신학과 교회를 위한 논문집"(ZThK) 11호 314 - 317페이지를 비교하라). 모든 경우에 M. 라이슬레 역시 트라웁에게서 멀리 떨어져 있지 않다. 이 이론의 결과는 다음과 같다: 내가 다음에 그 입장을 전제하는 것과 같이, 기독교에 대한 입장은 집요하게 그의 동기들과 근거들과의 관계에서 자기 기만을 위해서 설명된다. 그리고 그 입장에 대한 현실적인 동기로서 항상 최소한으로 논리적이지만, 근본적으로는 항상 시간적으로 다가오는(Traub: 317, 라이슬레: 321), 독립된 확신은 특별한 기독교적 확신을 통해서 위에서 묘사된 의미에 삽입되었다. 그에 대해서 나는 단지 똑같이 집요하게 반박할 수 있다: 나의 감정을 위해서, 그와 같은 기독교적 인식론은 그에 속하는 인과성 없이는 인위적이고 불완전한 것이고, 그 인식론으로부터 철저하게 벗어날 경우에 투쟁하고 있는 의미 있는 종교 유형들에 대한 자연적이고 분명한 시각, 종교적 유형들에 대해서 고려하는 입장, 공동적이고, 명확하게 관련된 다른 이상의 이론에 대한 입장의 근거는, 그 경우에 한해서 존재하는 상황에 대한 단순한 표현이다. 우리의 위기와 같은 종교적 위기에서 다른 종교 유형에 대해서 집중하는 일은, 학습된 놀이가 아니라, 대단히 종종 가장 진지하고 내적인 기회이다. 또한 그 결단은 종종 현실적이고 내적인 동요들을 통해서 진행된다. 그 결단 자체는 당연히 최종적으로 자명한 입장으로부터 비롯된다. 이 입장은 그와 같은 사유에서부터 나오고, 근

가능성으로 인해 나타나고, 특별히 그 척도를 개별적이며 역사적 기독교에 대한 요구를 절대적 계시와 구원, 동시에 자연적이고 도덕적 의식의 경쟁 안에서 확증할 수 있게 하는 기독교적 인식론이다. 그러나 이 인식론은 역사적이고 개별적 개념을 수반한 놀이에 지나지 않는다는 사실이 명백해진다. 자연적 의식과 비기독교적 종교들에서 모든 개별적 특수함은 자연적이고 보편적 계시의 보편개념들에서 파악하는 과제를 배제하지 못한다. 다른 측면에서 역사적이고 개별적 개념과 동시에 일시적으로 유일하게 제약된 개념, 즉 기독교는 그에 의해 제시된 요구를 통해 절대적으로 초자연적이고 절대적 진리이어야 한다. 첫 번째 경우에는 개별적인 것의 개념은 무한히 그가 해야만 했던 것보다 훨씬 적게 수행했다. 두 번째의 경우에 그 개념은 무한히 그 개념이 할 수 있는 것보다 훨씬 많이 수행했다. 사실상 역사적이고 개별적인 것에 대한 강조와 보편개념에 대한 반대는 여기에서 모든 비기독교적 종교들에 대해 기독교가 대립하기 위한 제목들을 부여한다. 보편개념은 곧 보편적이고 자연적 계시와

거에 대한 넓은 기반은, 사람들이 타협할 수 있고 일반적으로 종교적 삶을 위해서 의미와 이해를 갖고 있는 공동적 개념에서 찾는다. 실제로 그와 같이 보다 높은 정신적 삶이 구별되고 다른 가치들에 대한 입장은 자기 자신 앞으로 간다. 여기에서 어느 누구도 원래 우리에게 특별한 유형을 전통적인 것으로 확고하게 보증하는 특별한 확실성에 대한 이론을 구성할 수 없다. 하지만 실제로 그와 같은 입장은 즉시 종교를 그의 실천적이고 본래적 특성과 철학적 주장들에 대한 대립에서 이해하는데 우리를 익숙하게 만든다. 또한 그와 함께 학문적 입장을 위한 관계점으로서, 우리에게 동일한 소위 자연적 이성에 놓여있는 철학적 주장들이 아니라, 종교에 대해 사실적으로 대단히 친숙한 현상들, 즉 다른 종교들을 끌어오게 해야 하는 신학에 가깝게 놓여 있어야만 했다. 그 결과 다른 종교의 설립자들의 요구들과 예수의 요구들에 대한 비교는 자신에게 있는 현실적 관계에 근거되는 것보다 커다란 관심을 부른다는 사실은 그들의—나머지는 단지 일시적인 결과이긴 하지만—요구 신학의 결과이다. 예수에게서 그 요구 이상의 사태가 고려된다면, 마치 울리허가 "근대의 의견의 다양성" 16페이지에서 조롱하는 것처럼, 사람들은 조로아스터교로 향하는 길 위에서 그 자신으로부터 예수의 이해를 찾지는 않을 것이다.

2. 절대종교로서 기독교의 역사적 구성의 불가능성 91

요청들의 오래된 개념으로, 역사적이고 개별적 개념은 초자연적이며 절대적 계시 개념으로 변한다. 하지만 초자연적이고 절대적 계시는 매우 특징적 운동에 있다. 왜냐하면 이 계시는 절대성의 형태 없이, 즉 제한하는 기적의 인과성 없이, 또한 증명된 완전한 종교개념의 현실화 없이 존재하는 절대성이기 때문이다. 동시에 예수와 원시 기독교는 항상 다시금 개별적이고 역사적 현상들, 즉 본질적 의미에서 시간사적으로 제약된 현상들로서 고려된다. 비판과 역사적 기술은 그 현상들을 연구하고, 그것들로부터 대단히 본질적 사물에 존재하는 지속적 발전이 구분된다. 그렇지만 이와 같이 어둡고 규정되지 않은 절대성은 항상 다시금 역시 인정받은 역사적 특징들과 충돌한다. 인간은 역사적 관계를 지속적으로 추적할 경우에, 비기독교적 종교들과 기독교 사이에 틈을 완전히 불가능하게 만드는 비기독교적 종교들에 대한 기독교의 밀접한 관계를 대단히 고통스럽게 느낀다. 그러나 여전히 역사적 지평이 넓어질 때, 인간은 동일한 만큼 그들의 본질을 특징짓고, 다른 종교들의 유사한 요구들을 만난다. 인간이 자연적 의식의 요청과 일치를 통해 기독교적 요구를 지지한다면, 이와 같은 요구들을 우리는 역사적 산물들로서 이해한다. 역사적 요구들은 도처에서 믿게 된 현실성으로부터 출발하면서, 관계하는 종교의 종교적인 드러남이 사실적으로 기독교에 가까운 만큼, 그것에 가까이 서 있다. 실제로 그 요청들은, 만약 기독교의 구원에서 신학자들이 그들의 만족을 없는 것으로 생각하고, 의심하는 자가 그 신앙을 잃어버린다면 살아 남은 오늘날 그들의 순수한 형태 안에 존재하게 된 기독교 자체의 역사적인 산물들이다. 그와 같이 이 학파들은 역사적인 것을 강조하고 그 결과들을 지양하면서, 역사에 대해 항상 보다 단호한 문제제기를 하고, 역사에서 항상 넓어진 근거를 제시한다. 또한 이와 같이 이 연구에서 묘사된 문제제기들은 역사로부터 나온다. 오래된 자유주의 신학에 대한 개선된 회귀, 유일하게 보편적이고 역사적 사유와 함께 진지하게 만들어왔던 관념론적이고 진화론적 변증의 근본개념들을 새롭게 시험해야하는 필연성이 있다.

3. 규범 형성에 대한 역사적이고 상대적인 개념의 관계

기독교를 '종교개념'과 함께 정의하고, 발전사적 시각에서 절대 종교로서 증명하는 노력에서 볼 때, 이 개선된 시험의 결과는 확실히 부정적이다. 그 결과를 긍정적으로 표현해야 한다면 다음과 같아야 한다. 그의 역사 안에서 기독교는 다른 주요한 종교들과 같이 순수 개별적이고 역사적 현상이며 모든 제약성을 가진다. 따라서 보편적이고 보호된 역사적 방법에 따라 그 역사의 매순간마다 기독교를 연구해야 한다. 마치 이 방법 자체가 매순간마다 다양하고 풍부하게 나타난다면, 그 때마다 모든 역사적 본질에 대한 보편적 전제들을 확증한다. 만약에 우리가 사실적 전제들이 없는 방법을 사용한다면, 지반이 없는 지레를 사용하는 것과 같다. 또한 역사적 방법들의 지레가 기독교 역사를 제시한다면, 기독교를 위해서 보편적이고 역사적 사유방식의 근거에서 적합한 것을 제시한다. 인간이 "기독교가 역사적 현상이다"라는 표현을 사용하려면, 그와 반대하는 어떤 것도 반박될 수 없다. 왜냐하면 '역사적'이고 '상대적'이라는 표현은 동일한 것이기 때문이다. 누군가 기독교 주위에서 역사에 저항하는 보호막을 본능적으로 혹은 의식적인 명료함과 함께 끌어들이는 자만이 이 법칙을 인정하지 않을 수 있다.

이 결과에 대해서 어떤 의심도 존재할 수 없다. 그러나 역시 전혀 놀랄만한 것은 아니다. 단지 합리적이거나 초자연적 교의학주의와 같은 좋지 않은 사유 습관이 모든 불확실하고 근거와 목적을 상실한 모든 공포와 함께 존재하는 '상대적'이라는 낱말을 둘러싼다. 여기에서 '상대적' 개념이 무엇을 의미하며 어떻게 가치 척도들을 획득하는 일과 관계하는 것이 문제이다. 우리가 이전에 절대적인 것의 개념을 정확히 규정해왔던 것과 같이, 지금은 역사적이며 상대적인 개념과 규범 취득에 대한 관계를 논쟁하는 것이 가치가 있다.[21]

특수한 관계들로부터 비롯된 각각의 위치에서 과거의 특수한 대상을 만들어내고, 그와 함께 간과할 수 없는 다양성 안에서 우거질 정도로 많이 자라난 역사가 따르는 무제한적 상대주의는 많은 이들에게 역사적 사유의 일반적 결과처럼 보인다. 무제한적 상대주의의 원인은 세 가지이다. 첫째, 보다 정확하게 그 현상을 연구하기 위해서, 개별 현상들을 보다 작은 현상들로 해체하고, 그와 함께 간과할 수 없는 보다 작은 상대성들이 파도치는 대양과 같이 역사에 대한 각각의 지배적 의미와 목적을 삼키는 것같이 보이는 상세한 묘사에 도달하는 '전문화'이다.

둘째, 연역과 설명의 자연주의적 습관이다. 즉 모든 현상을 필연적 산물과 같은 근거들과 환경으로부터 이끌어내는 것이다. 왜냐하면 모든 현상이 분명히 양자와의 관계에 있기 때문이다. 그와 같은 입장이 철저하게 이상주의적 발전개념에 대한 지배권을 포기하자마자, 그 사유는 무한한 생성과 용해의 고요함이 없는 바다로 빠져든다. 그 생성과 용해는 자연현상과 같이 지속적으로 교차하며 뒤따르고, 단지 적절한 환경이 생성과 용해를 관계적으로 보다 지속되게 한다. 여기에는 현실적으로 새로운 사실이 존재하지 않고, 주어진 힘들의 영원한 개선을 포함하는 순수한 자연적 소요성 밖으로 벗어

---

[21] 65페이지에서 79페이지의 뒤따르는 수행은 1907년 니체의 논문 "삶을 위한 역사의 단점(Vom Nachteil der Historie für das Leben)에서 나온 논문들과 함께 프러시아이센 퀼러에 의해서 출간된 《현대철학》(Die Moderne Philosophie)에서 볼 수 있다. 양자의 문서들은 역사주의 문제들을 보아야 한다.

나는 일도 없다.

셋째, 모든 사실을 자기 자신으로부터 이해하면서 판단하고, 역사적 정의(正義)가 의인들과 의롭지 못한 자들에게 동일한 빛을 비추는 것뿐만 아니라, 오히려 이 차이 일반을 더 이상 알지 못하면서도, 역사적 인식을 위해서 낯선 형상과 외형적인 것만큼 내적 전제들에 대해서 가설적으로 공감하는 근본적인 기술은 판단의 위치에 대한 변동에서도 무제한적으로 능숙했다. 약한 본성들을 위해서 역사는 그와 같이 모든 낯선 특징들에 대한 후체험과 동일하게 되었고, 자기 자신의 것에 대한 포기는 회의(懷疑)와 재치 있는 놀이 혹은 거만함 그리고 불신앙과 동일한 것이 되었다.

그 모든 것은 분리될 수 있는 역사적 사유에 속하고 이 기술에 대한 의미 있는 전문가들에 의해서 끊임없이 부정되어 왔다. 전문주의는 아마도 피할 수 없는 편협한 시각 이상 아무것도 아니며, 혹 만약에 전문주의에 머물고자 한다면, 의미 없는 현실성만이 강화된다. 모든 역사는 상세한 작업을 단지 수단으로 활용하고, 최종적 목적으로 여기지 않는다. 부연하자면, 모든 역사는 인간적 품성이 종결된 많은 영역과 그 영역을 이끌어가는 민족과 의미 있는 문화 영역과 중요한 문화가치를 이해하기 위한 수단이다. 그 전문주의적 연구들이 상세하게 완성된 앞선 작업과 주요한 역사가의 전문성을 필요로 하는 만큼, 그 목적을 위해서 역사가 연구되어야 하는 유일한 이상으로 존재한다. 뉴튼과 헬름홀츠와 같은 전문가가 드물다는 사실은 이에 대해 아무것도 증명하지 못한다. 동시에 모든 사람이 현실적 역사를 생각할 수 없고, 또 쓸 수도 없다. 각자가 몇 가지 세미나와 함께 본래적인 역사가로 존재한다는 현대적인 의견은 시간의 질병일 뿐이다. 왜냐하면 역사가 언급하는 많은 것은 더 이상 역사가 아니라, 취미이거나 혹은 여전히 오랫동안 역사가 아니라 역사의 건축을 위한 도구일 뿐이다.

인과적으로 형성된 기계적 추론과 설명, 다가오는 외형적 영향들에 대한 모든 내적인 것의 의존성, 새로운 것과 창조적인 것을 부인하는 일은 역사적 사유 방식의 본질이 아니다. 오히려 보편적 법칙에 따른 자연과학적 방법을 역사학이 차용하는 일일 뿐이다. 그 차용에서 역사의 본질적 특징은 즉시 사라진다. 매순간 주어진 힘들이 작용하면서 생기는 개별적이고 특수한 대상은 즉시 이끌어 낼 수 없고, 주어진 대상과의 관계에서 완성되며, 역사의 초월적인 깊이로부터 떠오르는 새창조이다. 또한 개별적 대상의 특수함이 약한 경우에, 총체적 복합체가 압도적으로 동일하게 규정된 것으로 나타나는 곳에서, 이 복합체는 무엇인가 특별하고 분명히 개별적으로 분류된 출발점들에 의해서 규정되었다. 물리적 토대의 영향과 지리적, 인간적, 경제적 관계들이 동일한 상황을 만들어 내는 곳에서, 역사적으로 중요한 것은 항상 민족과 개인의 독특한 양식에 뒤따르는 개별적 저항일 뿐이며, 자연적 상황을 지배하기 위해 존재하는 윤리적 힘을 가져올수록 보다 더 의미가 있다. 그와 같이 역사에 무한히 조직하고 해체하는 개별적 힘에 대한 진술은 존재하지 않고, 자연적 욕구의 곁에 존재하고 영혼 깊은 곳에 형성하는 삶의 내용과 삶의 이상들이 출현한다. 그 삶의 이상들은 역사적 산물이고 창조적 조정자이며, 그의 기원에 대한 가치 요구를 인과적 필연성이 아니라, 그의 진리에 대한 근거를 뒷받침한다.

여기에서 우리는 자연주의적이고 교조주의적인 편협한 지식의 영향 아래에 서 있다. 그 지식은 헤겔학파의 변증법과 기적 이론과 함께 변형된 교회 철학의 아리스토텔레스주의 못지 않은 편협하고 교조적 지식이다. 역사 자체로부터 역사를 넘어선 만큼, 인식론으로부터 그리고 그 인식론으로부터 세워진 교회 철학과 형이상학으로부터 역사 이해는 끌어낼 수 있다. 그렇지만 역사이해는 자연과학으로부터 이끌어낼 수 없다.[22] 결국 가설적인 직접 체험과 역사적 정의는 이상과 의미 없는 상대주의를 증명하는 일에 최소한 적합하다. 왜냐하면 확실한 유비에 의해서 분명하고 낯선 상황들을 그들의 의미와 본질 안에서 후체험할 수 있는 모든 인간이 소우주라는 사실을 확증하기 때문이다. 그들은 다양한 인간성의 가치를 형성하는 일에 내적 필연성을 가지고, 적대적인 것들에 대해 그 가치들을 고려하도록 강요하기 때문이다. 또한 그들은 본래적 인격성같이 여기에서 얻어진 확증으로부터 인간적 역사를 규범화하고 판단하는 무엇인가 공통적인 것으로서 가지고 있다는 사실을 확증하기 때문이다. 만약 사람이 이 충동을 더 이상 느끼지 못한다면, 대상들의 통일적 이상을 보증하는 종교적 신앙에 대한 의심이 생기거나, 도덕적 힘이 붕괴되거나 약해진 결과이다. 그들에게 본래적이고 역사적 사유를 형성해오기 전에, 르낭주의자들은 무익하게 파산한 신학자들은 아니었다.[23]

역시 우리에게 상대성의 사유와 부딪치게 만든 이 모든 의견 역시 상대성의 사유와 반드시 묶일 필요는 없었다. 상대성의 사유는 단지 모든 역사적 현상들이 보다 가깝게, 혹은 멀리 떨어져서 영향을 미치는 총체적인 관계의 영향 안에 존재하는 특수하고 개별적

---

22) 1897년에 출간된 '시스템' 2판 있는 빌헬름 분트의 나머지는 여전히 자연주의에 머물러 있는 논문, "창조적인 통합론" 596페이지와 더 나아가서 이미 인용된 리케르트의 문서들, 1904년에 출간된 보편법칙적 인과성과 개별적 인과성의 구별을 수반한 《인식의 대상》(Die Gegenstand der Erkenntnis) 2판 212페이지에서 216페이지와 철학적 논문집에 실리고, 1900년 지그바르트에게 헌정된 "정신 물리학적 인과성과 정신물리학적 평행주의"라는 논문을 비교하라. 그러나 무엇보다도 베르그송의 가장 흥미로운 작업들, 즉 1901년에 출간된 《의식의 즉각적 데이터에 관한 연구 보고》(Essai sur les donnees immediates de la conscience)와 1908년 독일어로 출간된 《물질과 기억》(Materie und Gedächtnis)과 《창조적 진화》(Evolution creatrice)를 보라.
23) 신학교로부터 출교에 대한 암시. 르낭은 1863년에 출간된 《예수의 생애》(La vie de Jesus)를 가지고 센세이션을 일으켰다. 1951년에 출간된 알버트 슈바이처의 《예수전 연구의 역사》 6판 180페이지 이하를 비교하라.

형성체들이라는 사실을 의미한다. 동시에 저 영향으로부터 보다 넓은 관계와 전체에 대한 시각을 열게 된다는 사실을 의미한다. 그 사유는 그들의 개관이 전체적으로 하나의 판단과 평가를 가능하게 한다는 사실을 의미한다. 그러나 어떤 방식으로도 그 사유는 개별적 형성체들 안에서 공동적인 근본 방향과 서로간의 논쟁 능력에 대한 가치들이 나타난다는 사실을 배제하지 않는다. 그 가치들은 이 논쟁 안에서 최종적이고 내적인 진리와 필연성을 통해 근거된 결단을 하게 된다. 단지 역사의 어떤 순간에도 그와 같은 가치는 현대적 상황의 특수함으로부터 자유로울 순 없다. 각각의 판단과 가치들의 관계는 단지 순간을 통해 제약된 형상에 존재한다. 절대적이고 변화가 없는 어떤 것을 통해서도 일시적으로 제약되지 않는 가치는 일반적으로 역사가 아니라, 예감이나 신앙에서만 열려진 역사 저편에 존재한다. 역사는 규범들을 배제하지 않고, 오히려 그 본질적 작업은 규범을 산출하고 규범의 총체적 파악을 위한 투쟁이다. 그러나 이 규범들과 통일화 자체는 그들의 효력이 발효되는 매순간 무엇인가 개별적인 것과 일시적으로 제약된 것으로 머문다. 눈앞에서 아른거리고 여전히 완벽하게 현실화되지 못하고, 절대적이 되지 못한 이상을 향해서, 항상 그 상황에 의해서 함께 형성된 노력만이 존재한다. 상대주의나 절대주의라는 양자택일이 아니라 양자의 혼합, 즉 상대적인 것으로부터 절대적 목적들을 향한 방향이 나타난다는 것이 역사의 문제이다.[24] 매순간 절대적인 것에 가능한 형상을 부여하지만, 진실하면서 최종적 보편가치들에 대해서 순수하게 다가가는 감정을 느끼게 된 항상 새로운 창조적 통합은 역사의 자연화를 통하거나 특수한 회의에 의해서도 배제될 수 없는 문제이다. 그 창조적 통합은 항상 사태에서 자란다. 역사적 묘사에 의해 역사에 나타난 가치

---

24) 편집자에 의해서 삽입된 구절이다.

들에 대한 입장 표명으로 진보하고, 확실히 묘사하는 역사와 본질적이고 좁은 의미에서 역사의 한계들은 극복된다. 하지만 마치 역사적 묘사 자체가 실제로 이미 최소한 그때그때 표현되고 사실적이고 총체적 묘사를 규정하는 가치평가의 정신을 포기할 수 없는 것처럼, 인간이 다른 관계로부터 사변적이고 형이상학적이거나 혹은 교의적이고 초자연적 규범화를 야기하지 않은 곳에서 생성된 모든 가치평가와 등급 규정은 직접적으로 역사적 상태에 연결하고, 그곳으로부터 성장해야한다. 이와 관련하여 다음 사실 -단지 그들의 조건들과 포함된 전제들에 대한 필연적 입각점과 필연적 명확함을 가지고 그 입장을 완성해야한다 -이 문제이다. 역사 자체로부터 역사에 대해서 항상 생각하고 결론을 내는 역사철학적 요약과 가치 평가의 과제가 나타난다. 그곳에서 근원적으로 영적 발전의 최고점이 직접적으로 고려된다. 하지만 이 사유에는 힘들에 따라서 역사적 지평의 전체를 포괄하고 자연과학적 개념들과 유사한 보편적 법칙개념은 아니지만, 공동적 이상의 방향을 함축하는 개념들을 찾게 되는 비교의 문제가 있다. 그 비교의 문제는 인간적인 전체 발전을 간과하거나 분명히 순수한 부분들에 대한 우리의 의식과 역사를 법칙적으로 구성하는 불가능성 앞에서 공동적 이상개념으로부터 구성하는 것은 아니다. 그러나 그 문제는 우리에게 알려지고 접근할 수 있으며, 우리가 좋은 이유들을 가지고 그 취득물들이 우연하게 우리에게 알려진 것일 뿐만 아니라, 원시적 상황으로부터 성장해온 유일하고 주요한 발전이라는 사실로서 받아들일 수 있는 최상의 취득물들을 파악하는 과제를 의미한다. 틀림없이 인간은 이 점에 대해서 생각할 수 있다. 지구에 인간이 현존한 기간은 최소한 수 십만 년으로 환산된다. 그 기간에서 우리는 단지 6천 년에서 7천 년 정도를 안다. 얼마나 오래 인간이 우리의 지구에서 지속적으로 살 수 있을지에 대해서는 알려져 있지 않다. 그러나 그 사실은 유사한 시간 측정 단위와 함께 고려될 수 있다. 양극의 변화와 함께 나타난 빙하시대의 기후 변화들은 문화 토대들을 철저하게 밀쳐냈다. 우리의 역사가 선조들을 가지고 있었다는 사실과 그들의 전통이 다시금 파괴될 수 있다는 사실이 배제될 수 없다. 과거 혹은 미래에 철저하게 알려지지 않은 유일한 것이 우리를 혼란스럽게 할 필요가 없다. 우리는 우리에게 알려진 문화영역을 붙들어야 한다. 그 문화영역은 자신이 지시하고 있는 종의 통일성과 개별적 차이의 관계에 존재하는 우리에게 각각의 시대가 존재했고 다시금 도래하는 문화를 향한 존재의 상승이 원칙적으로 동일한 방향으로 움직인다는 사실을 승인하는 것에 대한 권리를 부여한다. 모든 경우 우리에게는 우리 자신의 세계 지평과 그에 의해서 포괄된 많은 혹은 적든 분명하게 알려진 역사에 대한 우리의 분석과 개요만이 남아 있다. 역사로부터 영적 삶의 거대한 유형과 비교가 나타나고, 그와 함께 상대주의 새롭고 지속적 제한이 나타난다는 사실은 몇 가지 지속적인 입장들을 통해서 분명해진다.

  그와 같은 논쟁적 가치들이 무제한적 다수의 가치로서 존재한다면, 역사적 상대주의를 그렇게 이해하는 것은 커다란 속임수일 수 있다. 반대로 이 경험은 그와 같이 가치들의 해명이 대단히 적게 존재하고, 새로운 정신적 이상들에 대한 현실적 해명이 거의 존재하지 않았다는 사실만을 보여준다. 단지 낮은 단계들에서 무한한 다양성이 존재한다. 이 다양성은 단지 외형적이며 형식적인 것들의 다양성이고, 사실상 거대한 단조로움을 의미한다. 먼저 높은 단계에서, 강하게 형성된 내적 힘들이 나타나고, 그 단계에 대한 현상들은 거의 많지 않다. 인간성에 대해서 현실적으로 무엇인가 새로운 사실을 말하려는 사람들은 대단히 적었다. 특히 소수의 사람만이 인간성에 대해서 생각해왔다는 사실은 놀랄만하다. 왜냐하면 무엇보다 종교사에서 볼 때, 그들 사이에서 절정에 이를 수 없었던 우세한 종교적 힘들이 많지 않았고, 단지 몇몇 소수의 거대한 형성체들만을 고려했기 때문이다. '시민화' 되지 못한 민족들이 믿는 다수의 종교들과 다신론주의자들은 최상의 종교적 가치들에 대한 물음에 대해 아무것도 해명하지 못한다. 단지 앞서 발견된 물리적이고 영적 본성에 저항하여 높은 세계를 세운 영향력이 있으며, 윤리적이고 정신적 종교들은 단지 소수이다. 단지 유대교, 기독교, 이슬람교가 동일한 뿌리에서 생긴 반면에, 아시아문화권에서 동양적 주요 종교, 즉 브라마니즘과 무엇보다 불교가 문제일 수 있다. 그러면 그 곁에 역사적인 토대들과 결합을 파괴하는 철학적이며 이성적이고 또한 그의 근본들이 동일하게 단순한 종교의 시도들이 고려된다. 단일론적 범신론과 이원론적 신비주의, 도덕적 유일신론이 나타난다. 여기에서 동일한 철학자들의 현대적 개선들과 같이, 플라톤주의와 함께 생각하는 수많은 후기 고대의 윤리적, 종교적 사변과 인도적 종교철학이 문제이다. 하지만 그 형성과정에 직면하여, 종교사적 구상은 특히 대단히 많은 단순화를 강요한다. 이성적 종교들은 매순간 역사적이고 실증적 종교들의 지점들로 존재하고, 모든 사변적 명료함 앞에서 결코 강력하고 독립적 충동을 갖지 못한다. 만약 역시 그들이 플라톤주의와 스토아주의와 같이 새로이 종교적으로 숭배되기에 앞서 효과적으로 작업하거나, 현대적이고 학문적으로 영향을 받은 종교성을 지배하는 종교들과 같이 변할 수 있다는 사실이 고려되더라도, 그들로부터는 종교적 힘이나 종교적 공동체가 나오지 않는다. 종교의 생산적 힘은 단지 역사적 종교들에서 약동하고, 인간성의 종교적 가치들에 대한 모든 입장은 우선 그 종교들과 관계가 있다. 이와 같이 후기 고대의 종교철학은 기독교와 떨어질 수 없도록 오늘까지 묶여 있다. 인도의 사변은 브라마니즘과 불교에 그 지지 기반을 가지고 있다. 또한 모든 철학적 근대 종교들은 그의 동기에서 비롯되며, 순수하게 새로운 종교적 힘과 이념을 소유하지 못한다. 그들은 먼저 종교적 삶의 계시의 셋 또는 네 가지의 유력하고 중요한 형태들로 남아 있지 않고, 그들의 입장에서는 다시금 자신들과 상응하는 영적이고 총체적 문화들의 수행자일 뿐이다. 사실 사람들은 다음과 같이 말할 수 있다: 본질적으로는 예언자적이고 기독교적이고 플라톤적이며 스토아적 이념세계와 불교적이고 동양적 이념세계가 문제이다.

다음과 같은 사실, 즉 모든 우세한 현상들을 단지 시간의 방식으로 효과적이며, 사라지는 것으로서 고려해야 한다는 사실은 모든 역사적 현상의 상대성에 대해서 동일하게 인정한다. 어떠한 것도 학문적이고, 국가적이고, 인위적이고, 사회적이고 종교적 삶의 수많은 중요한 산물들을 남아 있는 것으로 받아들이는 것을 막지 못한다. 단지 그 현상들이 정해진 사변들 속에서 생성된 것과 같이, 남아 있는 이 모든 대상들이 지속적이고 개별적 형성의 결과들을 승인하게 될 것이라는 그 사실을 막을 뿐이다. 끝없는 진보주의 혹은 오히려 무한한 변화의 이론은 어떤 것을 통해서도 근거될 수 없는 선입견이고, 단지 현실성의 통일성과 의미에 대한 종교적 신앙을 가지고 역사의 초월적 근거들에 대한 모든 형이상학적 사유들을 환상이라고 비난하는 사람들을 위해서 그럴 듯하다. 그러나 역사적 사유는 그 자신으로부터 어떤 방식으로도 허무주의를 강요할 수 없다. 역으로, 지금까지 역사가 얼마만큼 중요한 내용들을 적게 가지고 왔고, 그리고 넓고 약하게 이 지반을 소유하게 되었는가에 대한 상황의 관찰은 미래가 한 차례 측정되지 않고, 얽혀진 생산성에서 시작될 것이라는 사실을 대단히 불확실한 것으로서 이해하게 한다. 인간은 다음 사실 높은 곳으로의 상승은 겨우 고원 위로의 확장이 뒤따르게 된다 ─는 사실을 확실한 것으로 생각했다. 우리 문화의 연속성이 일반적으로 존재하는 한. 사람들은 미래에 존재하는 힘들의 싸움과 논쟁, 지속과 다양성을 나타나게 될 것이라는 사실을 고려하게 된다. 여기에서 최상의 가치들의 승리와 그 사유들 아래에 모든 현실성의 개별 관계가 문제이다. 또한 어떤 학문적 환상에 의해서도 예측할 수 없는 종말의 표상이 속해 있는 곳, 어디서나 도덕적이고 종교적 신앙은 그렇게 판단한다. 그 신앙에 의한 신뢰는 역사적 상대주의에 대해 두려워할 필요가 없다. 마치 사람이 생물학적으로 확고한 양태가 된 것처럼, 그의 영적 본질은 원칙적 특징들 안에서 분명하게 개시되었고, 지금까지 예감하지 못한 어떤 특정한 양태의 초인을 기다리는 것도 아니다.

결국 역사적 사유방식은 정신적 삶의 중요한 가치들과 내용들, 서로 비교되고 가치척도에 따라 판단되며 공통적 이상의 이념에 종속된다는 사실을 완전히 배제하지 않는다. 하지만 변화가 없는 역사의 완전성을 초월하는 이상은 역사에서 보다 높은 삶의 내용들을 향해서 나아가는 다양한 위치에서 역사적인 전제와 그 상황에 알맞은 방식으로 스스로를 개시할 수 있다. 이 다양한 계시들은 서로에게서 자신을 측정할 수 있고, 그 계시들이 신 안에 존재하는 보다 높은 초자연적인 삶을 여는 수단으로서 '단순성'과 '힘'과 '깊이'와의 관계에서 비교할 수 있다. 보다 높은 종교들에 존재하는 모든 신에 대한 신앙 자체는 이것을 요구한다. 그러나 그 신앙은 역시 역사적 사유의 본질 안에 있고, 경험에 의해서 가깝게 존재한다. 왜냐하면, 만약에 모든 역사적 형성과정에서 우리 자신이 느끼거나 혹은 동감하면서, 자신의 것을 발견할 수 있도록 배울 수 있는 이상적 대상들에 대해서 무엇인가를 표현할 수 없었다면, 가설적 감각에서 완성되는 역사적 사유방식은 직접적 체험에 대한 능력이 없었을지 모르기 때문이다. 그리고 경험은 사실 모든 점에서 삶의 문제를 유사하게 전개하고 인도하는 종교적 인격성에서 계시된 유사한 해결책들이 있음을 제시한다. 도처에 초감각적이고 초세계적인 삶의 목적에 대한 근거가 빛 안에 자신을 드러내고, 순수하게 앞서 발견된 자연적 삶에 대한 투쟁을 열어놓는다. 그 차이점들은 개별적이고 역사적 조건들 밖에 놓여 있으며, 단지 계시된 높은 삶의 깊이, 힘, 명료함에 놓여 있다. 그 차이점들이 평가될 수 있는 척도는 지금 확실히 어디로부터든 선험적으로 연역할 수 있는 종교적 이론이나 종교적 형상들의 사실적이고 공동적 개념은 더더욱 아니다. 순수이성으로부터 산출될 수 있는 출발점은 오늘날의 사유에서는 사라졌다. 단지 사실적으로 공통적인 것을 추상화하는 유개념만이 도처에 존재하는 낮은 특징들일지 모른다. 그러나 전체를 향한 본래적으로 결정적인 첨각들을 모으지 못할지도 모른다. 그 척도는 단지 이념들의 자유로운 투쟁에서 먼저 생성될 수 있다. 수많은 인간적 투쟁들이 함께 존재하는 '공생'과 상이하고 투쟁하는 '형성'들에 대한 가설적 공감에서 그 척도는 실천적이고 인격적으로 항상 새롭게 취득해야 하며 체험되어야 한다.

그 척도는 본래적 문화영역을 지배하고, 직접적이고 신적인 것으로 나타나는 이념의 당연성 안에 더 이상 존재하지 않는다. 중세는 이와 같이 척도를 알았다. 하지만 무시간적이고 무역사적이며 필연적 상념의 경우에, 모든 개인에게서 동일한 인식을 산출하는 연속적 이성 안에 그 척도는 존재하지 않는다. 오늘날 우리가 무엇보다 모든 것을 소진할 수 없는 삶의 운동으로서 이해하는 것과 같이, 우리 역시 그 척도를 거대한 역사적 주요 방향을 향하고 있는, 그 삶의 운동에서 관조와 공생을 통해 산출되는 인식으로서 이해한다. 그 척도 자체는 특별한 역사적 사유의 산물이고 지속적 형성의 수단이다. 그러나 척도의 과정이 그들의 규칙에 따라 진행되고 고요히 완성된 이념은 아니다. 종교의 높이와 함께 성장하고, 개인적이며 근본적 계시들의 의미와 개별적 사람의 종교적 생산성에 대해서 소강되어 가는 이념의 경우에 있어서, 그 척도는 역사적 종교들에서 자유롭게 움직일 수 없고, 오히려 자유로운 전개과정 안에 존재하는 그 이념들 사이에서 결단해야만 할 것이다. 그 이념은 역사적이고 실증적 종교에 뿌리를 내려야만 할 것이며, 대략 그와 같은 비교 없이 지금까지 전면에 서 있었고, 무엇인가 내면적 근거에 존재했던 많은 것을 강하게 강조했던 것을 비교를 통해 배제하는 법을 배워야 한다. 그러면 그 척도는 확실하게 개인적 확신의 사태이고, 최종적 근거에서 주체적이다. 한 가지의 척도는 투쟁하고 있는 역사적 가치들 사이에 존재하는 결단을 향해서 유일하고 일반적으로 제시될 수 없다. 동시에 그 자체가 비교와 고려를 통해 얻어진 개인적이면서 도덕적인 확신이다. 순수한 정신 유형의 지배력이 깨어진 곳에 다양하고, 역사적 힘들의 투쟁이 현재화하는 환상과 혹은 실천적인 논쟁을 여는 곳에서 다른 결단은 가능하지 않다. 이 결단은 객관적 근거를 신중한 관망과 빈틈없는 공감과 확신 있는 고려에서 찾는다. 따라서 모든 임의의 다변가는 그와 같은 작업에 대해 능한 것이 아니라, 진지한 도덕성과 경건성, 그 인식의 넓이와 풍부함 속에 결합하는 사상가이다. 모든 사람이 새롭게 문제를 제기하고 해결할 필요가 없고, 문제를 현실적으로 깊이 냉정하게 느끼고, 그 해결을 위해 도덕적인 진지함을 갖고 있는 사람들이 부름을 받는다. 그들의 해결 안에 존재하는 내적 진리와 필연성은 다른 이들을 강요할 것이다. 무엇보다 결단은 순수하게 이론적으로 몇몇의 유럽 학자들과 사상가들과 만나는 것이 아니라, 오히려 항상 넓은 영역과 종교들의 실천적인 투쟁에서 관철되어야 한다. 여기에서 이념 안에 놓여 있는 판단들은 실천적으로 보호되어야 한다. 그러므로 모든 주체성의 경우, 척도는 타고난 지배적인 유형의 단순한 보편화에서 나타난 것과 같은 우연적인 것이 아니라 자신의 머리로부터 매순간 새롭게 세계를 세우고 평가했어야 했던 수많은 변화에 내맡겨진 개별적인 사람의 의견도 아니다. 지금까지 해결해온 모든 삶의 물음들이 오류일 경우, 새롭거나 가능하다고 느끼는 각자의 고집이나 대립적인 형태들 안에서 사물에 대한 평가를 먼저 발견해야만 했다. 이러한 의견은,

지금까지 이상적인 힘들에 의해서 고귀한 형태로 생성된 세계가 갑작스럽게 죽은 네트워크나 불쾌한 혼돈으로 변하게 될 것이라는 기대로서, 자율성의 거대한 이념에 대해 동일하고 병적이면서 초인격적 이해이며, 선입견 없음을 요구하는 오해이기도 하다.

오해에 직면해서 역사적 사유의 본질은, 우리에게 영향력이 있고 우리의 현존재를 이끌어가는 역사에서 얻어진 가치들의 암석층에 명료하게 경계를 정하고 그들의 관계에서 살펴보는 데에 있다. 독립적으로 진보하는 형성과정은 모든 것을 붕괴하는 표사와 함께 사라지게 하는 의지보다는 내적인 힘과 자유를 함축하고 있다. 그중 하나는 이미 존재했었던 것과 모든 믿어진 것에 의해서 곧 쉽게, 그 반대가 가능했을지도 모른다는 추측 이상의 다른 어떤 것도 존재하지 않는다. 그러나 비교에 있어서, 이와 같은 판단 척도가 형성된다면, 그 척도와 함께 비교된 형상들의 '비교 가능성'과 그 형상들 안에 내재된 공동적인 것의 보편가치에 대한 '공동적인 관계'는 진술되었다. 여러 가치들의 비교 가능성과 그들 안에 내재된 공동적인 것과 보편가치에 비교되는 형상들의 공통적인 관계는 진술되었다. 그러나 지금 이 공동적인 것은 사실적인 일치에서부터 추상화된 보편개념이 아니고 또한 모든 역사적 삶에 나타난 공동적 보편법칙이 아니다. 또한 보다 고등종교적이며 윤리적 사유의 형성과정들 안에 내재된 것을 추상화하는 좁은 의미의 보편 개념도 아니다. 오히려 매순간 앞으로 움직이는 목적들과 이상들이 문제이다. 그들은 각각의 삶의 형태 안에서 개별적으로 분류된 현실화를 발견한다. 어떤 방식으로든 완전하게 현실화 될 수 없고 단지 궁극적인 것으로서 현실화의 길로 인도된 최종적인 마지막 목적이다. 나열과 비교 안에서 이러한 노력의 근본 규칙이 나타나고, 다양한 형상들은 서로서로 분명하게 한다. 하지만 그 근본 규칙들이 수렴하는 방향들은 전체를 향해 움직이는 보편적이며 규범적 이상을 암시하고, 그의 본질은 개별적으로 분류되고 개시(開示)된 현상들의 모든 차이에도 불구하고 인식될 수 있다. 그리고 본질은 도처에서 인식할 수 있는 이념을 통해 보다 강력하고 약한 현실화의 판단을 허락한다. 그렇지만 전체로서 완성된 역사 저편에 존재하고 그 안에서 매순간 제약적으로, 개별적으로 분류된 방식으로 파악된다. 그러면 당연히 앞으로 움직이는 최종적인 정신의 목적을 파악하는 방법들의 차이에는 단계가 일어난다. 그것은 고등적 삶의 계시가 명료한지 혹은 강한지의 정도에 따르고 또한 단계에 의해서 이상에 대한 충동이 저 목적 사유에 존재하는 원칙적으로 결정적이고 궁극적인 계시로 귀결하는 사실에 대한 기대가 생성된다. 각각의 새로운 단계는 그들의 측면에서 역사적으로 분류된 정신적 삶의 현실화와 개시를 만들어내야 하지만, 랑케가 진술했던 것같이, 그 점에 있어서 직접적으로 신을 향한다. 그러나 다른 측면에서 그 단계는 궁극적으로 포괄적 작업의 근본적 지반을 준비한다. 그 작업에서는 지속적이며, 항상 개별적이고 일시적으로 분류되지만, 항상 포괄적이며 깊게 파악하는 인간성 앞에 놓인 이상의 작업이다. 그와 같은 역사철학은 확실히 최종적 종말에 대한 개인의 참여와 물음, 즉 세속적 역사 저편에 대한 사유 없이는 대답될 수 없는 질문으로 인도한다. 유일하게 우리 중 각자가 동일하게 많거나 적게 진술할 것을 알고 있는 질문들이다. 그러므로 이 질문은 보편적 사유들 안에 존재하는 추론들과 요청들로 넘겨질 수 있는 물음이다. 개별적인 사람은 그 질문을 그의 현재로부터 미래를 향해서 형성되도록 시도할 지도 모른다.

이와 함께 우리는 규범적이고 보편가치가 있는 개념들과 공동적이고 절대적인 개념에 도달했을지도 모른다. 사실적으로 그의 인간적 현실화에서 산출되는 보편적 대상의 개념이 아니라 공동적으로 앞서 가고 역사 안에서 매순간 다양한 방식으로 강하고 명료하게 시작되지만 항상 앞에서 움직이는 이상의 개념이다. 그와 같은 이상은 동시에 공동적인 것으로 존재하지만, 역사적이고 개별적 방식과는 다른 방식으로는 현실적으로 파악될 수 없다. 그 이상은 역사적 현상에서 그에게 모든 수렴하는 법칙들을 포괄하고 강한 서막을 발견할 수 있고, 그렇지만 그 속에서 완전히 고갈된 것이 아니라, 오히려 그의 새로운 형성을 필요로 하는 원칙적 명료함을 발견할 수 있었다. 그 이상은 단지 공동적 이상으로 존재했지만, 현상들의 법칙이나 보편개념은 아니며 궁극적이고 원칙적인 근본 방향의 출현을 요구하지만, 절대적 현실화는 아니다. 출현은 한 점 위에서 어떤 개념적 필연성을 통해서 제한되지 않지만 다양한 도래 가운데 나타난 힘들이 함께 애쓴다. 일반적으로 그 종교에는 인간적으로 현실화될 수 있고 소진될 수 있는 이념인 종교의 개념도 친숙하지 않다. 오히려 근본 방향이나 특징들에서 인식할 수 있는 완전한 형태 안에서 초월된 이상의 사유가 친숙하다. 그 이상은 끊임없이 역사 안에서 개별적인 제약된 방식으로만 파악된다.

규범적이고 보편가치가 있는 것이 개별적이고 제약된 양식으로 곧 심리학적이며 인식론적으로 인간성 앞에서 움직이고 가치 있는 이상의 개념으로 고려되어 나타난다면, 그 이상 자체는 인간에게는 보다 고등적인 현실성과 순수한 영적 삶으로부터 출현한 영적으로는 개인적이고 내적인 인간의 무제약적인 가치에 근거한 현실성으로서 나타난다. 현실성은 순수하게 자연적 세계에 대립하면서, 이상을 제시하는 사유에서 앞으로 몰아가는 불안함과 갈망 속에 나타난 생산적인 힘이다. 그 사유는 형이상학적 변화를 요구한다. 또한 현실성의 정신적 핵심과 관계하고, 앞으로 진보하는 초감성적 실재로서 모든 이상과 힘의 환원을 뜻한다. 보다 고등적인 정신적 삶이 다양한 방식으로 고양되고 드러나는 계시들은 자연에 저항하면서 목적을 향해 솟아오르고, 그들이 축약적인 표현을 발견할 때까지, 그 점으로부터 각각의 지식과 환상에서 자신을 끌어내는 이상들을 향해 계속해서 수행할 때까지 다양한 점들에서, 즉 여기에서는 명료하고 깊게, 저기에서는 약하고 흐릿하게 발전을 향해서 나아가는 힘들 안에 근거된다. 이와 같은 사유가 사라질 수 없는 발전사유의 핵심이며, 그런 의미에서 영적 삶에 대한 모든 신앙의 요청뿐만 아니라 부분적으로 명료하게 선포된 경험 사태를 의미한다. 확실히 그 시도 - 이상에 대한 사유를 산출하는 인과적 법칙과 일치시키는 시도와 그 사실적인 결과들로부터 질적으로 높은 위치와 소위 역사적으로 증명할 수 있는 개념의 생산으로부터 절대적 현실화를 고려하는 것 - 는 사라져야 한다. 단계들에 대한 법칙적인 사유가능성에 가르침과 변증법은 포기되어야 한다. 동일하게 현상 안에서 그와 관계가 있는 순수하고 여지가 없는 이념의 영향에 대한 가르침은 포기되어야 한다. 그 현상에 의거하여 모든 일시적이고 개별적 형성은 단지 극복되지 않은 것으로서 그 필연적 발전의 관철 방식에 근거한 순수한 절대적 사유의 은폐와 조정으로서 가치가 있을 수 있다. 범논리주의적이고 단일론적 특징을 주장해서는 안 된다. 마치 보편가치가 있는 것이 총체적인 현실성을 산출하는 법칙인 것처럼, 발전은 이념의 현실화 속에 존재하는 단순한 계승이 아니라, 오히려 다양한 점들의 곁에 뒤따르는 절대적 정신의 이상을 향해 정위된 힘들의 출현이다. 자유롭고 정신적인 도덕적 투쟁이 그 힘들의 충돌 안에서 그들이 지닌 가치의 단계들을 측정하기 시작하고, 판단의 중심점을 그 역사 철학적인 총괄로부터 얻을 때까지, 모든 힘은 그 힘 안에 놓여 있는 내용의 다양성을 단지 자신의 영역 안에서 발전시킨다. 여기에서 모든 것은 일시적으로 제약된 개별적 현상들이다. 현상들은 그들의 이상적 내용을 순수하고 보편적 개념으로 해명하려는 것이 아니라, 그를 항상 새로운 상황의 얽혀짐에서 그 상황에 상응한다. 또한 현상들은 개인적으로 형성되고 매순간 순수하게 자연적 토대를 가지고 이념에 대한 증오의 저항과 우연적 상황과 함께 고려해야 한다. 만약 그들 아래에 원칙적이고 전체의 집합점에 대해서 능력이 있는 현상이 존재해야 한다면, 개별적이고 역사적 사건이 존재할 수 있고, 사건은 이념의 내용을 다시금 동일하게 개별적 관계들 안으로 이끌기 위해 그 내용을 최초의 형태와 관계들로부터 용해시킬 수 있다.

인간은 무한히 풍부하고 유동적인 현실성 전체로부터 개별적 측면들을 추상화할 수 있지만, 그들의 보편적 요소들은 자연법칙들로서 그리고 그들의 법칙망 안에서 형성된 질적이고 역사적 형태들을 개인들로서 분리할 수 있다. 그러나 가치 단계의 높이와 같이 결과들의 필연성이 전체의 통일적 법칙들로부터 추상화될 수 있는 구성적 발전의 전체로서 양자를 다시금 구성할 수 없다. 오늘날 헤겔의 영향 하에 여전히 호평 받고 있는 발전사유는 모든 형태에서 수행될 수 없다. 그 발전개념은 직관과 예감에 머무른다. 학문은 단지 개별자에 대한 개별자의 인과관계를 확고하게 세울 수 있고, 다른 측면으로는 척도 형성을 위한 조건들을 세울 수 있다. 척도 자체는 역사적 순간의 창조이고, 그 자체는 미래를 향한 지속적 발전의 수단이다. 그 척도 자체는 총체적 발전의 법칙으로부터 분명히 추론할 수 없고 오히려 역으로 그 법칙에 대한 예감은 현재적인 상황으로부터 형성된 척도를 통해 규정된다.

그러나 그렇게 이해된 발전개념의 활용에는 지금 종교사가 여전히 특별한 위치를 취한다.[25] 국가와 공동체, 예술, 학문의 문화적 내용들은 확실히 총체적으로 객관적이면서 효력 있는 가치들과 이념들이다. 그 이념들은 자연적이고 주체적 욕망에서 나온 것이 아니라, 그에게 새로운 높은 세계를 개시한다. 만약 그 내용들이 보다 높고 정신적 현실성 안에 존재하는 이 세계의 근거와 총괄을 암시한다면, 그 한도 내에서 항상 종교의 요소를 함유한다 할지라도, 그들

---

25) 나의 논문 "기독교와 종교사"(Christentums und Religionsgeschichte), 전집 2권 328-363을 참조하라.

은 항구적으로 변할 수 있다. 또한 항상 새로운 관계들을 창조하는 자연 현실성을 향하고 있으며 그것을 통해 중요한 전환에서 모든 단순성에도 불구하고 항상 새롭고 복잡한 문제들의 근본사유에서 벗어나 있다. 그와 반대로 그의 본래적이며 좁은 의미에서 볼 때, 종교적 체험 안에서 신적인 것을 향해서 고양하는 종교는 역으로 영원하고 지속적인 것으로 향한다. 그러므로 종교는 모든 문화에 대한 상대적 긴장 안에 존재한다. 종교는 직접적이고 내적으로 존재하는 신적인 것의 현재는 아니지만, 먼저 세계 현실성과 인간적 작업에서 볼 수 있는 신적인 것의 현실에 대한 참여이다. 문화는 종교에 그들의 궁극적 전제를 가지고 있으며 최종적 근거를 가진다. 그러나 직접적이고 내적이며 신적인 것의 현재와 영원하고 지속적인 모든 영적인 삶의 근거와의 관계에서 가장 집중적이고 단순한 모든 삶의 내용이 거친 흔들림과 다양한 계시 밖에 놓여 있어야 한다는 사실은 종교적 사유의 가장 외적인 단순함을 드러내는 일일 뿐만 아니라 불가능하다. 이미 문화의 내용이 모든 기본 방향에 있어 관계적으로 단순하고 지속적이라면, 종교적 사유와 종교적 힘은 철저하게 몇몇의 크고 작은 계시들 안에 나타난다. 그와 함께 다음의 기대, 그의 원칙적 의미가 인간적 역사의 상승에서 계시되고, 우리를 위해서 아마도 세계와 동떨어진 급증하는 혼동의 지점에서 계시되지 않는다는 사실은 정당하다. 그러므로 우리가 모든 중요한 문화의 내용들이 산출되었다는 사실을 확신할 경우에, 또한 그 확신에서 우리가 무제한적인 작업을 할 수 있다면, 그만큼 우리는 종교의 경우에서 확신을 짧은 순수함으로 여길 필요는 별로 없다. 만약 우리가 그 확신이 원칙적인 내용들을 우리에게 이미 계시해왔고 조직적인 점으로부터 영적 삶의 통일성과 관계를 얻는 것이 보다 가치 있다는 사실을 기대한다 해도 그럴 필요는 없다. 마치 도처에 영적인 주요한 주제들이 작업이 되는 만큼 여전히 높은 위치에서 종교적 사유에 의해서, 그 종교적 사유가 그의 원칙적 명료함을 그 상승 안에서 발견해왔다는 사실은 기대될 수 없다. 그러므로 종교적인 사유가 매우 적지만 영향력 있게 나타나면서 다양한 것들의 목적 없는 놀이가 아니라, 순수하고 깊은 신에 대한 사유의 승리가 기대될 수 있다.

그러나 종교사적 고려는 어떤 학문적 종교 혹은 혼합적이고 공통적인 것을 추상화하고 곧 중요한 차이들을 간과하는 종교의 보편 개념을 찾는 것이 아니라, 역사적이며 실증적이고 종교적 힘들과 계시들 안에서 이것을 가르친다. 이미 문화 내부에는 주요하고 새로운 해명이 거의 존재하지 않고, 중요하고 근본적인 방향들의 작업과 함께 개별적인 뉘앙스가 증가한다. 하지만 생산적인 개인의 행위가 적어지는 것과 같이, 여전히 높은 단계에 있는 종교 영역에 그 경우가 존재한다. 역사의 상승과 함께 개인들의 생산적이면서 종교적 개인들의 힘은 항상 적어진다. 왜냐하면 종교적 이념들은 깊고 강력해지며 개인들의 종교적인 작업은 항상 중요한 계시들의 경향성으로 들어가기 때문이다. 계시에 대해 개별적 기분과 사유의 차이를 둘 수 있다. 보다 높은 종교의 구속과 헌신에 대한 열망과 종교적인 무기력과 약함은 단지 종교의 높은 이상들과 힘의 어둠의 이면이고 그와 함께 "더 이상 여기에는 개인이 임의로 종교적인 힘들과 사유를 만들어낼 수 없다"는 주장이 존재한다. 그러므로 동시에 역사의 상승과 함께, 특별히 종교적 삶은 보편적이고 정신적이며 문화적 상황으로부터 항상 날카롭게 자신을 구분한다. 열정적이고, 편협하게 종교적 인격성들이 항상 모든 종교적인 힘의 무리로서 분명하게 나타나고, 그 종교적 힘들로부터 다양한 종교적인 움직임들을 변화시키는 힘들이 나타난다. 확실히 현대적 상대주의자들과 개별주의자들은 그 사실을 간과하고 지금까지 거대한 종교의 기만이 벗겨진 후에 각자가 유한하게 발견된 역사적 상대주의에 자신의 기반을 세웠다. 또한 그 역사적 상대주의가 본래적인 종교의 발견을 통해서 증가될 수 있다고 믿는 그들은 지금 책들과 소책자들의 종교를 위한 시간이 왔다고 믿는다. 하지만 그들은 곧 역사의 가르침들을 이해하지 못한다. 왜냐하면 이 가르침은 우리에게 사태의 내적인 근거들로부터 보다 높이 발전된 종교가 역사적이며 실증적인 대상에 결합된 상태로 머물러 있고, 그 대상을 파기하지 않으며, 지속적으로 그 대상을 해체하고 분리하면서, 그 지속적인 길을 취한다는 사실을 보여주기 때문이다.

단지 새롭고 순수하지만 동시에 많은 이상적인 것들로 채워진 국민성의 깊이로부터 나타날 수 있는 새로운 종교는 우리의 세계를 안전하게 만들어내지 못할 것이다. 새로운 종교는 기껏해야 본성에 따라 항상 통일적이지 못하게 될 우리의 학문이 될 것이다. 우리는 존재하는 주요한 종교적 힘을 향해서 보낸 상황에 있으며, 한편으로는 자연주의적 무신론과 같은 회의와 무정부 상태와 같은 문화의 질병들에 대항하여 그 힘을 방어해야만 한다. 다른 측면에서는 그 힘들을 새롭고 지적인 지평 위에 세워야만 하고 매순간 새롭고 윤리적이면서 사회적인 과제에 적응해야만 한다.[26]

역사의 판단은 우리를 그와 같은 고려로 인도한다. 이 고려는 확실히 역사철학이며 그 전제 하에서 엄격한 학문은 아니다. 그러나

---

26) 이와 관련하여 단지 "종교의 독립성"(Die Selbständigkeit der Religion)과 "형이상학과 역사"(Metaphysik und Geschichte, ZThK 8, 1897)와 같은 나의 논문들에서 앞서 수행되었고, 그 전제하에서 종교개념의 이상적인 것과 함께 저 논문들에서 이미 깨어진 것보다 더 심하게 깨어졌다. 그 밖에 나는 내 생각과 가까운 오이켄의 새로운 《종교진리의 내용》(Der Wahrheitsgehalt der Religion, Leibzig 1901)을 소개한다. 단지 오이켄 역시 급격하게 절대성의 문제를 해결한다. 그렇지만, 그 묘사는 사실적인 자연의 소여성과의 투쟁 속에 드러나고 움직이고, 이 투쟁에서 항상 단지 그의 원칙적 개시와 분명함을 경험하고, 그러나 결코 그의 완전한 현실화를 경험하는 이상의 이념에 의해 지배되면서 그의 본래적인 묘사는 구성의 전제들을 파괴한다. 그 사이에 계속해서 오이켄의 《우리는 여전히 기독교인일 수 있는가?》(Können Wir noch Christen sein, 1911)를 비교하라.

학문은 단순히 정확한 학문일 뿐만 아니라, 그렇지 않으면 학문은 수학과 자연과학에, 대략 엄격하게 동기 심리학적인 연구에 자신을 제한했을 것이다. 따라서 오히려 내적인 삶을 위해서 가장 중요한 과제들은 정확하거나 엄격할 수 없는 영역에 놓여있다. 왜냐하면 도처에 존재하는 모든 실천적이고 주체적 평가들과 입장이 함께 나타나기 때문이다. 그 영역은 참여를 배제하고 자연과학적이고, 혹은 정확한 역사적 방법을 그 영역에 활용하는 모든 시도들에 있어서 부분적으로는 망상으로 인도하며, 부분적으로는 진부함에서 나온 인식을 거절한다. 그러나 다른 측면에서 그 영역은 학문적 자기 상념을 포기하는 실천으로 넘겨질 수 없다. 왜냐하면 그 실천 자체는 오랫동안 학문적 영향 아래에 서 있고, 단지 불규칙하고 끝나지 않은 영향 아래에 있기 때문이다. 그 결과 실천은 지속적으로 순수한 선입견들과 회의적인 혼란함 사이에서 흔들린다. 학문적 탐구는 그렇게 머물러 있고, 능력에 따라 역사적 경험의 현실성을 포괄하고, 그로부터 분명한 비교와 숙고를 통해 규범들을 얻기 위해서 노력한다. 역사는 지속적으로 규범의 관철이 아니라 규범이 출현하는 지반이다. 역사적으로 묘사된 효과적 규범은 지속적으로 가치가 있고 우리에 의해 인정될 수 있는 규범이 아니다. 그러나 그 계시는 우리의 가치 있는 규범을 발전시킬 수 있는 원칙이다. 규범의 사태에 대한 입장은 인간적 정신규정에 대한 인정이라는 의미에서 일반적으로 서약한 것보다 높은 현실성의 규범에 순종하는 것, 그렇게 계시하는 모든 규범이 최종적이고 통일적이며, 절대적으로 필연적 가치에 대한 사유로 결국 흘러들어간다는 사실에 대한 신뢰와 최종적 역사가 영원히 초월적인 것으로 존재할 수 있지만, 이 목적과 이상으로서 움직인다: 이 양자의 명제들은 역사철학의 전제들에 속하고 최초에 그 역사철학을 근거하는 주체적 요소들이다. 그 요소들로부터 모든 지속적인 것이 나온다. 역사는 본래적인 학문의 영역이다. 왜냐하면 개별적이고 유일회적인 영역에 속하기 때문이다. 그러나 이 개별적이고 유일회적인 것에는 동시에 매순간 보편가치가 있는 것, 혹은 보편가치가 있는 것과 관계하는 것이 해명된다. 그 유일회적인 것과 보편가치가 서로에 대해 올바른 관계를 세우는 일이 가장 어려운 문제이다. 계몽은 그들의 눈을 보편적으로 가치가 존재하는 곳에 집중해왔다. 독일 이상주의는 시적 깊이와 정당성을 가지고, 다양한 가치를 보아왔고 그는 다양한 가치를 무익하게 그의 형이상학적인 발전이론을 통해서 억압하려고 시도하면서, 오늘날 무제약적 상대주의에 문을 열어왔다. 계몽에 대한 이해는 인간적 에토스의 근본적 충동에 대단히 가깝게 서 있고, 역사의 기본 방향을 현재적 역사의 현미경적인 의미보다 정확하게 본다. 그러나 궁극적 역사의 발견은 우리에게 깊이와 풍요로움과 삶으로 가득한 세계를 선사해왔지만, 다시금 계몽에 대한 역사의 관조를 보다 진실하게 생동적으로 불러일으켰다. 그와 같이 상대적인 것과 개별적인 것의 다수를 항상 매우 좁게, 경계를 좁히는 것이 가치가 있다. 또한 그 안에 영향력 있는 보편가치를 항상 총체적으로 그의 목적 방향에서 인식하는 것은 가치가 있다. 그러면 우리에게 상대적인 것 안에는 필연적인 것과 필연적인 것의 암시가 머물러 있다. 그리고 괴테가 다음과 같이 진술한 역사 저편에 놓여 있는 절대적인 것의 시작이 존재한다.

"너는 이상의 나라로 오지 않는다"
그렇지만 나 역시 주위에 대해서만 인식한다.
그 섬들을 정복할 수 없다고 믿는 자에게 그 닻을 내리는 것은 허락되지 않는다.

4. 종교사적 비교의 결과로서 기독교의 최고 가치

우리는 상황에 대한 고려로부터 주어진 결과들을 이끌어내 본다. 역사적 사유방식은 우리에게 가치가 있고, 종교적 신앙에 근거된 가치 체계에서 조직될 수 있는 최고의 종교적 진리로서 기독교 이해를 배제하지 않는다. 이와 같은 결과가 형성될 수 있다. 그러나 지금 본질적인 질문만이 여전히 남아 있다. 역으로 역사적 사유방식 역시 긍정적으로 우리를 위해 가치가 있는 종교적 이념들과 삶의 세계로서 기독교의 인정을 포함하고 있는가? 이 실천적으로 결정적인 물음을 지금 지속적으로 해명하는 것이 가치가 있다.

이 물음에 대한 대답은 이미 수행된 것과 같이, 개인적 확신의 사태이고 확실히 독립적 고려와 근원적으로 결정적인 기독교의 절대화로부터가 아니라 비교하는 관조와 가설적으로 체험할 수 있는 가치들의 내적 작업으로부터 나타난다. 첫 번째 경우, 사실적으로 바르고 실천적으로 다양하게 만족에 이르고 싶어 한다. 그러나 보편적이고 종교적 정신의 상황으로부터 나타난 문제들과 어려움들에 대해 고려하는 상황은 아니다. 그와 같은 증언은 분명히 최종적 근거 안에 존재하는 근거제시에도 불구하고 고백에 머문다. 그리고 그 고백을 하면서 다음과 같은 모든 사람들 단지 엄격하게, 수학적인 방식으로 증명할 수 있는 진리들을 인정하려고 하거나 직접적으로 놓여 있는 경험의 내용들을 넘어서는 행위를 단지 안개가 자욱한 환상과 자신에게 집착하는 환상으로서 고려하는 의 조롱과 반박에서 벗어나게 된다. 유일하게 세계인들의 반박과 조롱 없이 일반적으로 종교적 확신들이 존재하지 않는다. 오히려 종교적 천박함이 존재한다. 그러므로 종교적인 확신성들은 학문적 사유의 단일 축이 아니라, 그들의 사유 안에는 현실성의 부분이 숨겨져 있다. 그들이 현실적으로 소유했을 때, 그들에게 접근할 수 있는 부분은 거대한 폐쇄성과 명확성, 그리고 자족성에서 나타난다. 따라서 고백은 동일하게 묘사하고 있는 것과 같이 학문적 의미와 사유와 함께 철저하게 모순 없이 존재한다. 그 사물에서 내적 삶이 유력하게 고양되는 순간에 드러난 후체험과 본받아 사는 삶에 근거된 고백 이상 다른 어떤 결단이 존재하지 않는다.

하지만 내 생각에 따르면, 인간이 기독교를 역사적 현상에서 이해하는 한, 그 제기된 문제에 대해서 지금 모든 현재적이고 종교적 위기에 따른 어려움에도 불구하고 기독교에 대한 완전히 안정된 고백이 답이 될 수 있다. 그 대답으로서 기독교는 이스라엘의 예언자주의와 예수의 설교, 바울의 신비, 플라톤주의와 스토아주의의 이상주의, 종교적 사유와 유럽적 문화의 통일성의 중세적 합류, 루터의 독일적 개별주의, 개신교의 행동성과 양심(Gewissenshaftigkeit)을 통일시킨다. 그 통일성은 우리의 총체적 문화와 내적 본질관계와 가능성을 의미한다. 통일성으로부터 비롯된 종교적인 새로운 형성의 철저한 불확실성과 다른 측면에서는 다양하면서 새롭고, 문화 속에 불어 닥치는 통합들이 존재한다.[27]

낮은 단계의 다신론과 수많은 악마론은 종교적인 문제의 실천적 해결을 위해서 고려되지 않는다. 그들은 종교의 최종적인 심리학적으로 이끌어낼 수 있는 가능성에 대한 물음과 종교의 시작에 대한 물음을 위해서 학문적 의미만을 갖는다. 첫 번째 문제는 우리의 관계 속에 속하지 않고 대답될 수 없다. 두 번째 문제는 여기서 해결된 것처럼 보이지 않는다. 단지 종교의 보다 높은 단계와 특징적 단계에 존재하는 이끌어낼 수 없는 특성들을 희미하고 어두운 종교들의 분석을 통해 논쟁하려는 시도는 오류이고 환상이라는 의미에서 그렇게 보인다. 그 밖에도 보다 높은 단계의 다신론들은 그 종교들에서 비롯된 영향력이 있는 역사적인 보편종교들과 철학적이고 합리적 종교비판을 역사적으로 이해하기 위해서 큰 의미를 가진다. 그

---

27) 나의 논문 "기독교의 본질은 무엇인가"(Was heißt "Wesen des Christentums," *Christliche Welt* 1903, GS II, 386-451).

러나 직접적이고 현실적 비교는 분명하게 그 의미세계에 출현한 절대적이고 역사를 초월하는 신들의 초감각적인 세계와 주요한 보편 종교들을 요구한다. 우선 그 종교들은 국가, 혈연 그리고 장소와 자연적으로 결합하면서 자연적 힘들과 그 현상들에 존재하는 신성이 얽혀지면서 나타난다. 그들 안에는 감각의 세계에 직면해서 보다 높고 영적이며 영원한 세계가 폐쇄된 상태로 나타난다. 그 결과 종교에서 완전하고 모든 것을 자신과 관계시키는 힘이 자란다.

다른 한 편 그들 아래에서 압도적인 법의 종교들은 대단히 적게 그 깊이로 들어가는 힘들이다. 그들은 양쪽의 힘을 서로의 곁에 세우고 보다 높은 영혼의 본성 안에 놓여 있는 힘을 투입하면서 보다 높은 힘으로서 상승을 요구한다. 우선 구속종교들은 양자의 세계들 사이의 틈을 완성한다. 그리고 신적인 힘이 충만한 상태로 인간을 그 현실성에 대해서 세우기 위해서, 그리고 그것을 통해서 세계를 극복하고 세계의 유일한 가치를 묘사하는 선을 지키기 위해서, 승리에 대한 분명한 소망과 보다 높은 세계를 위한 삶의 희망과 함께, 앞서 발견된 총체적인 현실과 그의 본래적인 영의 본성으로부터 내적으로 인간을 분리해 낸다. 이스라엘의 예언자주의의 양쪽 가지로서 뻗어나간 유대교와 이슬람교는 주요 특징에서 볼 때 율법 종교들이다. 그들에게서 자연적이고 특수한 연관성들은 철저하게 극복된 것은 아니다. 그러나 구속 종교들 아래에는 먼저 예언자주의에서 비롯되고, 기독교는 그를 핵심적으로 넘어서는 종교이다. 그 세계로부터 신과 영혼들의 원칙적이고 완전한 분리, 자연을 형성하고 극복하며 무제약인 가치들을 형성하는 인격성의 영역으로 양자의 지양, 세계의 깊이로부터 나타나는 필연적이고 매순간의 행위 안에서 스스로를 현실화하는 무제한적 가치를 통해서 순수하게 존재하는 모든 것과 주어진 모든 것의 극복. 그 곁에는 인도적 구속종교의 유형이 있다. 여러 가지 관점에서 볼 때, 그 곁에서 신플라톤주의와 소위 영지주의로 달려가는 후기 고대의 종교적인 요소들이 자라났다. 그들 안에서 신성의 사유는 자연적 종교들의 오래된 근원으로부터 자란다. 또한 그 사유는 이미 문화적 다신주의에서 이르게 된 윤리화와 인격화의 시작들을 다시금 삼켜 버린다. 신성은 순수하고 최상의 존재이며, 최고의 세계질서이다. 그들과의 관계에서 세계의 과정은 혼탁함과 유한화이다. 따라서 구속은 세계과정의 반복된 지양이며 순수한 의미에서 모든 인격적인 것의 쇠퇴이다. 그의 실존과 가치는 그 종교적인 감정을 위한 문제가 아니다.

역시 유대교와 이슬람교와 같은 율법종교는 구속의 종교에 대한 그들의 약속 안에 존재한다. 역시 높은 다신론으로부터 종교적 자기 숙고는 신비적 요구들과 구원을 선포한다. 오로지 법적 근거 위에서 구원은 항상 자기 자신으로부터 창조하는 영혼 본성의 수행에 달려 있고, 근원적인 자연종교들의 지반에서 구원하는 신적인 것은 항상 사물적 존재로 머문다. 이 사물적 힘은 생명력 있는 힘과 행위를 소유하지 못하고 세계로부터 영혼들을 끊어낸다. 또한 사물적 힘은 그들을 다시금 세계에 대해 대립적으로 세우면서 변화시키는 것이 아니라, 오히려 자기 외화와 영혼들의 사유 노력 안에서 순수하게 인격적이고 영원히 존재하는 사물로서, 최종적으로 주어진 것과 사실적인 것의 추상화로서 파악되어야 한다. 그 상황은 기독교에 대립하는 플라톤적이고 어두운 혼합주의적 구속 이념들의 전단계에 대한 기독교의 관계를 규정할 뿐만 아니라, 무엇보다 인도적 구속종교들의 대한 기독교의 관계를 규정한다. 구원을 추구하는 신적 힘들은 개인적 삶의 경험을 통해서 예언자주의가 그들을 묘사한 것 같이 사라지지 않는다. 오히려 브라만적 우주론과 불교적 경건주의는, 마치 종교적이고 윤리적인 자기 침잠이 구속적 사유를 변증적 힘과 함께 묶인 채로 자연종교의 기반 위로 가져오는 것과 같이, 구속적 종교사유의 양자적 형성이다. 그 신성은 절대적 일자가 되고 영원히 변할 수 없는 것이 된다. 그에 대해 세계 안에 존재하는 모든 유한적인 것과 사라질 것은 모든 고통과 기쁨과 함께 단지 현상으로 존재하고, 신성이 영혼들을 신과 함께 절대적이고 구별이 없는 통일성으로 녹이면서, 그 인식을 세계로부터 자유롭게 만든다. 혹은 신성은 완전하게 세계 결과들의 순수한 질서가 되고 세계 뒤에 서 있는 복된 '무'가 된다. 그 무로의 사변이 아니라, 실천적 의지를 끊음이 모든 유한적 대상의 본질 상실과 가상 가능성에 대한 인식과 함께 엮인 채로 인도된다. 이 양자의 경우에서 진정한 세계의 대립에 대한 깊은 종교적 감정들과 자기 극복 또는 세계 극복에 대한 윤리적 사유가 가상세계에 직면하여 효과적이다.

한편으로 신성은 존재자의 최종적 추상화이며, 창백한 일자이다. 따라서 그 일자를 향해서 단지 사변과 금욕을 통한 자기 구원이 인도된다. 다른 한편, 그 신성은 의지를 끊고 올바른 인식을 통해 자기 구원을 가능하게 하고, 승인과 함께 그 자신의 무에서 영화로운 왕관을 씌우는 철저하게 순수한 질서이며 순수한 운명이다. 여기에는 세계와의 대립에 존재하는 보다 높은 세계의 진리와 힘과 삶이 부족하다. 그러므로 동시에 그 세계는 인간을 해방할 수 없고 변화시킬 수 없으며 본질적 작업과 자연적 영혼들이 힘을 제시하는 가운데 해명된 것에 의해서 찾아져야 한다.

사실상 기독교는 많은 종교들 아래에서 가장 강력하고 최상으로 집합된 인격적 종교성의 계시이다. 실제로 기독교는 그 이상의 종교이다. 유일하게 기독교만이 도처에서 느끼게 된 보다 높은 세계와 낮은 세계를 급진적으로 파괴시키면서 철저하게 유일한 위치를 승인한다. 기독교는 사물적이며 사실적으로 주어지고 함께 수반된 현실성을 행위와 내적 필연성으로부터 비롯된 보다 높은 세계를 통해서 세우고, 변화시키며 지양한다. 또한 세계와 죄책 안에 얽혀진 영혼들을, 세계에 대해서 대립적으로 나타나면서도 그들을 붙드는 신의 사랑과 결합시키면서 그들의 구원을 가능하게 한다. 기독교는 자연종교의 한계와 조건들을 수반한 유일하고 완전한 전환점이며, 무한히 가치가 있고 모든 다른 것들을 제약하고 형성하는 개인적인 삶으로서 보다 높은 삶을 제시하는 종교이다. 기독교는 세계를 부정하지만 단지 표면적이고 자연적 의미가 세계에 붙들리고, 악이 그 세계 안에서 강해지는 한 그렇다. 기독교는 세계가 신에 의해서 존재하고 신으로부터 비롯되며 신에게로 인도된다고 느끼는 한에서 세계를 긍정한다. 부정과 긍정은 그렇지 않으면 아무것도 체험될 수 없는 것처럼, 진실하면서 최고의 세계를 힘과 독립성 안에서 함께 가져 온다.

비존재와 초존재를 향한 사유의 '구속'과 모든 생동성의 근거와 유효한 가치들의 근거와 주관적 인격성의 참여에 대한 신실한 신뢰를 통해서 일어나는 '구속' 사이에 결단이 존재한다. 이 결단은 종교적 자기의식의 결단이고, 학문적 증명 수행에 대한 결단은 아니다. 삶의 보다 고귀한 깊이와 보다 높은 이상의 설정은 철저하게 종교의 인격적인 측면에 존재한다. 하지만 세계의 상태를 경험적으로 고려하기 위해서 그와 같은 종교가 사태에 따라 어려운 문제들을 제시하는 만큼, 또한 그 결단들이 순수하게 종교적 증언일수록, 순수한 자의성의 결단을 이끌어내는 데에는 부족함이 없다. 만약 우리가 일반적으로 종교들에 대해서 공감하고, 그 종교들에 계시되는 힘들에서 실험하고 그 내적 증언의 필연성에 의해서 이끌린 채로 보다 높고 깊은 단계에 대해서 진술한다면, 종교사적 사유는 모든 경우에 기독교가 모든 것과 함께 원칙적으로 유일한 위치를 취한다는 사실을 보여준다. 뿐만 아니라 종교사적 사유가 동시에 개별적 논문들과 그 지시들을 우리가 느끼는 공통적 이상에서 요약하게 된다는 사실을 제시한다. 지금까지 사유에 있어서 동일하게 그 척도와의 연관관계에서 수행된 것과 관계하는 만큼 종교사적 발전이념에 대해서 진술된 것이 관계한다.

　모든 주요한 종교들에서 우리는 경험적으로 친숙한 근본 사유와 힘과 충동을 느낀다. 또한 우리는 그들의 내적 작업이 대단히 강하게 애를 쓰며, 종교적 힘이 매우 깊이 있게 영향을 끼치고 있음을 느끼게 되는 방향들을 즉시 발견하게 된다. 그리고 우리는 도처에서 찾게 되고 위치에 따라 강력하게 표현되지만, 도처에서 어렵게 넘어설 수 있는 한계에 반복적으로 묶인 채 머물러 있는 공통적인 것을 묘사하게 된다. 직관적으로 볼 때, 보다 높은 영적인 삶이 움직이는 4가지 근본적 사유의 그룹이 존재한다. 신, 세계, 영혼들, 그들의 내적 관계에서 현실화되는 보다 높고 초세계적인 삶, 초세계, 그 사유의 그룹들은 보편적 문화의 확실한 유동성과 높이를 전제하는 특별히 종교적 사유지만, 단지 경우에 따라서 학문적 반성의 개념들과 함께 접촉한다. 이 사유관계에서 생성된 모든 사유와 그들의 대립적 관계에서만 얻어진 이상들이 기독교 안에서 완전한 독립성과 힘에 도달되었다는 사실을 지시할 수 있다. 신의 개념은 도처에서 통일화, 정신화, 도덕화, 세계와 영혼들의 대립에 대한 경향성들을 갖는다. 이 양자의 최종적인 것들은 다시금 상대방과 신사유의 날카로운 대립에 대해서 형성된다. 그러나 이 대립이 증가하면서 동시에 감각의 경험 저편에서 그 대립을 이미 극복하는 보다 높은 삶에 대한 감각과 구속에 대한 참여가 존재한다. 상이한 위치에 나타나고, 매 순간 가장 강력한 종교적 힘들을 선포하는 경향성들은 기독교 밖에 묶인 채 존재하고, 자연적 존재와 영향에 대한 신의 근원적 관조를 통해서 순수하게 존재하고, 먼저 자신의 헌신과 행위 안에 생성되는 존재로서, 인간의 사유를 통해서 방해받은 채로 머물러 있다. 율법 종교들은 신적 정신의 의지를 선포한다. 그러나 그들은 자연적 인간이 세계를 극복하게 한다. 비기독교적인 구속종교들은 세계를 삼키고 신의 실체 안으로 인간을 삼킨다. 하지만 그와 함께 신의 본질에서 긍정적 의미와 각각의 내용을 상실한다. 단지 기독교만이 자연종교적 감정의 잔재를 극복하고 살아 있는 신성을 계시해왔다. 기독교는 순수한 존재자를 가지고 있는 영혼들과 다투고, 이 다툼에서 자신과 함께 연합시키는 순수한 모든 존재자들과의 대립에서, 그 영혼들을 마치 세계에 존재하는 죄와 고집으로부터 깨끗해진 것처럼 안전하고 행복하게 하나님 나라와 순수하게 인격적 가치들의 나라를 건설하기 위해서 영향력을 갖게하기 위한 행위와 의지를 갖는다.[28]

그와 같이 기독교는 종교가 모든 인식할 수 있는 발전 방향들의 최고점으로서 뿐만 아니라 수렴점으로 존재해야 한다. 그러므로 다른 종교들과의 비교에 있어 원칙적으로 새로운 삶의 고지와 중심적인 요약으로서 표시해야 한다. 기독교는 보편적이고 추상에 의해 세워진 종교개념의 현실화와 함께 동일한 의미가 아니라는 사실은 반복될 필요가 없다. 기독교는 종교적 이상이 여기에서 먼저 결정적이고 새로운 규정성을 경험하는 그의 특수함과 특징적인 요소들에서 최고점으로 존재한다. 그러나 동일하게 최상적이고, 다양한 종교적 삶의 계시는 모든 개별적이고 일시적이며 역사적 현상들의 제한과 함께 존재하는 역사적 사태라는 사실과 기독교가 그 현상들을 지구에서 가능한 형상 안에 장애물들을 갖는다는 사실은 잊혀질 수 없다. 그러므로 엄격한 확실성을 가지고도 다음 사실, 즉 기독교가 최종적인 최고점으로 머물러야 하며 모든 넘어섬이 배제되어 있다는 사실은 증명될 필요가 없다. 인간이 기독교 안에서 인간 본질의 깊은 요구들이 충족되어 있는 상태로 발견할 수 있는 만큼, 기독교가 주요 사태에서 먼저 느끼는 요구들이 존재한다. 그리고 최상의 계시가 여전히 깊은 요구들을 덮기 원한다는 사실을 배제할 수 없다. 사실 지금까지 기독교를 넘어섬에 대한 진술이 너무 적게 존재하는

---

28) 나의 논문 "종교의 독립성"(Die Selbständigkeit der Religion, ZThK 1896) 186-205 사이를 비교하라.

만큼, 오히려 최상의 종교적 힘이 그로부터만 얻을 수 있는 만큼 역시 강압적인 증명을 이끌어 낼 수 없다. 여기에서 그 증명들은 중단되고 단지 자기 자신에 대해서 확신하고, 분명히 어떤 것도 우리에게 확실히 새로운 최고의 종교를 만들 수 없고, 기독교가 앞서 간 모든 종교들에 대해 원칙적으로 새로운 단계였다는 사실과 삶의 모든 확장과 깊이가 오직 그의 지반에서 완성되었다는 사실을 인식하게 되는 신앙만이 존재한다. 따라서 신앙은 기독교를 인간성의 내적인 삶이 지속적으로 움직여야 하는 종교적 수준의 상승으로서 고려해야 한다. 그러나 우리는 절대적이고 변화가 없는 완전한 진리로서 기독교를 사유할 수 없고, 우리 자신을 우리 밖에 존재하는 역사적 사유의 요구와 기독교 자체로 불러낼 수 있다. 왜냐하면 그의 본래적이고 중심적 근본 사유는 기독교가 신적 삶에 대한 참여의 문을 열고, 그에 대해서 확신과 힘을 제공하지만, 먼저 미래가 절대적 진리를 신의 심판과 세속적인 시대의 고요함으로 나타나게 할 것이기 때문이다. 그의 본래적 사유를 위해서 절대적인 것은 역사 저편에 놓여 있고 기독교는 여전히 다양하게 감추어진 진리이다.

만약에 일반적으로 모든 것이 한 번에 고려된다면 그 가능성 - 우리의 전체적이고, 고대의 기독교적이며 유럽적 문명화가 다시금 야만성으로 던져질 수 있다 -이 고려되어야 한다. 그 사실은 기독교의 종말이 그의 오늘날의 모습과 예수의 인격성과 남겨진 역사적 근거들에 대한 관계에서 해명하게 될지도 모른다. 그러나 인격적인 구속 사유의 진리와 가치는 그와 함께 해결되지 않는다. 인간이 인간성에 대해 수 십 만년 동안 실존하면서 생각한다면, 다른 역사적 형태에서 인격적 종교가 다시금 도래하고, 반복적으로 나타나고 새롭게 형성한다는 사실을 생각해야 한다. 그것은 단지 외형적 가능성들이다. 사람들은 그 가능성을 눈 밖에 두어서는 안된다. 불확실함과 회의에 대한 모든 잔재를 파괴하기 위해 사람들 역시 그 안을 보아야 한다. 역시 그들에게 직면하여 우리는 기독교에서 구체화된 인격적인 구속종교를 무엇인가 해결되고 극복된 것과 쇠퇴하면서 규정된 것으로 이해하게 될 근거를 가지고 있지 못하다.

5. 기독교의 역사적 제약성에 직면한 신앙의 확실성의 물음

우리는 여기에서 이 질문들에 대한 결과를 생각해 보자. 예언자들과 예수에게서 근거되고, 성서에 나타난 그들의 고전적 주요 증언들을 소유하고, 고대와 게르만 민족과의 융합 속에서 무한한 정신적 유산을 발전시키는 인격적 기독교로서의 구속종교는 우리가 인식하고 있는 가장 최상의, 논리 정연하게 발전시킨 종교적 세계이다. 그 진정한 삶에 존재하는 것은 역시 모든 사유할 수 있는 지속적 발전에서 삶으로 머물 것이고, 동일한 발전에 의해 포괄되거나 부정되지 않을 것이다. 혹 우리가 문화의 가능한 중단과 후퇴와 정신의 발전을 생각해야 한다면, 우리는 그 삶이 새로운 상승에서 유사하게 다시 돌아올 수 있다고 기대해야만 할지도 모른다.

그 삶은 우리의 상황이고, 단지 그런 의미에서 기독교의 절대성은 주장될 수 있다. 삶은 그 주장이 나타나는 현재의 절대적 결단과 역사적이고 상대적 발전 구성의 결합이다. 그 삶은 절대적 기적의 흔적을 통해서 독립적 대상에 대한 분명하고 유일하게 존재하는 것이 아니라, 분명히 증명할 수 있는 확실함의 법칙으로서 인식될 수 없다. 대상에 대한 양자의 위치들에는 무엇인가 올바른 것이 숨겨져 있다. 그렇지만 어떤 것도 빠짐이 없고, 오히려 양자는 서로 뒤섞여, 서로의 곁에서 실현된다. 이와 같이 분명해진 절대성은 그때 완성된 진리를 향해 스스로를 세운 최고 가치와 확실성 이상 다른 것은 아니니다.

그러면, 그와 함께 확실히 지속으로 제기되는 질문이 있다. 절대성이 경건하게 신을 찾고, 신을 고백하는 인간을 만족시킬 수 있을까? 해결책이 나타나는 이 문제들을 느끼지 못하는 사람들은 확실히 이 물음과 함께 애쓸 필요가 없다. 그는 진부한 보증 수단들 곁에 머무를 수 있고, 방해 받을 필요가 없다. 그 물음은 확실한 교회적 조직체들을 산출하기 위해서 그 확신이 만족한지, 이 확신이 확고히 규정되고, 전적으로 편협하고 강경하게 진리 개념의 절대성을 요구하는 것은 아닌지에 대한 물음이 아니다. 확실히 궁극적인 질문이 그 경우이다. 그러나 교회들은 창조되었고, 종교적 삶의 형식들이 전적으로 다른 문화의 시대들에 의해 한 번 창조된 후에, 그 확실성을 위해 불가피한 열정들과 교의적인 엄격함이 영원히 반복될 필요가 없다. 따라서 이와 같은 '절대성'이 분명하고, 현대적으로 느끼며 생각할 수 있는 경건한 인간을 만족시킬 수 있을지, 혹은 무엇보다도 절대성이 인문계 고등학교와 대학, 그리고 문학과 삶을 통해 현대 문화의 문제들 안으로 들어간 성직자들과 신학자들, 그들 성직의 분명한 근거로서 도움이 되는지에 대한 물음들이 중요하다. 신학자들은 종교적이고 윤리적 선포와 충고와 교육에 대한 영원히 필수불가결하고, 영광스러운 직무를 위한 그들의 힘을 자유롭게 얻기 위해서 확실함과 확고함, 항상 새롭게 그들을 위협하는 변증적 근심으로부터의 자유를 필요로 한다. 그들은 이 변증을 설교해서는 안 된다. 그들은 자신들의 토대와 모든 변증에서 자유해야 하며, 무엇인가 현실적으로 흔적을 만드는 유일한 것, 즉 단순한 확신의 힘을 가지고 자유롭게 인간으로부터 인간에게 영향을 끼쳐야 한다. 그것은 지금 여기에서부터 가능한가?

역시 이 물음에 대해서 자신 있게 대답할 수 있을 것이다. 경건한 사람은 진리를 가지려고 하고 현실적으로 신을 발견하려고 한다. 그리고 신의 현실적 계시와 선언에 의지하려고 한다. 현실적으로 신을 발견하기 위해서, 그는 절대적 종교와 그의 본질과 그 개념을 파헤치면서 모든 변화와 풍부함에서 사라지고 역사적인 한계들을 뛰어넘는 신인식을 필요로 하지 않는가? 혹은 절대종교 아래에서 그 단어가 매우 정당하지 않게 불명료해지고, 궁극적으로 도달하게 되고, 더 이상은 넘어설 수 없는 종교적 인식의 높이를 생각한다면, 그가 그 자신의 경건성을 추구하기 위해 필요로 하는 우선적인 확신은 결코 후세의 사람들이 보다 높은 신인식에 도달할 수 없게 될 것이라는 사실에 대한 확실함은 아닌가? 그와 같은 요구에는, 진리에 대한 노력과 싸움과 일이 끝나는 곳에서, 삶의 제한과 제약성을 넘어서고, 동시에 완전한 종말에 스스로를 두려고 하는, 자연적이며 인간적이고 거친 사나움이 너무 많이 내포되어 있지 않은가? 그 성급함은 정확히 영혼의 궁핍함과 힘과 의견들의 변화로부터 비롯되며, 쉽고 만족스럽고 완전한 종결을 위해 애쓰는 표면성에 대한 산물보다 깊게, 세속적 삶의 수수께끼에 대한 갈등을 보다 깊이 인식해야만 했던 경건한 사람에게는 부적당하지 않은가? 만약 현실적으로 체험된 종교적 힘에 대해서 철저하게 확신한다면, 종교적 힘이 항상 이와 같은 방식으로, 역사적 관계와 사변적 형태에서 마치 그 종교적 힘이 지금 우리에 의해서 체험되어야 한다면, 성급함은 단순히 공포와 내적인 불확실이 아닌가? 오히려 그가 우선적으로 필요로 하는 일은 신을 만나고 있고, 그의 음성을 듣고 있다는 것과 그의 귀에 들려오는 신의 명령들 중에 가장 분명하고 단순하게 파악할 수 있는 명령을 따른다는 것과 그 수행 방법에 대해서는 신에게 맡긴다는 현실적이고 최상의 내적 확신이 아닌가? 그 다음 그는 그가 삶의 진리로서 내적으로 느끼고 입증해온 것이 영원히 비진리가 될 수 없다는 사실을 확신하지 못하는가? 그리고 만약 우리의 전적인 시야에서는 예수 그리스도 안에 나타난 신의 계시보다 높은 것이 기대될 수 없다는 사실이 순수한 신앙이라면 그를 괴롭힐 수 있지 않은가? 그 사실은 확실히 개연성에 대한 물음이다. 하지만 그 개연성은 우리 인식의 어두움과 혼란에서 실존에 대한 신뢰와 정신의 승리에 대한 모든 신뢰가 단지 부분적인 체험과 경험에 뒷받침되는 개연성에 대한 판단들에 근거하여 존재하는 곳에서, 역시 대담하고 변증적 종교 이론들이, 신이 기적의 힘들과 특별한 제의들의 제공을 한두 차례가 아니라 혹은 결코 종종 받아들이지 않을 것이라는 본능적인 개연성의 판단 이상은 도달하지 못하는 곳에서, 우리가 매우 품위 있게 경멸하거나 매우 성급하게 부끄러워할 수 있는 개연성 아닌가?

확실히 이와 같은 진술들을 가지고 우리는 학문적 언어로부터 종교적 언어로 넘어간다. 그리고 우리는 보편개념들과 법칙들, 불가피성들을 통한 학문적 논증들로부터 우리의 삶과 감정들을 위해 종교적 사유의 직접적인 가치에 대한 종교적 숙고로 넘어가게 된다. 그 사실은 우리가 그와 함께 제시해온 명상과 설교의 소리이다. 그러나 그 사실은 여기서 문제가 되고 있는 물음 앞에서 다른 것일 수 없다. 만약에 그 증언들과 가치평가들을 분명한 학문적 명제들로 번역해왔지만, 그 일이 성공하지 못하는 한 그가 모든 직접적 삶의 긍정들을 포기한다면, 그 자신의 증언들과 가치 평가들을 우선 신뢰한 몽상가들은 학문성에 대해 그 문제를 다르게 취해 왔을 수 있다. 또한 학문에 대해 보다 앞선 숙고들과 함께 충족함이 일어날 수 없다. 따라서 지금 학문으로부터 가능하고, 학문과의 논쟁 속에서 얻은 삶의 위치는 직접적으로 판단하고, 느끼는 삶에 대한 요구를 충족시키고 있고, 어떻게 학문이 이 삶을 위해 스스로를 형성하는지에 대한 문제가 있다. 그러나 이 요구에 대한 만족은 단지 직접적 감정에 대한 호소, 자기 숙고, 종교적 명상의 태도에서 가능하다. 단일주의자 역시 다른 방법으로 범신론의 만족함을 입증할 수 없다. 혹은 인본주의자 역시 헬레니즘적 교육의 영광을 다른 방식으로 입증할 수 없다. 그리고 미래의 예언자는 초인의 영광을 다른 방식으로 입증할 수 없다. 그러므로 거리낌 없이 이와 같은 특별한 종교적 언어 방식 속에 존재하는 열변에 대한 비난을 지속해 보자

경건한 사람은 자신이 올바른 길에 서 있다는 사실과 정확한 별을 좇고 있다는 확실함을 필요로 한다. 경건한 사람에게 신을 향한 다양한 길들이 주어지는 곳에서, 그는 자신의 감정과 양심이 올바른 길로서 제시하는 그 길을 걸어갈 것이고, 그 길에서 그와 함께 무엇이 종교인지 이해하고 그 이해를 위해 교육받을 수 있는 모든 사람을 인도하기를 시도할 것이다. 그러나 그는 자신이 유일한 진리를 가지고 있다는 사실을 필요로 하지 않을 것이다.

그가 완성되고 완벽한 진리를 가지고 있다는 사실을 필요로 하지 않는다. 그에게는 단지 그가 존재하는 것 중 가장 깊고 최상의 것을 가지고 있다는 확신과 그 이상 높은 것을 찾는 것이 목적이 아니라는 사실이면 족하다. 왜냐하면 결코 현상의 진리는 존재하지 않고, 그는 그 진리를 발견할 수 없기 때문이다. 즉 그는 한 사람의 기독교인일 것이다. 왜냐하면 여기에서 가장 강력하고 단순한 최고 세계의 계시를 느끼기 때문이다. 그리고 기독교의 신앙 안에서 절대적인 것은 아니지만 규범적이고 그를 위해서 지금까지 규범적인 종교를 인식하게 될 것이다. 그러나 그가 규범적 종교를 인식한다면, 동시에 유일하고 원칙적으로 하나의 새로운 단계를 의미하는 기독교의 위치를 느끼게 될 것이다. 그는 그 자신에게 내재되어 있고, 그의 곁에서 어느 곳보다 깊이, 그렇지 않으면 창시자의 인격성의 흔적과 함께 묶여 있는 원칙적으로 하나의 삶을 끝맺음 하면서, 새로운 삶을 여는 신의 계시의 확실함을 느낀다. 그는 이 확신과 함께 자신을 위해 현재와 미래를 위한 규범적 종교와 관계한다는 신앙을 얻게 될 것이다. 그는 이와 같은 신앙을 분명하게 할 것이며, 역사의 목적론적 발전사적 사유에서 확증할 것이다. 또한 여기에서 얻을

수 있는 개연성의 판단을 최상으로 주의할 것이다. 왜냐하면 그는 그 영역에 대한 다른 판단들을 거절하기 때문이다.

그는 기독교 자체를 이론들에 의존시키지 않을 것이다. 기독교는 자신의 체험과 우리 앞과 옆에 존재하는 힘과의 비교 속에서 비롯된다. 그의 최종적 결단의 근거는 예언자적이고 기독교적 삶의 세계에서처럼, 그가 신을 현실적으로 발견할 수 없고, 결국 신이 인간성과 함께 하려는 것을 그 신앙은 결코 속일 수 없었다는 사실이다. 현재는 예수 곁에 있는 그에게 향한다. 예수는 이 총체적 삶의 세계에 대한 직관과 근원점이다. 우리의 신앙 안에 그의 중심점 없이는 그 신앙을 촉진시키는 종교 공동체를 생각할 수 없다. 예수의 곁에 존재하는 우리가 생각해 낼 수 있는 모든 미래의 결합은 예수에 대한 하나의 신앙이다.[29] 그 신앙은 그와 함께 주워졌고 여기에서 뒤따른다. 그러나 그의 대가로 기독교 신앙이 일반이 가졌어야 하는 교의학적 이론은 아니다.

경건한 사람은 절대적인 것과 무한한 힘과 최종적 가치들의 세계가 솟아나는 것을 필요로 한다. 그 사실은 그가 신을 요구한다는 사실을 뜻한다. 개별적이며 역사적인 현상이 아니라 단지 역사적인 삶의 근원으로 신 안에서 그는 절대적인 것을 갖는다. 그는 그 절대적인 것을 항상 일반적으로 최종적이며, 무제한적으로 가치 있는 목적이 존재한다는 사실에 대한 확실함으로서, 그리고 현재적인 신을 인식하면서 미래적인 것의 확실함을 보증하는 사실로서 이해한다. 하지만 그는 역사의 삶의 과정에서 항상 역사적이고, 각각의 관계를 통해 제약된 방식으로 절대적인 대상에 참여한다. 또한 그는 항상 역사적으로 개별화되고, 미래를 암시하며 절대적이고 역사를 초월한 영원한 것과 무제약적으로 가치 있는 것이 계시하는 절대에 참여한

---

[29] 예수의 중심 위치에 대한 사회 심리학적 논의는 "신앙인을 위한 예수의 역사성의 의미"에서 상세히 묘사된다.

다. 그는 절대적인 것에 대해 참여할 수 있고 내적으로 접촉할 수 있으며 다양한 역사적 참여의 개방에서 가장 강력하고 깊은 신적인 삶을 찾을 수 있을 것이다.

그는 자신으로부터 다음과 같은 사실이 분명해진다. 절대적인 것을 역사적인 방식으로 받아들이고, 그의 자신의 현재를 위해서 절대적인 것은 단지 역사적인 방식으로 형성할 수 있다는 사실이다. 역사 안에 존재하는 절대적인 것을 절대적 방식으로 하나의 개별적인 점에서 취하려고 하는 것은 망상이다. 그는 절대적인 것을 개별적 역사에서 현실화할 수 없었고, 모든 역사적 종교성의 본질에 저항하는 내적 모순으로 인해서 그의 망상은 좌초한다. 왜냐하면 그 망상이 이론들에 대한 강력한 열정으로 스스로를 실체화하는 곳에서, 종교에 대한 교의적 고집과 빛바랜 냉정함이 나타나기 때문이다. 그 종교 앞에서 예감으로 가득한 어스름함이 흩어지고, 그 속에서 그 종교의 생기를 주는 힘들이 유일하게 나타나며, 인간은 먼저 그의 분명함과 편협함에 대해서 확신하게 되며, 신앙과 예감을 통해서 그의 진정한 크기를 느끼거나. 혹은 거친 환상주의자가 생겨난다. 그는 모든 온화함과 견해들을 잃어버리고 모든 것을 사람들이 확실히 알고 소유하는 것으로 강요하려고 한다. 따라서 동시에 생기 있게 신에 대해서 진술하는 경건성은 그와 같은 이론을 내세우지 않고 찬성과 반대를 위한 단순한 결단을 요구하며, 미래의 절대적 진리를 역사의 종말에 소유한다.

그와 같이 기독교인은 단지 기독교적 삶의 세계에서 현실적 신의 계시에 대한 확신을 요구하고, 그렇지 않으면 결코 보다 높은 진리를 발견할 수 없다는 확신을 요구한다. 이러한 확신을 그는 역시 기독교의 순수한 역사적 사유 속에서 발견할 수 있다. 그는 예수와 그의 공동체의 신에 대한 신앙이 가장 강력히 변하고, 많은 경우에 놀라게 하고, 가장 강력하게 묶는 힘을 가지고 기독교에 마주 서 있다. 단순히 투쟁하는 신앙뿐만 아니라 변함없이 확실한 인식이 진리를 소유하는 절대적 종교를 기독교인은 완전한 고요함 속에 존재하는 역사의 저편으로 넘기게 될 것이다. 또한 기독교인은 무엇보다도 예수의 선포 앞에 부름을 받게 될 것이다. 예수는 어느 곳에서든 가장 선입견 없이 기독교인이 앞서 발견한 신의 계시와 신 인식에 묶여 있고, 그가 아버지의 최종적 말씀과 최상의 가치가 있고 영원한 운명에 대해 결단하는 진리로서 선포하는 계시를 요구와 약속 안으로 인도한다. 그에 대해서 모든 사람은 순수하고 진정한 마음으로 내면을 스스로 지키고 그 계시와 함께 신의 힘 속에서 미래를 준비해야 한다. 이 계시는 예수가 가져오고, 그에 의해서 총체적 영혼을 파악할 수 있는 힘을 얻게 된 최고의 궁극적이며 지속적인 진리이다. 그러나 그는 절대적 종교를 가지고 있고 역사의 저편으로 유보한다. 다시금 그는 그의 인격에 대한 미래의 결합에 대해서, 틀림 없이 신앙적인 신뢰의 형태에서 아버지의 의지와 약속이 예수의 선포에서 전적인 깊이를 제공한다는 사실을 진술한다. 먼저 이미 가장 오래된 공동체에 선사된 그 진리를 지키고 독립시키고자 애썼던 변증은 예수의 빛을 유일하게 드러내기 위해서 모든 다른 빛을 꺼버렸고, 모든 것을 전적으로 예수에 대한 신앙에 묶기 위해서 미래의 완전한 구원을 그의 죽음 속에 편입시켰다. 만약 예수가 유일한 현실적 구원이었다면, 그가 당연히 규범적이며 지속적 진리이다. 또한 그의 행위에서 구원이 본질적으로 이미 일어난 것이라면, 당연히 모든 미래는 그에게 달려 있다. 역사는 지금 인위적이고, 힘이 있는 고립화를 지양한다. 하지만 예수는 신과 승리에 대한 모든 희망으로부터 비롯된 삶을 위한 최상의 근원으로 역사 속에서 남아 있다. 그러므로 그 때에 기독교는 보다 높은 종교적 힘의 모든 흔적이 부재할 경우에 믿음과 요구에서 유일하게 예수로부터 비롯된 인간성의 보다 높은 종교적 삶이 지속적으로 나타날 것이라는 사실에 대한 권리를 갖는다.

이와 같이 주체적 경건성을 위해서, 기독교의 역사적 고려가 그의 완전한 힘과 철저한 확실성을 부여하기 위해 충분함과 같이, 기독교의 총체적 현상은 역시 이와 같은 사유에 의해서 어떤 것에 대해서도 과소평가되거나 의미 없는 것이 될 수 없다. 기독교는 가능성 있게 학습된 냉정함과 동일한 가치성과 함께 다루어지고 그 안에서 각각의 전승들이 의심되고, 파괴되며, 모든 공동적이지 않은 것과 끝나지 않은 것을 경쟁적이고 공동적인 수준으로 끌어내려야 할지도 모를 종교사의 일상적인 고리타분한 것이 되지 않는다. 그러므로 기독교의 역사가 신앙인들의 기억에서 빛을 발하고, 변증적으로 채색된 것을 묘사하는 것과 같이, 그에게 나타난 각각의 진술을 극도의 불신을 가지고 다루거나 원래부터 의심에 대한 이유를 개연성으로서 고려할 수 있는 고발된 사람의 경우처럼 그의 역사를 다룰 필요는 없다.

오히려 우리는 인간성에 대한 최상의 종교적인 계시 앞에서 느껴야 하는 전적 헌신과 사랑을 토대로 기독교를 연구해야 한다. 따라서 기독교의 기원과 발전에서 비롯된 본질적인 거대한 기적은 다른 종교들이 본질적으로 기적으로 보이는 사람의 눈에도 역시 적지 않게 강력하게 보일 것이다. 모든 반이성적인 것과 비밀로 가득한 것, 물질에 직면하여 자극을 받은 정신의 모든 본질적인 힘의 방식, 우리가 여기 다른 종교에서 만나는 특별히 종교적인 인격성들이 지닌 모든 일상적이지 않은 특징들은 우리에게 동화(Märchen)가 되지 않을 것이다. 왜냐하면 우리는 전설의 심리학을 알고 있기 때문이다. 역으로 기독교는 이 강력한 역사의 결과와 모든 영적 삶의 토대를 역사적 기술에 대한 모든 수단과 함께 연구되어야 한다는 어려운 과제로 남아 있다고 할지라도 위대하고 숭고한 종교가 될 것이다. 우리가 그와 같이 얻을 수 있는 그림은 전승의 모든 불확실성에서 나타난 중요한 특징들 안에서이지만, 분명히 우리 눈앞에서 경외감과 두려움의 강력한 영향으로서 자신을 드러낼 것이다. 고대 민족종교의 성들 위에 존재하는 작은 유대민족으로부터 이 파괴된 세계에 모든 자유로운 종교적 힘들과 여기에서 높이 솟아 있고 깊은 의미가 있는 종교적인 새로운 형성물들을 자신에게 가져오는 종교적 힘들이 나타난다. 전적으로 그의 유대민족의 사유과정 안에서 살지만 비교할 수 없는 창조성을 소유하고, 그의 삶을 가장 어렵고 위대한 곳에 정위했던 유일한 사람의 영혼으로부터, 그 종교적 힘은 이름 없고, 가난하고, 억압받은 자들과 고난과 노동의 숨은 영웅들, 비철학적이면서 비언어적인 인간들의 영역에 나타난다. 그들로부터 솟구치면서, 경직화하는 세계를 개혁하고, 국가와 가족, 공동체, 학문, 예술을 새로운 힘을 가지고 꿰뚫고, 모든 미래에 유일하고, 진실하고, 지속적인 삶의 가치와 종교를 변화하면서 제약된 문화가치와 결합하려는 방식에 대한 중요한 문제를 세우기 위해서 종교적 힘이 나타난다. 기독교는 모든 것이 역사적 제약성의 한계에 나타나고, 인간적인 것의 모든 부족함이 여기에서 어떤 다른 곳에서 보다도 대단히 부족하다 할지라도, 경외심과 경건함을 깨우고 그의 빛의 지점들로부터 소진될 수 없는 종교적 힘들이 생성되고 하나의 그림으로서 머문다.

  경건한 사람은 그 안에서 구속의 역사를 보려고 그곳으로부터 숭고하고 강하게 하며 집약시키는 힘을 얻을 수 있도록 조용히 나아갈 수 있다. 그러나 자신의 본래 마음에서 비롯된 유일하고, 사유의 불가피성의 자유로운 공기 안에서 요동치는 종교를 산출하려고 하는 사람은 그 힘을 잃어 버린다. 다른 종교들이 지구, 고난, 죄책감 등에서 고양된 모든 힘을 가지고 동일하게 신의 계시로서 존재한다 할지라도, 계속적인 계시들의 추상화된 가능성이 어떠한 이론을 통해서 제거될 수 없다 할지라도, 기독교는 인간에게 있어 영향력이 있는 신의 계시로 머물러 있다. 또한 각 종교 안에 자연적 인간과 그의 자연적 욕망을 끌어가는 힘이 구속으로 나타나고, 인간의 연약하고 죄스러운 마음에 존재하는 신에 대한 신앙이 성장하면서, 그 구속이 역사 안에서 지속된다고 할지라도, 기독교는 구속으로 남는다. 특별히 기독교는 그의 가장 강력한 힘을 예수와의 관계에 가지고 있고, 그에 대한 신뢰를 그의 인격성 안에 살아 있으면서, 진지한 신의 은총을 보증하는 신앙으로부터 창조하는 예수의 사역으로 머무른다. 우리가 그 종교의 예언자들과 다른 영웅들에게서 신의 힘과 영향력을 느낀다 하더라도, 기독교에는 어느 곳보다 깊은 신앙이 보증인과 계시자들의 삶과 고난에 대한 시각과 함께 결합해 있다. 우리가 예수를 넘어설 수 없는 불가능성을 증명할 수 없다고 할지라도 우리가 보다 높은 신적 힘을 우리의 마음에서 발견하기 위해서 너무 약하고, 오히려 예수와 그의 나라에 순종해야만 평안과 기쁨을 누릴 수 있다는 사실만이 남겨져 있다. 그러므로 기독교적 삶의 공동체와 기독교적 정신의 공동체는 신앙과 사랑의 유일한 공동체로서 남아 있다. 이 공동체는 예수에게서 출발하며, 그에 대한 선포에 대해서 자신을 성장시키고 강하게 한다. 이 공동체는 그 기초 안에서 최상의 종교적이고 도덕적 힘을 얻을 수 있다는 확신 이상의 다른 기초를 필요로 하지 않는다. 신의 지배와 삶이 기독교 밖에 있는 모든 사람에게 벗어나 있다는 사실과 초자연적 방식과 절대적 방식으로 주어져 있다는 사실을 통해 진리를 확실하게 만드는 어떠한 변증학도 필요로 하지 않는다.

    종교적 인간은 기독교에 대해서 단순하고 순수하게 역사적으로 고려할 때에 어떠한 것도 상실하지 않는다. 그러나 기독교의 역사적 사유를 위해서 그는 인위적 해결들을 통해서 결코 정당하게 평안을 느낄 수 없고, 항상 새로운 방법으로 추락하게 하는 모든 근심과 문제로부터 해방된다. 만약 종교적 인간이 불교와 조로아스터교에 존재하는 기독교와 친숙한 요소를 발견하고, 그가 플라톤과 에피텍트스 혹은 플로티노스가 현실적으로 그리고 명백히 기독교의 평행적이면서 선취들로서 종교적인 사유와 힘을 발견한다고 해도 놀랄 필요가 없다. 역시 그들 안에는 실제로 신이 살아 있고 계시되기 때문이다. 그들의 종교적 힘들이 기독교적 신에 대한 신앙과 인격성에 대한 기독교적인 이념 안으로 들어가며 강력한 성장을 가져왔다는 사실은 충분히 명확하다. 만약에 그는 앞서 갔고 둘러싸고 있는 종교적 발전으로부터 기독교가 성장했음을 발견하고, 아시아적 혼합주의가 헬레니즘적 윤리와 종교철학과 같이 기독교와 함께 수렴하고 그 안으로 들어간다면 두려워할 필요가 없다. 그의 측면에서 모든 것은 역시 신이 그 안에 존재하는 생명력 있는 종교적 운동이고 기독교 역시 그에게 친숙하고 대립적으로 다가오는 요소들로부터 성장한다. 실제로 기독교는 인간의 내적 삶에서 발견되어 왔고, 곧 자신을 뛰어넘는 힘을 통해 기독교를 이끌어내고 뒷받침하는 데에 적합했던 그의 최상과 최고의 결정체가 되는 특징적인 과제들로 존재했다. 무엇보다도 오늘날 우리에게 철저하게 낯선 예수 자신과 그의 가장 오래된 사자들이 유대교적이고, 보편적으로 고대 사유의 강력한 영향 하에 서 있음을 본다면 우리는 놀랄 필요가 없다. 사유들 자체는 살아 있고, 종교적 감정들로부터 나온다. 원시 기독교인들은 새로운 종교적 힘들의 전제를 세우는 무엇인가 당연한 것에서처럼 그 사유들 안에 살았다. 그들은 고대인들이었고, 유대인들이었으며 그 민족들로부터 나온 사람들이었다. 그 민족들로부터 종교개혁이 출발했고 정제되고 회의적 높이로부터 출발한 것이 아니라면, 민족의 지평이 단순히 종교적 사유를 제한한 것뿐만 아니라, 오히려 새로운 종교적 이념들이 즉시 지금까지 유행하는 경건성과 그의 세계상으로부터 출발한다는 사실은 당연하다. 그러나 이것을 위해 경건성은 다른 측면에서 보면 살아 있는 의지의 실체를 펼쳐놓은 사유의 기술들이나 법칙적인 문자의 독선으로부터, 또한 철학이나 신학으로부터 자유하다. 그 비판은 순수하게 윤리적이고 종교적 비판이다. 그 비판을 위해서 여전히 최초의 유대교적 형태로부터 분리를 가능하게 했던 반성되지 않는 '순수함'이나 '주요 권력(힘)'에 대한 종교적 사유 자체로부터 존재한다. 결국 분리된 경우에 인간은 단지 그리스적 요소들을 통해 새로운 한계들이 그 결과로 존재했고, 사유와 힘은 그들의 근원적인 요소에 의해 급격하게 가라앉았으며 낮은 곳으로 흘러들어 갔다는 사실에 놀라서는 안 된다. 역시 고대 기독교적 표준 자체는 이미 내적 삶의 지향을 드러냈으며, 그로부터 계속해서 항상 새로운 계시들을 향한 힘이 나타났다. 그들 안에서 우리는 이미 매순간 역사적으로 결합된 방식으로서 기독교적 사유가 자유하게 하는 힘을 오늘날까지 경험한다. 역사적 현존재의 매순간에 존재하는 필연적 상대성에 대한 모든 인식은 근원적 시간성이나 현재적 순간과 그 사이에 놓여 있는 어떤 순간도 평가절하하지 못한다. 우리의 도덕적이고 종교적 근원은 마치 다른 종교들에 대해 기독교의 가치를 경시할 수 없는 것처럼, 서로에 대한 이 순간들의 다른 의미를 경시할 수 없고 우리는 우리가 모든 면에서 역사의 목적을 향한 바른 길에 있다는 사실을 알게 된다. 우리는 그의 수행과 그 본질을 신의 판단에 맡긴다. 우리는 인격 종교의 삶의 세계에 헌신하고, 기독교에 속한 우리의 문화관계와 역사적 순간에 존재하는 그들의 구체화를 인식하면서, 절대를 향한 삶의 운동과 방향에 서 있다. 모든 다른 것은 인격주의의 출현 저편에 놓여 있는 것으로서 우리 뒤에 또는 우리 곁에 머문다. 이와 같은 사실은 우리가 우리 자신을 위해 필요로 하고 도달할 수 있는 절대성의 감정을 주기 위해서 족하다.

6. 교회적이며 역사적 형태로부터 기독교 해방의 가능성

지금까지 모든 종교의 최고점과 미래의 힘이 되는 명확한 종교성의 전제와 지반으로서 기독교는 동시에 그의 역사적 지반으로부터 넘어섬이나 해방의 개연성 없이 우리의 역사적 입각점에 도달하는 만큼 존재한다: 종교의 최고점으로서 기독교 이해는 역사적이며, 상대적인 것에 대해서 모든 고려를 하지만, 동시에 신의 공동체의 확실함과 구원의 분명함에 따른 종교적인 욕구를 만족시키는 이전까지 사유의 결과이다.

기독교는 단순하지만 의미 있는 모든 결과와 함께 이끌어진 것처럼 보인다. 그러나 그들 속에서 이 문제가 그의 본래적 원인들과 해결에 있어서 충돌에 대한 궁극적 근거들과 회의에 대한 원인들을 가지고 있는 최종적 사유는 여전히 뒤에 남겨진다. 그 사태 파악은 단순히 정통주의 신학과 자유주의 신학에 모순될 뿐만 아니라, 원시 기독교 공동체의 형성과 바울 신학이 승리한 이후로 역시 전체적이고 권력에서 형성된 교회적 기독교의 자기 직관과의 대립 관계 안에 서 있다는 사실은 오해할 수 없다. 만약 사유방식이 모든 종교의 자기 파악의 특수한 형태로 그의 교회적 절대성 이론을 만든다면, 우리는 그와 같은 사유와 함께 여전히 기독교 안에 있고, 사유방식이 기독교의 특수한 의미를 확고하게 세우지 않겠는가? 그렇지만 기독교의 이와 같은 가치는 그에게서 자라난 종결적이고 유일한 진리에 대한 경향성과 함께 모순에 있지 않겠는가? 만약에 그 경향성이 현실적으로 인정된다면, 다른 측면에서 다른 보편종교들에 상응하는 경향성들과 동일 가치성을 통해 환상으로 의심받지 않겠는가? 혹은 다르게 표현된다면, 절대성의 위치에 단순하고 순수한 기독교의 최고 가치 표현이 지금까지 표시된 의미에서 나타난다면, 한편으로, 지금까지 신앙의 본래적 내적 본질을 해결함 없이, 그 최고 가치가 교회적인 기적론과 항상 유사하고 특별한 가치이론 안에 최고 가치를 유일하면서 필연적으로 만드는 확정을 필요로 하지 않겠는가? 다른 한편, 다양한 보편 가치성이 출현하지 않고 현실적으로 또한 역사적으로 사유하게 할 수 있겠는가?

이 질문들에 대한 대답은 문제의 최종적인 핵심으로 이끌어 간다. 기독교의 교회적이고 역사적 형태로부터 기독교 해방의 가능성에 대한 물음으로 이끌어 간다. 그 물음과 함께 우리는 다시금 본래적으로 학문적인 탐구와 언어로 되돌아 간다.[30]

---

30) 이 지점에서, 문서에서 대표하는 입각점에 대한 킬의 관구의 총 감독인 카프탄이 행했던 신앙의 재판이 시작된다.(테오도르 카프탄: 에른스트 트릴치, 시대 비판적 연구 1911). 그는 교황이 근대주의자들에 직면하여 파스켄디라고 불리는 교황 교서를 선포한 것과 같이 나의 근대주의적 가르침을 반복하면서, 단지 확실하게 비교할 수 없을 정도로 지속적으로 판단하는 톤으로 철저하게 선포했다. 그 사태에서의 방법은 동일한 것이다. 성서적으로 즉 바울적이고 교회적 입각점과 나의 이론의 불일치성이 나타나고, 그들의 진부하고 초자연적 이론 형성으로부터 기독교적 이념의 나의 분리부터 다음의 사실이 뒤따르게 될 것이다; 나는 분명히 신학자가 아니고 거의 기독교인이라고 말하기 어렵다고 한다. 오히려 기독교적 종교철학자이고, 모든 경우에 기독교적으로 표현된 신플라톤주의자라고 한다. 나를 그와 같은 해방으로 강요하는 이유들에 대해서, 예를 들어 자연과학, 역사와 철학에 대해서 논의되지 않는다. 단지 분리됨을 확언하는 것으로 족하다: 반초자연주의는 그의 법정이다. 임의의 신학적 방법에 따르면, 내가 부여하는 이유들은 자기기만으로 설명 된다: 단지 세계로부터 규정된, 즉 비정신적 감각이 나를 그와 같은 이유들을 내세우게끔 한다고 한다. 본질적 이유는 세계에 대한 감각에 있다고 한다. 신학이 철저하게 현혹할 때까지, 세계의 교수단들과 함께 방법들과 전제를 어떤 식으로든 공정하게 갖는 것은 일반적으로 신학과 함께 나아질 수 없다고 한다. 확실히 이 지점에는 차이가 있고, 카프탄의 의미에서 그 문서는 신학적 문서는 아니다. 그 문서에 있어서 진리가 문제이지, 신학이 문제는 아니다. 단지 진리를 가능한 것으로 보고 있으며, 보편적이고 학문적인 방법에서만 가능하다. 카프탄은 그것을 가지고 내가 항상 진술하는 것을 대조한다. 그는 내가 초자연적인 형성으로부터 '벗어남'을 통해 유죄 판결된 것으로서 설명한다. 만약 그와 반대로 중지에 대한 가치와 무해함의 결과들이 나타나야 한다면, 그에 저항하여 많지 않는 이의가 제시될 수 있다. 동시에 나는 교회적인 귀족으로서 대단히 진지하게 모든 세계가 현대적 학문의 영역에서 기독교이고 종교적 위치의 가중으로

종교뿐만 아니라 최고의 정신적 삶의 모든 가치유형을 위해, 모든 일상적 현존재의 가장 단순한 판단들을 위해 가치가 있는 보편적 질문이다. 각자의 가장 단순한 인지 판단, 각자의 가장 자연적 의지의 자극, 각각의 압도된 규칙과 도덕은 순수한 사람에게는 절대적인 것으로서 가치가 있다. 국가, 법, 공동체, 예술, 도덕과 학문에서 모든 다양한 정신적 삶의 형성은 그들의 자연스러운 성장과 근원들, 습관의 지배력 안에서 절대적인 것으로서 느껴진다. 각각의 종교적 위엄은 그들의 영역을 위해 근원적으로, 당연히 절대적인 것으로 사유된다. 또한 모든 보편종교는 각각 고려될 수 있는 영역 일반에서 동일한 과제를 행한다. 절대성은 순수한 사유의 보편적 특징이다. 그러나 동일하게 순수한 증언을 제한하는 과정은 일반적이다. 그곳에 뒤따르는 첫 번째 순수한 의견에 대한 보고들에 대한 비교와 지각은 절대성을 깨뜨리고 사유를 개방한다. 최초의 순수한 절대성으로부터 해방은 문화의 본질이면서 모든 투쟁과 은폐에 뒤따른다. 왜냐하면 인간은 이 해방과 함께 근원적인 힘을 상실하는 감정을 갖게 되기 때문이다. 인간은 그들 자신으로부터 직접적 의견을 합법화하고 분명하게 조향하기 위한 지속적인 관계들을 구한다. 인간은 특수한 것을 합법적으로 파악하고, 그 관계에 편입하기 위해서 보편적인 것을 구한다. 다음의 감각적 외관을 가장 단순하고 미숙하게 수

서 고려하고, 교회적 가르침으로부터 벗어났다고 확신하는 대상들과 몇몇의 접합 표시들로부터 비틀어진 칸트화된 진술 방법들은 완전히 생명력을 상실한 것으로 이해한다. 그러므로 평가를 역으로 표현할수록 내가 카프탄의 시험에서 함축하고 있는 평가, 즉 '기독교적 플라톤주의자'는 신플라톤적 그리스도인이 될 수 있다는 평가에 나는 대단히 만족할 수 있다. 나는 최상의 성숙과 확실히 유사한 판단요구에 대립하지 않았던 교부들의 좋은 공동체 안에 존재한다. 역시 나는 우리의 하나님이 우주의 총감독이 아니라는 사실에 기쁘고, 내가 그리스도인이라는 사실을 지속적으로 대단히 조용히 끌어간다. 어떤 의미에서 나는 이 문서, 특별히 최종적인 장에서 지시하는 바를 이해한다.

정하는 일부터 해체와 비교, 새로운 질서와 조화의 깨어지지 않는 연속적 흐름이 곧 많이 혹은 덜 명확하게 수행된 현상에 대한 사유의 변화로 인도한다. 그 안에서는 특수한 것이 아니라 보다 보편적인 질서의 원칙들이 절대적이다.

특수한 것을 정당하게 찾는 시도는 전적으로 동일하게 영적 가치들과 종교들과 함께 진행된다. 실망스럽고, 개별적 기대와 다른 방식으로 생성된 사유들의 모순과 충돌, 종교에 의해 주장된 사물의 형상들과 다른 방식으로 생성된 형상들의 비교와 사유들의 모순과 충돌, 무엇보다도 다양한 종교들의 유형의 충돌, 그 모든 것은 비교와 조정으로 이끈다. 첫 번째, 비교와 조정은 순수한 상황을 변화시키고, 이 질서에서 궁극적이고 파악과 판단의 통일성과의 관계를 가능하게 하는 원칙을 발견하기 위해서, 모든 상이한 영역을 서로 마주보게 하며 모든 모순과 대립이 서로에 대해 직면할 때까지는 중단하지 않는다. 순수한 세계상은 학문적 세계상으로 변한다. 궁극적으로 항상 넓은 범위 안에서 직접적 인지와 다른 것과의 비교와 조화를 통한 평가를 문제로 만든다. 항상 보편적이고 필연적이며 이 작업과 함께 추상화된 사유들이 함축하고 있는 긴급성과 함께 흔들리게 된 것을 새롭게 확립하거나 머무르면서 보다 낫고 진실한 사유를 위하여 분리해 낸다. 학문적인 것으로의 순수한 세계상의 변화는 태양 주위에 지구를 돌게 하고, 볼 수 없는 별의 세계 주위를 태양이 돈다는 인식을 가져오게 되었다. 그 변화는 그 대신 단순하게 의식의 법칙과 필연적 특성에 따라 대상들에 대한 의식을 형성하게 했고, 객관적인 문화가치들을 모순이 많은 인간적 산물로 만들었다. 또한 그 변화는 종교의 순수한 확실성에 대한 학문적 근거들과 논쟁들을 요구한다. 결국 그 안에서 종교는 심리적으로 다양하게 제약된 주체의 현상과 역사적으로 볼 때, 개별적이고 다양한 부분에서 동일한 요구들을 내세우는 종교들이 만연한 무제한적 영역이 되었다.

그 문제는 종교에 대한 학문적 세계상의 활용에 있어서 학문적 세계상에 대한 순수한 세계상의 관계가 표현하는 문제 이상 다른 것은 아니다. 종교에 대한 학문의 활용에 있어서, 학문을 만들어 내는 근심과 의심, 근심과 불확실성은 일반적으로 순수한 사유와 가치평가에 대한 습관에 뿌리박고 있는 인간성에 대한 학문적 세계상을 가져왔고, 그 이상 다른 것은 아니다. 동시에 그 해결 수단은 학문이 흔들린 개별자들을 인식된 전체적 관계에서 변화시키려고 노력해온 방법 이상의 다른 것은 아니다.

학문적 사유는 어떤 다른 대상에 대해서도 많은 영향을 미치지 못하는 것처럼, 종교에 대해서도 동일하다. 따라서 많은 신학자들이 원에서 정사각형을 찾는 것과 같이 찾으며, 모피를 젖지 않게 하면서 자라게 하는 기술은 어떤 다른 곳만큼 도달할 수 없다. 도처에서 나타나는 순수한 사유에서 학문적 사유로의 변화가 가져온 자극과 고통은 여기에서 최소한으로도 피할 수 없다. 그러나 다른 측면에서 볼 때, 학문적 사유에서 가치 있는 대상이 종교에 대해서도 가치가 있다. 학문적 사유는 직접적인 상을 변화시킨다. 하지만 순수한 현실성을 포기하는 것이 아니라, 그 현실성에 변화된 관계와 이해를 부여한다. 확신의 절대성은 단지 분리된 채 파악된 개별자들로부터 관계에로 나타난다. 그 관계로부터 지금 개별자들은 이해될 수 있다. 대단히 급진적 회의주의자가 회의의 불가피성에서 순수한 사유의 현실성을 유지하는 만큼, 역시 급진주의적으로 종교를 부정하는 사람은 종교적 현상의 설명에서 순수한 종교적 현실성의 잔재를 소유한다. 그러나 순수한 사유의 변화에서 과도함을 피한 채로, 우선 학문의 이상은 순수한 현실성을 단지 보다 높은 단계, 즉 가능한 한 포괄할 수 있는 총체적인 관계에 다시금 세우는 것이다. 실제로 사유의 모든 급진적 방식은 단지 순수한 사유와 학문적 사유의 차이에 대해 발견된 입장이 사유의 진정한 현실성과 의견의 가상 현실성 사이에 나타난 전체적 모순의 가능성을 기만한다는 사실과 현실성의 한 부분에서 얻어진 보편개념들이 추상적 결과와 함께 전체에 활용된다는 사실에 있다. 그 사유의 포화된 모든 지혜는 사유의 순수한 상황이 부정되는 것이 아니라, 보다 높은 관계에서 보인다는 사실과 만약 그 지혜가 현실적으로 일치할 수 없는 것으로서 나타난다면, 인간을 위해서 극복할 수 없는 그들의 불일치성에 존재하는 순수한 현실성의 영역과 다양한 질서들이 이 사유로 고양될 경우에는 지속적으로 존재한다. 그러면 사람들은 이것을 인식론이라고 부른다.

그 인식론이 나타난다면, 학문적 변화는 근심과 걱정, 파괴를 가져오는 것이 아니라 고무적이고 자유하게 하는 영향력을 가져온다는 사실을 보여준다. 학문적 변화는 순수한 세계상이 가지고 있는 편협함과 비관용, 불확실함과 모호함과 일면성으로부터 벗어나게 한다. 확신에 대한 고정성과 분명함, 인내와 관대함, 신념에 대한 부드러움과 힘, 그리고 포용적이며 침착한 입장을 추구하게 된다. 학문적 변화와 함께하는 유일성에 대한 논의에서, 다른 모든 것이 흔들리고 추락하는 것을 보게 된 열정적 이상주의에 존재하는 지속적인 틀에서 진실하고 사실적 현실성의 힘들이 나타난다. 또한 단지 인위적으로 혹은 우연히 전면으로 나선 현실성의 힘들이 사라지거나 혹은 결정적인 척도로 환원된다는 완화된 확실성이 나타난다. 따라서 이 모든 영향은 종교로의 모든 변화를 가져온다. 본질적인 것을 지향하는 고요하고 확실한 판단을 통해서, 개별적이고 일시적 형성체들에 대한 인내와 견딤을 통해, 시각의 넓이와 깊이를 통해, 보다 넓은 지반에 보다 깊은 뿌리를 내림면서, 변화가 인간에 대한 의심과 근심, 투쟁과 고통에 가져오는 대상을 다시금 잘 만든다. 종교가 보다 높은 정신적 삶의 모든 가치평가들의 지반과 중심을 세울 때, 저 변화의 피할 수 없는 혼란함이 어떤 다른 곳에서 보다 고통스러우며 방해하는 것으로 느껴질 때, 종교는 이 작업에서 자유롭게 특별한 위치를 갖는다. 그러나 본질적인 작업을 통해서 얻어지고 보다 높은 단계로 높여진 순수한 상황으로의 회귀는 총체적인 삶을 위해서 보다 더 은혜롭고 의미가 있다. 그 회귀는 도처에 있는 평균적 인간의 경우 조절할 수 없게 된 순수한 의견으로부터 생성되고, 종교의 영역에서 무서운 두려움이나 혹은 혐오스러운 편협함이 된 독단주의와 투쟁으로부터 해방한다. 그렇지만 그들은 다시금 그 확신으로부터 유일하게 힘과 고귀함이 나타나는 순수한 증언에서 순수한 힘을 얻고자 애쓴다. 확실히 모든 고도로 발달된 문화에서 순수하게 절대적 대상을 만들려는 창조의 의지는 깨어지고 창백한 사유에 의해서 병이 들었다. 그러나 삶은 동시에 그와 함께 부유하고 명백하고 합법적인 것이 되었다. 거대한 교회의 조직들을 창조하기 위해서, 특별히 삶은 유일한 구원을 소유하고 그 구원을 관철시켜야 하는 의무가 있다고 믿는 사람들의 뒤돌아보지 않는 열정들을 필요로 한다. 창조된 형식에는 온화하고 자유롭고 정당한 정신이 숨을 쉴 수 있다. 그 정신은 상대적 평가에 대한 능력이 있고 동시에 부드러움과 선에서 그가 잔인한 독단주의에서 잃어버린 것을 얻는다.

따라서 종교의 순수한 세계상과 학문적 세계상의 차이의 의미는 여전히 결론을 위해 고려할 가치가 있다.[31] 특별한 의미에서 그 차

---

31) 종교적 심리학과 인식론 일반으로 인도하고 비교하는 대결의 다른 방향은 여기에서 문제가 되지 않는다. 이 문제와 관련하여 나는 나의 논문 "종교의 독립성"을 제시하고자 한다. 나는 이 수행들에 대해 기꺼이 새로운 형상을 부여할지도 모른다. 그 곁에서 나의 비평가들의 반박에 의해 유용성들이 이끌어내어져야 한다. 매우 드물게 세 번째의 집중적 방향이 나타난다. 마치 종교적 사유에 대한 관계가 현대적 우주론, 생물학, 심리학, 윤리를 제안하는 것과 같이, 사물의 상에 대한 종교적 관계의 생산이 드물게 고려된다. 이 중점적 상황에 대해서 나는 나의 학문적 상황 49-56페이지를 제시해야 한다. 왜냐하면 그 곳에서 기꺼이 부족한 실용적 표현들이 문제이기 때문

이는 학문적인 배열의 영향과 종교들의 절대성 요구들의 비교가 문제라는 점에서 고려할 만한 가치가 있다. 이미 상대적인 것에 대한 대립과 기만적인 극복 수단에 대한 시각을 폐쇄적으로 포함하고 있는 표현에 대한 각인 없이 가장 단순하고 분명한 의미에서 절대성은 모든 순수한 삶의 평균적인 특성이다. 순간에 대한 각각의 인지는 절대적이며, 보다 낮은 가치와 높은 방식의 가치와 긍정은 그 생성의 순간에서는 절대적이며 무제약적이며 무제한적으로 가치가 있다. 자기기만과 반박하는 경험들, 다양한 의견들과 가치평가의 충돌들은 점차적으로 이 절대성을 흔든다. 자연적 경향성과 욕구들, 습관들을 수반한 인간적 절대성은 곧 절대적이고 모든 타자들의 규범과 척도로서 느낀다. 우선 교육, 교류, 투쟁, 도덕적 자기 원칙과 확장된 경험은 이 절대성을 제한한다. 전승들과 도덕과 삶의 관계들, 교류의 형태들을 동반한 모든 사회적 전체는 곧 자신을 절대적인 것으로서 더 이상 다르게 존재할 수 없고, 또 다르게 존재해서는 안 되는 것으로 본다. 이러한 관계들로부터 나타난 곤경과 낯선 상황에 대한 인식과 역사적 정위들은 자연적인 자기 고려들을 지양한다. 그와 같은 모든 제한적인 경우에 모든 영적 삶의 공속성과 동일성의 근본 감정과 순수한 전제들이 머무른다. 그 전제로부터 일치는 다시 새워져야 한다. 결국 그의 전제들과 부딪치고 그로부터 새로운 정위를 얻어야 하는 성장하고, 비교하고 관계하는 자명한 근본 사유이다. 그 사유는 여전히 높은 단계에서 모든 이상적 정신의 내용에서 나타난다. 그 이상적 내용들은 유일하게 현실적 당연성과 가치 있는

이며, 그 가치들을 우선 그 수행을 통해 포함할 수 있기 때문이다. 나머지는 사실적으로 이 양식의 수행들이 충분히 존재한다. 전체적이고 현대적 종교에 대해서 실용적으로 서 있는 철학은 그와 같은 프로그램을 수행하는 것 이상 다른 것이 아니다. 여기에서 이미 언급된 오이켄의 문서들과 1908년 파리에서 출간되었고, 1910년 독일어로 번역된 브투룩스의 자연과 과학을 비교하라.

불가피성과 함께 출현한다. 모든 예술, 모든 국가의 형성, 각각의 신분제도, 모든 도덕, 특별히 모든 종교는 그의 유아기 때에 완전히 확고하고 어떤 증명도 필요로 하지 않는 그들의 내적 불가피성과 유일한 권리에 대한 증언을 갖는다. 그 안에서 인간은 필연적인 것과 존재 당위와 불가피하게 객관적 가치들을 현실화하는 삶을 소유한다. 어떤 종교도 '회의(懷疑)'에 대한 히포크라테스적 특징들과 순수한 가능적 무기력함을 이끌어내지 않고는 학문과 반성으로부터 생성되지 않는다. 반대로 모든 생명력이 있는 진정한 종교는 자신의 가장 내적인 불가피성과 직접적이고, 신적 억압과 소명 안에서 비롯된 증명과 변증 없이 다루었고, 그의 힘의 완전성으로부터 순수하게 보다 높은 세계를 열어왔다. 역시 모든 종교는 절대적인 것으로 태어났다. 왜냐하면 그들은 무반성적이고 신적 억압에 순종하며, 그들의 현실성 뿐만 아니라 가치를 위해 인정과 신앙을 요구하는 현실성을 진술하기 때문이다. 또한 모든 진실하고 순수한 신앙인들은 근원의 시대와 같이 그의 경건성의 출발점들과 최고의 점들로부터 - 자신의 종교가 절대적이라고 느끼기 때문이다. 역시 그에게 절대성은 당연하다. 그 자신을 통해 효과적인 현실성과 관계하고, 이 현실성에서 절대적으로 필연적이며 가치 있는 영역에 대한 출구를 느끼기 때문이다. 신앙의 가능한 다른 영역에 대한 사유 없이, 그는 사태의 필연성과 유일하게 현실적인 진리 안에 살기 때문이다.

만약 그 지평이 넓어지면서, 다양한 문화가치들과 종교들이 동일한 요구들과 함께 공존하고, 윤리적이며 종교적 가치들이 이상적 가치들에 대해서 대립하는 동일한 자연가치의 모든 흔들리는 흔적들과 함께, 또한 평균적 인간성에 직면하고 있는 이상적 대상의 허약함이 일으키는 모든 흔들리는 흔적들과 함께 관계한다면, 지금 이 순수한 절대성은 흩뿌려져야 하는 현혹함과 환상이 아닌가? 그 절대성은 순수한 지각과 욕구들의 자연적 절대성과 같이 현혹함이었던 것만큼보다는 덜한 절대성이다. 모든 조건들과 가능성들을 표시하는 관조의 이론이 볼 수 있는 대상을 보지 못하게 만들지 않는 만큼, 이 요구들의 양식과 조건들에 대한 모든 비교와 고려는 절대적 가치와 현실성에 따른 질서와 근거들에 대한 종교적 신앙을, 자신의 한계를 넘어서는 이기주의와 교만이나, 자연적 독단주의에서 비롯된 근시안적 자만심과 대립으로 만들지 않는다. 그 안에는 모든 인간적 지각의 동일성과 일치에 대한 필수불가결한 자연적 확실성이 존재한 것과 같이 영혼에 주어진 대상의 현실적 억압과 보다 높은 삶의 녹슬지 않는 느낌이 존재한다. 단순한 기만은 존재하지 않았고, 보다 확장된 시각들을 통해 새로운 관계와 변화된 의미 안에서 나타난다.

단지 비교는 각각의 요구들의 제약성과 특수한 양식들을 제시할 수 있다. 그러나 각각의 동일한 요구에 객관적인 정신세계의 억압이 나타난다. 존재해야 하는 가치들의 힘은 여기에서 가능하고 결국 개별적으로 특수한 방식에서 일반적으로 나타난다. 그와 같은 확신성은 대상 자체에 동반하는 요소이며, 그 대상 자체가 완전한 힘 안에서 느껴지고, 개별화된 것으로 느껴지는 방식과 척도로 자신을 주장한다. 단지 그 자체와 함께 이 확신성은 사라지긴 하지만, 대상 자체는 무게와 힘을, 곧 세속적인 곤궁과의 투쟁 안에서 힘과 무게를 배가한다. 곧 그들 안에 존재하는 모든 얽혀짐으로부터 열정적인 삶의 의지가, 절대적인 것의 힘에서 다시금 자신을 강하게 만들기 위해서, 한 측면의 강한 삶의 내용이 드러나는 순간으로 되돌아 간다. 그러므로 근원적 시간들이 그와 같은 순수한 절대성의 감정에 의해 이끌어진 것과 같이 회의(懷疑)와 무신론에 저항하는 모든 종교적 반응들은 우선 인간 내면에 깊이 뿌리박고 있는 절대적인 것을 위한 감정에 따른 열정적인 고양이 존재한다. 여기에 새롭게 흐르는 힘과 근원의 샘들이 존재한다. 곧 그 절대성들이 근원적으로 철저히 순수하게 존재하는 한, 자연적 절대성이 제한을 필요로 할 수 있는 만큼, 자연적이고 순수한 지각에서와 같이 그들 안에는 진리의 요소들이 존재한다. 근원적이고 순수한 절대성에 대한 사실적 내용들이 의미가 있을수록, 더욱 더 그 내용은 이 상대화 과정들 안에서 주장하게 되고, 보다 쉽게 상대성들에 대해 지친 의지가 그 절대성으로 되돌아 온다.[32]

그러나 지금 종교들의 자연적 절대성이 종교들에서 느껴지는 사실인 것과 가치가 있는 순수한 요소 이상 다른 것이 아니라면, 종교에 보다 높은 세계가 계시되는 정도와 방법에 따라서, 이 자연적 절대성들이 표현하는 양식과 방법은 다르다. 그 절대성은 단지 느껴진 현실적인 것에 대한 반성이기 때문에, 매순간 느껴지는 것과 다를 것이다. 만약 이 현실적인 것 자체가 분명함과 깊이의 다양한 정도에 따라 계시된다면, 역시 그에 상응하여 자연적 절대성들이 서로에게서부터 자신을 지양하게 될 것이다. 혹은 우리가 휴식에 이른 종교적 운동에서 유일한 진리의 이론들과 증명을 통해 자연적 절대성의 산물을 지키려고 한다면, 우리는 여기에서 사태의 필연성을 더 이상 완전하게 느낄 수 없고, 인위적으로 힘이 있는 부산물이 얻어진다는 사실을 진술할 수 있을 것이다. 그 진술은 절대성에 대한 참되고 내적인 필연성이 더 이상 완전하게 나타날 수 없다고 진술한다. 역시 절대성의 요구들은 형태나 내용에 있어 정당하게 다른 것이 될 것이고, 전적으로 외형적 고려에 있어서 철저하게 동일화되는 것으로 나타난다. 그와 같은 차이는 사실상 분명히 충분하게 발생하

---

32) 종교적 위기 1판 "기독교의 게르만족화"와 1911년에 출간된 4권 "새로운 신화에 대하여"라는 그의 논문에서 보누스는 그 사실에 대한 예를 지금 제시한다. 그의 주제는 나의 주제와 가깝게 닿아있고 그의 작업들은 종교적 감각의 변화와 관계하여 대단히 많은 관계있는 것을 제공한다. 나는 단지 그 삶의 의지로―즉 주체이지만―부터 생성된 그의 실용적 반지성주의와 모든 종교적 사유의 유래와 동일한 이유에서 신사유의 도피를 함께 만들어 낼 수 없다.

고, 도처에 하나의 동일한 문화와 교육이 부족한 시대와 민족의 제한성이 나타날 수 있다는 의견은 생각이 없는 것처럼 보인다.

소수의 다양한 악마적 혈통종교들과 종족종교들의 자연스러운 절대성은, 마치 고대의 문화적 종족들의 거대한 다신적인 종교에 이르기까지 또한 혈족이나, 종족, 민족들을 지배하는 신성 자체의 본질과 같이, 근원적으로 제한되고 제약된 절대성이다. 현재와 같이 그렇게 신의 영향은 혈연, 장소, 고향과 거룩한 성전에 붙들려 있다. 단지 민족과 혈연 공동체의 일원과 그들의 힘의 영역에 살고 있는 거주자들을 위해 이 절대성은 가치가 있다. 그 밖에 그들의 영역에서 절대적으로 동일한 가치가 있는 다른 신들이 지배하게 될지 모른다. 그러나 도처에 알려지지 않은 거대한 하늘의 운명이 덮게 된다. 동시에 그들 아래에서 주어진 세계와 본성은 그들의 변화와 창조의 재료로서, 혹은 지평으로 확장된다. 모든 시대와 공간을 위한 무제한적 절대성은 먼저 주요한 윤리적이고 신비적 보편종교를 요구하게 된다. 이 보편종교는 창조자와 세상의 주인을 혹은 모든 것을 지배하는 질서와 운명의 결과들, 또는 모든 것을 함축하며 이끌고 있는 사물에 대한 근거들을 선포하고, 우주적 질서들과 함께 인간 정신에 대한 보편적 요구들과 정신들의 법칙을 연결한다. 동일한 이유에서 윤리적이고 보편적 종교들은 역시 그들의 근원을 신적 현현들이나 제의의 장소들, 진부한 전승들과 신부들의 학문으로 환원시키는 것이 아니라, 진리의 힘에 의해 파악된 심층의 살아 있는 자기 확신성으로 환원시킨다. 보편종교들은 예언자적인 종교들이며, 그들이 유일한 진리에 대해 크거나 작은 영역을 얻고자 하는 만큼, 그들의 설립자를 절대적인 권위로서 인정한다. 그러나 역시 그들은 여기에서 차이를 포기하는 것이 아니라 단지 분명하고 깊어진다.

다양한 위치에서 나타나는 환상적 신비주의자들과 신비적 범신론자들은 종교 일반의 일치와 필연성, 인간적인 것의 일치를 향한 길을 지향한다. 민족적 종교의 순수한 절대성이 파괴되고, 그들의 인간화와 신화들과 형상들에 대한 부분적인 비판이 이루어지면서, 그들이 출현한다. 그들은 최종적이고 절대적으로 확실한 근거로서 순수하고 어둡게 물결치고 감정적으로 풍부한 신적 이념을 발견한다. 그 이념을 인간은 사유와 반추 혹은 금욕주의적으로 준비된 경우로부터 이르게 된 해명에서 발견하게 된다. 그 절대성은 앞으로 들이치고 붙드는 신성의 의지에 달려 있는 것이 아니라, 도처에 존재하는 동일하고 불가피한 인간의 사유와 행위에 달려 있다. 그러면 근원적으로 해명된 사상가와 영혼을 인도하는 자의 권위의 의미가 되돌아 간다. 절대성은 도처에서 동일한 인식들이 모든 인식의 능력에 일치하면서 나타나는 영혼의 심연에서 드러난다. 하지만 그 절대성은 인간적인 것의 '우연성'과 보다 깊고 신학적 '사유 능력'이나 '배움', 혹은 금욕주의자들의 '우연성'들에 묶여 있다.

그와 같은 운동으로부터, 다수의 종교적 공동체 형성이 나타나는 곳에 확실한 인격성들이 보다 강하게 전면에 머물러 왔다. 그들의 절대성의 본래성은 여전히 분명하게 느껴질 수 있도록 머문다. 브라만교는 신학적 학파와 제사장적 계층의 종교이다. 동양적 종교들의 범신론들은 제사장의 진리이다. 불교는 수도적 단체이다. 그들은 모든 해명된 것에서 붓다가 발견하고 그의 실존을 위해 해명되지 않은 다수의 것들을 전제하고, 그가 다신론으로 분류되지 않거나 혹은 절반의 유신론적 구원종교가 된 만큼 동일한 지혜를 독립적으로 인식하게 한다. 명백하고 헬레니즘적 종교의 변화에 따른 혼합주의는 무아경으로 보호된 반성의 산물이며 비밀스러운 가르침들이다. 신플라톤주의는 그의 세계로부터 분리되고 확신할 수 없는 신성의 의지가 아니라 그의 사유의 보편가치성을 신뢰한다. 왜냐하면 신플라톤주의를 신적인 것의 다양한 단계를 통해 무한한 이상을 향해 날아오르는 무아경의 힘으로까지 끌어올리기 때문이다.

순수한 절대성은 오로지 어둡고 종교적 기분의 근거에 붙들려 있다. 모든 다른 것은 인간적 의지이고 예술일 뿐이다. 결코 자연종교적 의식의 최종적 근거 이상 다른 것이 아닌 고요하고 단순히 존재하는 이 근거로부터 총체적인 세계를 형성하고 파악하며 하나의 이상으로 일치시키는 힘은 나타나지 않는다. 단지 윤리적 의지로서 자연에 대립되어 있고, 윤리적이고 그의 내적 본질을 표현하는 이상에서 인간성을 일치시키는 곳에서 일어난다. 그곳에서 윤리적이고 필연적인 것의 순수한 절대성과 모든 경우를 위해서 한 차례 예언자적 영혼들에서 그들의 이상을 선포한 신적 계시에 대한 보편적 결합이 존재한다. 하지만 역시 의미 있는 차이들이 존재한다. 조로아스터의 예언자는 의심 없이 윤리적 보편주의에 대한 종교의 힘이 있는 출현을 의미한다. 그 보편주의는 선과 악의 투쟁에 대한 근본 사유와 함께 이 싸움을 종결하는 종말론적 희망과 복음에 대한 중요한 사유들의 초기 단계들에서 비롯된 영향 없이는 거의 존재하지 않는다. 그러나 그의 신성이 도덕적 의지의 통일성에서 모든 하위의 신을 포괄할 수 없었고, 더구나 세계에서 사악한 원칙과 함께 나누어야 하는 것과 같이, 그의 윤리가 순수하게 도덕적 원칙을 물질화하는 제의와 예식과 장소적 양식에 대한 법의 규정들과 도덕과 분리할 수 없게 결합하는 것과 같이, 보편가치적이고 모든 것을 생산하고 지배하는 선의 총체적인 원칙 일반은 사라질 수 없다. 오히려 율법과 구원의 선포는 원래 사악한 정신으로 결국 떨어질 수 없는 자들로 제한되며, 반면에 그중에서 당연히 페르시아인들은 선한 하나님의 조력자와 본질적으로 선택된 민족이다. 왜냐하면 모든 표상들 역시 매우 밀접하게 페르시아적 산맥의 그림, 장소, 초원지대에 결합된 채 머물러 있고, 사실상 전체는 국가종교로 존재하기 때문이다. 여전히 이스라엘의 예언자들은 훨씬 근본적이고 호의적으로 선택하고 파괴하는 야훼를 근동아시아의 혼돈에서 파괴되는 민족으로부터 해방시켰고, 세상과 이교도에 존재하는 신의 총체적이고 활발한 운동에 대해서 도덕적 의지로서 높였다. 동시에 세상에 저항하고, 그들의 내적 삶에 자신의 삶을 세워가는 영혼들의 개별적 경건성을 창조했다. 그러나 이스라엘의 예언자들은 자의적으로 계약을 체결하고, 결국 적대감을 선포하는 야훼를 민족연합의 개혁된 나머지 민족과 결합시켰다. 또한 그들은 영혼들을 피와 제의의 끈으로부터 근본적으로 해방시키지 못했고, 윤리적 보편주의를 신의 본질 속에 존재하는 그의 확고한 토대에서 완전한 부분이 되지 못하게 했으며, 그 보편주의를 외형적이며 포괄적으로 넓어지는 유대교에 결합시켰다. 이와 같이 예언자들의 다양한 종류의 윤리적 복음은 모든 내적인 보편가치성의 가장 심각한 방해물로서 예전적이고 특별한 법칙으로 변화되었다.

   이슬람교의 보편주의도 동일하게 좁지만, 다른 방식으로 결합되었다. 그 보편주의는 유대적이고, 종교적이며, 윤리적 사유에서 특징적으로 시작되고, 유일신론과 윤리적 사유의 근본적 특징들과 내적으로 근거된 절대성을 얻었다. 그 절대성은 우선적인 모하메드의 선포들에서 진정한 예언자적 방식으로 표현된다. 유일하게 그의 신은 그의 계명들과 인간적 영혼에 대한 내적관계를 갖기 위해서, 어둡고 치명적이고 자의적 의지로부터 너무 많은 것을 취해야만 하고, 율법들은 너무 많이 우연적인 아라비아의 법과 예언자들의 인격적 경우들과 함께 아리비아적 도덕을 마치 현실적이고 내적으로 불가피한 보편주의처럼 받아들인다. 왜냐하면 모하메드는 역시 인위적인 대체 수단에 대한 순수한 헌신이 사라지면서, 유대인과 그리스도인들에게는 부차적인 것이 된 거룩한 법전에 대한 사유를 고의적으로 자신들의 작품으로 받아들였다. 그 과정을 통해서 그는 영원히 그의 추종자들을 종종 숭고하고 동일하게 빈약하고 혼란스럽고, 모든 측면에서 아라비아적인 특수성을 영원화하는 문자에 결합시켰다.

동시에 종교적 삶의 내재성과 순수한 인간성과 함께 예수의 선포에 존재하는 순수하게 내적 절대성이 모든 것으로부터 의미 있게 구별된다. 여기에서 대단히 내적 요구와 약속에 대한 유일한 가치는 설립자 자신의 인격적 특징과 결합되어 있다. 마치 요나의 회개의 설교가 지니고 있었던 것과 같이, 예수는 단지 자신의 영혼에서 무제약적으로 가치 있게 체험된 거룩하고 은혜로운 하나님의 의지를 선포하고, 이 선포에 대해서 내적 권리와 필연성을 부여한다. 절대성과 보편가치성은 사태 자체의 흐름으로 존재하면서, 단지 과거 사람들에게 진술되고 근원적 시간에 존재했으며, 사마리아인과 세리는 그의 마음에서 발견한 모든 진리를 편협하지 않게 인정하고, 신의 도덕적 의지의 본질로 완전히 단순하고 순수하게 존재한다. 그 진리는 인간적 불손함과 편협함에 존재하는 신의 의지에 대한 그릇된 이해와 사용에 대한 논쟁 이상 다른 논쟁 없이, 자신의 소명에 대한 확신과 가상, 그 세계에 붙들려 있지 않은 양심의 일치와 확신 이상 다른 증명 없이, 또한 다른 가르침과 신학에 대한 부차적 사유 없이, 그 진리는 사태 자체로부터 한 가지, 즉 그의 대단한 긴박함 속에서 수많은 전령가들과 종들을 향해 지금 그의 아들이 긴박하게 해야 하는 것과 선포해야 하는 것을 전한다. 그렇지만 그의 모든 선포는 유대적 색깔을 띠고 있고, 세속적이며 유대적 개념 안에서 움직인다. 모든 것은 단지 그의 약속을 성취하고, 보다 높은 진정한 삶의 세계를 가지고 오게 될 신과 세계의 모든 위엄과 기쁨 이상의 가치가 있는 단지 저 하나님 나라의 보다 높은 세계의 진정한 보물을 발견하는 영혼들에 있다. 단지 종교의 완전한 개별화와 인간화에, 마치 예수 자신의 신앙과 체험, 영혼에 대한 그의 요구에 존재하는 것과 마찬가지로 세속적이며 과거적 삶으로부터 보다 높고 영원하고 필연적 삶을 분리하는 곳에 절대성이 존재한다.

우선 절대성은 공동체에서 규정된 신앙의 법칙이 되고, 예수의 사태 그 자체 안에 함축되어 있다. 항상 메시아주의가 그의 선포에서 하게 된 역할로서의 인격성은 전체적으로 사태의 뒷편, 즉 하나님의 나라 뒤로 물러난다. 여기에서 하나님 나라는 절대적인 것이고, 순수하며 내적 영혼들의 욕구에 대해서 호소하면서 동일한 것으로서 나타난다. 그와 같이 하나님 나라는 아버지를 통해서 눈앞에 보이고, 놀랄만한 수행에 대한 확신과 세계를 수반하는 목적이 성취되는 곳에서 드러난다. 역시 그와 함께 아버지가 소유한 것보다 높은 계시는 존재할 수 없고, 오히려 모든 것은 거대한 세계전쟁의 결단을 향해서 들이치는 것이 당연하다.

그 사실은 단지 이른 결과들에 대한 확증이다. 마치 기독교가 개인적으로 종교적 사유와 그의 구원하는 힘을 최상의 명료함과 힘으로 인도하는 것처럼, 그의 순수하고 자연적 절대성은 그 사태의 가장 내적이며 가장 단순한 표현이다. 절대성의 사유의 가장 자유롭고 내적 표현이 우리에게 알려져 있다면, 그 안에서 다른 수많은 형성체들에 대한 경건성을 드러내는 기독교적 종교의 사실적인 관계가 투영된다. 순수한 절대성들은 유일하게 근거된 합법적 진리의 이론들이 아니라, 종교적 사유 자체의 흐름이다. 그 절대성들은 모든 변증적 주변 사유가 부재할 경우 전적으로 자신에서부터 최종적이고, 궁극적 진리로서 나타난다. 하지만 그 사실을 통해서, 서로 대립적으로 배척하지 않고, 오히려 그들의 모순과 충돌을 그 자신들에 대해 밑받침하고 있는 궁극적이고 절대적 가치들의 세계를 위한 보편적 원칙으로 인도한다. 그러나 절대성의 사유들은 그 가치들을 창조할 수 없고, 단지 각자가 도달하려고 애쓰지만, 그의 고립화된 자기 자신을 고려할 경우, 자신의 방식인 궁극적으로 유일하게 시작된 것으로 생각해야 한다. 따라서 동일하게 순수하고 표면적 비교는 역시 이 모순의 경우에서 순수한 대립 관계를 이룬다. 학문적 사유가 보다 깊이 파악하고, 현상들의 표면 뒤에 존재하는 관계점을 구하자마자, 그 현상들은 그들 모두에게 자신의 상대적 권리를 지키고, 궁극성과 절대적 유일성에 대한 순수한 증언을 가지는 공동적 원칙의 결과들로서 이해한다. 이 요구들의 질서와 시각화로부터 생성된 원칙에 의해서 가능하게 되면서 서로에 대해 단계화가 생겨난다. 최고의 종교는 대단히 자유롭고 내적인 절대성을 요구한다. 역시 보다 높은 종교적 삶의 흔적이 아무것도 제시할 수 없는 한 이 요구에는 서로에 대해 단계를 나누는 일이 남아 있다. 실제로 이 요구는 기독교가 종교적 경향성의 최고점으로서 동시에 원칙적으로 새로운 수준에 존재하는 종교적 이상의 고양으로서 나타남에 따라, 지속적이고 넘어설 수 없는 것으로서 역사적이고 개별적으로 형성되는 모든 경우에 더욱더 가치가 있어야만 할 것이다. 하지만 학문적 사유가 그의 유일한 가치를 특수한 양태로서 보다 큰 관계에 대해서 유일하게 느낀 대립관계를 배타적 대립이 아니라, 단계적 대립으로 느끼도록 가르칠 때, 이 순수한 요구에 대해서 순수함의 장애물을 깨뜨릴 것이다. 기독교는 그의 최초의 개별적이고 역사적 형태를 궁극적인 것이 아니라, 항상 새롭고 역사적이며 개별적 형태들의 출발점으로서만 고려할 수 있고, 학문적 사유습관을 보편적으로 관철하기 위해서 절대성의 요구를 단지 순수하게 사태의 힘을 반영하는 특징들에 대한 이해를 요구해야만 할 것이다.

학문은 이 모든 것과 함께 진지하며 순수하게 느낄 수 있는 절대적인 것 일반을 역사적 현상이나 계시가 아니라, 단지 신 자신이 그의 계산할 수 없고 항상 새로운 계시를 가지고 인간의 작은 신앙을 놀라게 하는 삶의 충만과 인간적이고 영적 이상을 모든 역사 위에서 움직이는 '무한성'과 '피안성'으로 존재한다는 사실을 제시한다. 신과 영적 삶의 목적이 강하고 생동감 있게 영혼들 앞에 서 있는 곳에 신의 절대성은 철저하게 순수한 방식으로 신에 대한 체험, 진술, 견해와 함께 지속적으로 알린다. 그 사실은 주요하고 숭고한 것

만큼 얽혀져 있으며 작은 영적인 종교들의 형성에 대해 가치가 있다. 그들은 그들 자신의 방법에 따라서, 자신을 절대적인 것으로서 느끼고, 순수한 신뢰가 사라지지 않는 한 절대적인 것의 감정을 필요로 한다. 만약 역사가 순수한 확신을 사라지게 한다면, 이 확신은 명확하고 그들 뒤에 존재하는 정신의 발전으로 돌아가고, 그로부터 역사는 다시 순수한 요구의 권리에 대한 모든 수단을 내세운다. 그러므로 생성되는 역사적 종교들의 순수한 절대성은 그들 안에서 진술하는 신과 계시자의 내적이면서 깊은 결합 이상의 다른 것은 아니다. 이 순수한 가치 요구들에 대한 권한은 구속하면서 신앙으로부터 나타나고 해방하는 힘에 따라 할당한다. 예수의 순수한 절대성은 하늘에 계신 아버지가 그를 세상에 보냄에 대한 신앙 이상 다른 것은 아니다. 또한 아버지의 의지가 유일한 도덕적 진리이고, 아버지의 유일한 구원이라는 확신이다. 그의 요구에 대한 권리는 가장 강력하고 순수한 종교적 이념으로부터 가장 내적이고 순수한 방식으로 흘러간다는 사실이다. 그러나 신적 확신과 인간적 삶의 결합에 대한 사태는 모든 순수한 경험과 같이 최종적이면서 해결될 수 없는 현실성의 요구이며, 모든 현실적인 것의 비밀과 같다.

가장 깨끗하고 강력하며 순수한 복음의 요구에 있어서 그 비밀을 활용하게 하는 것이 지금 신앙을 위해서 충분하지 않은가? 왜냐하면 복음의 요구는 순수하고 종교적 표현이기 때문이다. 만약 우리의 종교적 감각이 교회적 신학과 변증의 깊은 영향 아래에 서 있을 수 없고 그의 뿌리를 이미 가장 오래된 교회 공동체의 신앙과 신학의 영향 아래에 갖는다면, 그 질문에 대해 쉽게 대답할 수 없을지도 모른다. 왜냐하면 모든 경우에 공동체와 교회에 대해서 이 순수한 절대성은 충분하지 않기 때문이다. 이미 신약성서는 새로운 확신성을 변증적 사유와 함께 고정화하려는 시도로 가득하다. 실제로 신약성서는 예수의 설교와 공동체 신앙에서 고대교회적 묘사의 차이를 만들어낸다. 예수는 본질적이고 자유로운 순수함으로 하나님 나라의 사태에서 절대성을 느끼고, 메시아, 속제물과 하늘같은 존재로서 예수를 숭배하기 위해 모인 공동체는 그 절대성을 메시아와 주의 인격으로 받아들였다. 그를 기반으로 예수의 인격은 절대화되었으며 구속자의 인격성의 의미는 모든 문서들과 영지주의적 사변들을 통해 증명되었다. 원칙적 양식들에 대한 의심과 수행된 이론들이 여기에서 논쟁되는 것은 아닌지, 공동체의 출발점들이 본래적인 신학을 가져왔어야 했던 것은 아닌지에 대한 물음, 그러나 그들의 선생이었던 예수의 가능한 고립화와 높여지고 숭배된 주와 선생으로부터 신앙공동체의 자연스러운 거리, 순진하게 관계들을 분리시키고 고립시키는 사유 방식의 자연적 교리주의, 무한한 것을 위해서 노력하고 모든 것을 촉진시키는 신앙적 기적, 본래적 공동체에게 확고하고 함께 지지할 수 있는 기반을 부여하고자 하는 욕구, 그리스도에 대한 제의를 통해 새로운 종교를 추구하는 공동체의 형성, 세례와 성찬, 마지막으로 곧 자신에게 몰아닥치는 혼합주의와 같은 유대교와의 논쟁, 그 모든 것은 이미 초기에 예수에 대한 순수한 요구를 이론들 위에 근거를 세우게 할 수 있었고, 그와 같은 근거 없이 생성되는 공동체는 거의 지속적 공동체를 창조할 수 없었다. 원시 공동체의 메시아 신앙과 바울적이고 그리스도적 신비주의는 여전히 순수한 교의학적 사유의 출발점이며 교회적 교의와 변증의 핵심이다. 이 신학이 자유롭게 우선 형성된 문자 세계로의 상승과 학문과 철학적 종교와의 논쟁에서 완성되었다. 또한 신학은 그 과정에서 '삼위일체론'과 '원죄론'에서 그의 궁극적 형태를 발견했다. 그 모든 것과 함께 역시 기적은 순수한 당연성의 원칙으로부터 신학적 이론으로 성장했다.

그와 같이 이 순수한 절대성으로부터 인위적이고 변증적 절대성이 산출되었다. 신적 약속과 요구에 대한 확신으로부터 매우 특별한 사건과 필연성에 근거된 기독교의 유일성에 대한 신학적 이론이 되었다. 오류나 자의가 아니라 전적으로 자신으로부터, 관계들의 강요와 유대교적 신학과 혼합주의적 개혁종교들의 사유 아래에서, 무엇보다 역사적이고 비평적 의미의 부재 하에서 인위적이고 변증적 절대성이 생성되었다. 전체적 시대에 있어서 그 의미는 부재했고 그와 같은 변증에 대해서 유일하게 현실적 저항이 되었어야 했다. 그러나 이 변증은 거의 2,000년의 역사에서 매우 깊이 종교적인 감정과 함께 얽혀 있다. 따라서 이 감정은 인위적 절대성을 요구하는 것처럼 보인다. 그 절대성에 의해서 기독교는 특별히 그의 근원이 일으키는 특별한 기적의 영향과 신앙의 기적의 힘과 동시에 이 특수한 위치를 세운다. 또한 구원을 항상 유일하고 영원한 것으로 증명할 수 있는 특수한 위치를 통해서 철저하게 모든 역사에 대해서 대립적으로 서 있는 것처럼 보여야 한다.

만약 지금 현대세계의 변증학을 통해서 형성된 가르침의 내용이 사물들의 거대한 변화와 함께 거칠게 손 쓸 수 없을 정도로 부딪칠 뿐만 아니라, 특별히 이 변증에 대한 근본 사유가 역사적 사유방식에 의해서 대단히 날카롭게 위협을 받는다면, 이 변증에 대한 순수하게 감정적 주장의 결정적 역설과 종교들의 모든 진리주장에 대한 영적으로 자유로운 부정과 어떠한 사변적 중간 길도 그와 함께 주어진 문제를 해결할 수 없다. 이 해결 방법은 우리에게 인위적 절대성으로부터 순수한 절대성의 차이를 제시하고, 끊임없이 수행된 역사적 인식에 있다. 또한 궁극적인 것을 역사에서 상대적으로 옳은 생성으로서 인식하게 하고, 종교적 신앙 자체를 역사에 대한 내적인 결합으로부터 해방시키는 역사적 인식에 있다.

지금 사유가 환상, 형상, 전설의 유행적 종교들에서 움직이든 또는 개념적이거나 또는 보편적 종교에 머물러 있는 사유의 보다 높은 종교들에서 움직이든지, 인위적 절대성은 순수하게 자연적 절대성과 4분의 일이나 절반의 길에 머물러 있고, 비교하며 관계하는 사유 사이의 중간 길이다. 인위적 절대성은 고립되고 자신의 빛에서 고려된 출발점에 붙들려 있다. 실제로 사태의 자연적이고 순수한 절대성은 일시적이며 역사적 표현과 함께 자라난다. 그 절대성은 일반적으로 처음 흥분한 열광에서 불가능하고 나중의 고요한 사유에서 나타나는 양자의 분리는 생각하지 않는다.

이와 같이 예수가 그 자신의 영혼으로부터 창조했고, 제자들의 헌신과 체험으로부터 창조하지 않은 그 자신의 선포의 자유와 수용력과 권세를 신앙인은 결코 가질 수 없다. 종교적 이념의 힘과 권세는 주의 말씀과 형상에 묶여 있고 직접적이며 무의식적으로 연결된 사유와 함께 무제약적인 권위로 변화시킨다. 자연스러운 확장에 대한 욕구를 수반한 '사랑'과 '열정'은 공동적으로 모든 인간적인 것에서 이 권위를 싹트게 하기 위해서 그 자신의 역할을 감당한다. 지금 공격과 의심, 사유, 낯설지만 감명을 주는 사유들이 나타난다면, 그 모든 것을 넘어서는 위치가 얻어지는 것이 아니라 더욱더 확고하게 내적 필연성과 열광적 헌신의 힘과 함께 느껴지는 권위가 된다. 따라서 그 모든 것과의 관계에 존재하는 공격과 의심, 보충, 권리의 모든 가능성에서 권위를 끌어내는 위치가 필요하다. 이와 같이 최초의 가장 중요한 사유, 즉 신적 계시에 대한 사유가 형성된다. 그 계시는 일반적으로 신적인 것이 아니라, 완전히 인간적 공격이나 보충이 가능하지 않는 방식에 있어서 신적이다. 동시에 낯설고 대립된 위치에 대한 상대적 가치평가의 가능성이 부족하다. 그 위치들은 모두 사탄이나 악마들 혹은 인간적 악함과 어리석음에서 비롯되어야 한다. 단지 자신의 위치만이 긍정적으로 느껴지고, 나머지는 모두 부정적으로 다루어지며 그와 함께 결정적 관계, 즉 초자연주의적 절대성의 근본 사유가 형성된다. 그러나 지금 사변들과 철학적 가르침과 윤리적 힘, 문화적 불가피성이 들이닥치고, 부분적으로는 내적으로 친숙하게, 그의 진리 안에서 부정될 수 없다면, 역시 여기에는 상대적 가치평가의 관계는 존재하지 않고, 친숙하고, 동화될 수 있는 것이 자신의 진리에 속한 것으로서, 혹은 그의 진리로부터 비롯되거나 그 진리에서 신에 의해 정돈되는 것으로서 단순히 채택된다. 반면 모든 장애를 일으키는 것은 여기에서 악마적이거나 혹은 인간적 기만으로 제거된다.

플라톤은 모세의 표절자가 되고, 고대 제의와 전설들의 유비들은 그리스도인들을 타락시키고자 하는 악마의 도구들이다. 기독교가 그의 깊은 의미를 발견했던 죄는 상속된 저주이고, 인간의 운명이 된다. 그 운명은 모든 기독교의 외적인 선함과 신인식을 지양한다. 기독교에 대해서 강하게 대립적으로 나타나는 이상적이고 윤리적 종교개혁은 원형계시의 나머지가 되고, 우선적으로 교회에 의해 현실적 이상으로 옮겨진다. 이와 같이 두 번째의 명확하고 근본적 관계 규정, 즉 합리적 절대성이 생성된다. 이 규정에 따르면 모든 기독교 외적이거나 기독교 이전의 진리는 원형계시의 나머지 부분이거나 혹은 그리스도 안에서 인간이 된 로고스의 준비된 작업이다. 통일적이고 지속적이며 제한된 진리라 할지라도, 기독교에 의해 단순이 그의 육신으로부터 기독교와 함께 이상적인 것으로 요구될 수 있는 진리이다.

첫 번째 사유가 사회적으로 저급한 환경의 그늘 아래에서 일하는 지식적이지 않은 공동체의 근본적 작업과 투쟁에서 형성된다면, 두 번째는 지식층과 교육을 받은 계층으로의 유포와 함께 세계의 형식 안에서 움직이고, 세계에 대한 질문과 더불어 변증하는 변증적 문학의 출현은 초자연적 절대성의 사유로 자라난다. 하지만 그와 함께 이 모든 사유들의 개념적이고 신학적 길들이 열렸다. 교의학과 본래적으로 교의학적 사유가 생겨난다. 그 사유는 출발점 자체에서 단지 무의식적으로 일치시키지만, 대립적 상황들에서 부분적으로 직접 부정하거나 단순히 소유하면서, 모든 통제와 분석에서 이끌어 낸 출발점을 고안해낼 수 있는 사유와 진리와 함께 용해시켰다. 여기에서부터 보편적인 전체의 파악이 구성되고, 이곳으로부터 특수하고 기적에서 보호된 계시는 모든 인간적인 것에 저항하는 대립의 필연성이 주어진다. 모든 대상이 계시의 영역에 주어지고, 효과적 대상으로서 모든 세속적인 것으로부터 구별하는 보증의 체계가 발전된다. 익숙한 사건의 총체적 역사는 순수하고 약하고 오류를 범할 수 있는 인간적 힘들에게서 생성되고, 그에 대해 거룩한 기적과 계시 영역의 초역사가 그의 종결과 함께 거룩한 진리의 법전 편찬과 거룩한 교회 조직 안에서 대립해 있다.

그 밖에 놓여 있는 도덕적이고 종교적 힘들이 자연적 능력들을 위해서 설명되고 원죄의 마력에 서 있으며 명백한 악습으로 존재한다. 절대적 진리의 곁에는 교회의 조직과 법이 있고 교회적 은총과 진리의 물질적이고 순수하게 안정적 수행자와 접합점으로서 '제의들', 성서와 교리들, 고백들, 예전들, 도덕 법칙들의 벽이 세워지고, 이와 같이 전체는 이론적, 실천적으로 모든 측면에 따라 비교할 수 없는 유일한 진리에서 지지되었다. 한편으로 절대적인 것과 상대적인 것 사이의 틈이 항상 더 깊어지고, 상대적인 것들은 항상 죄가 되며 약간의 불꽃을 지닌 오류는 진리가 되는 반면에, 교회는 근심하면서 이 작은 불꽃들을 그들의 무리 위에 모은다. 그 거룩한 무리 위에서 교회는 힘 있는 불꽃이 된다. 형이상학, 우주론, 심리학, 윤리와 국가학은 안에서 명확하고 진실한 것으로 사유되는 모든 것을 교회는 그 자신의 본래적인 진리의 부분과 흐름으로서 끌어들이고, 그 자신이 소유한 본질적 부분으로써 발전시킨다. 이와 같은 모든 거대한 인간성의 문제와 개념적 사유의 모든 기술은 교회의 문제들로 자라난다. 초자연적 토대와의 관계에서 우선 정당한 종결과 본질적 해명으로 이끌어진다. 교회철학은 성육, 계시, 교회이론이 초자연주의적 대상과 같이 기독교의 합리적 절대성을 이룬다.

그의 압도하는 종교적 에너지에 상응하고, 기독교가 어떤 다른 종교보다도 인위적이고 학문적이며 변증적 절대성을 거대한 방식으로 형성한다 할지라도, 인위적이고 학문적인 변증적 절대성에로의 순수한 절대성의 변화와 함께 기독교는 유일하게 존재하는 것은 아니다. 이미 민족종교들의 다신론은 그들의 순수한 절대성이 흔들릴 경우에 보편적 이론들과 학문적 신화 해명과 다양한 민족들이 소유한 신들의 혼합주의적 동일성들을 창조한다. 그와 함께 개별적 신앙은 사유의 충돌 안에서 확고해져야 한다. 하지만 보편종교들은 현실적으로 완성된 유사한 변증학을 가져왔다. 보편종교들의 공동체 형성은 실제로 기독교적 교회 형성과 지속적 유비관계에 있고, 동일한 동기들과 절차들에서 비롯된다.[33] 도처에서 자연적 절대성은 자신에 대한 제한과 더불어 놀랄만하고 유일한 신적 암시들로 확장되며, 이 가르침은 낯선 종교들에 대해 유일한 진리로서, 개별적인 벗어남에 대해서는 정통으로서, 곧 보다 높게 보다 깊게 서 있는 반성의 유동적 삶에 대해서 법제화된 신적인 진리로서 서 있다. 성스러운 책들, 성스러운 교의들, 성스러운 법칙들, 물질적으로 제한되고 확실하게 하는 은혜로운 수단들은 도처에 근거하고 있는 예언자들의 유산을 포괄한다. 발전되고 더욱더 신화화되고 사변화된 신학은 그를 둘러싸고 제약하는 영적인 삶의 내용들에 대해서 이 유일한 진리의 확고한 관계를 세운다.

실제로 기독교적 변증은 이 형성물과 유비적 관계에 있고, 부분적으로 신학을 받아들이며 발전시킨다. 기독교적 변증은 여기에서 역사적 결과들과 의미로 가득한 문서들과 법칙들의 가치와 유대교적 계시와 역사 신학, 유대교적인 영감론을 받아들였다. 변증은 특

---

33) 나의 논문 1895년에 출간된 《종교와 교회》를 비교하라(전집 2권에서는 146페이지에서 182페이지이다).

별히 성육신 이론의 영향 없이는 남겨질 수 없고, 그 이론과 함께 혼합주의적 사변들과 신화들은 그들의 비밀스러운 가르침에서 변증적인 토대를 갖는다. 중세에는 철저하게 유대적이고 이슬람적인 신학으로부터 아리스토텔레스적 준비를 교의학의 초자연적인 권위에 대해 이성의 자연적인 보충으로서 받아들였다. 실제로 이 유비는 친숙하고 종교적 절대성의 이론으로 뻗어간다. 완전한 권리를 가지고, 우선적으로 생산하며, 단지 필연적 영향들로 느낄 수 있는 삶의 총체적이고 이상적 내용들은 사실상 필연적으로 느낀 대상을 개념적으로 필연적이고, 변하지 않고, 지속적 대상으로 만들고, 공동체론, 예술학, 논리학과 형이상학, 무엇보다도 윤리 안에서, 무엇보다도 그 말씀의 철학적 의미에서 교의학적 사유를 근거 짓는 이론들에서 확고해진다. 신학적이고 철학적 의미는 매우 유사하다. 절대성의 이론들이 형성해온 영적 분위기는 역시 다른 학문들에서 교의적인 사유를 인식하고, 단지 그들에 대해 사실적으로 서 있던 분명한 관계를 얻을 수 있었다.

인위적 절대성은 유일하게 확고한 점이 느껴지고 이어진 신앙에서 출발점이 존재하며, 모든 다른 것은 단지 그 출발점에 의해서 고려된 개념적 관계규정 이상 다른 것은 아니다. 그 관계는 이 인위적 절대성에 대한 비판과 채용을 통해서 확고한 관계로 가져온다. 인위적 절대성은 관계함과 비교의 산물이다. 처음에 순수한 절대성의 모든 것을 규정하는 특징에서 단지 상대적으로 순수하게, 즉 관계시킬 수 있는 힘을 매우 편협하게 제한하면서, 함께 수행하고 단순하고 살아 있는 그림들과 함께 중재하는 환상과 함께 쉽게 만족시킨다면, 항상 더 많이 확장하면서 모든 것을 포괄하는 이론으로 발전시킨다.

인위적 절대성은 비교, 관계, 사유, 사실적 학문의 산물이다. 그 사유는 가톨릭주의에서는 교황의 무오성과 실천적 보충을 토대로 하는 토미즘적 체계가 된다. 프로테스탄티즘에서는 성서의 영감에 존재하는 자연적이고 초자연적 빛을 일치시키는 실천적인 토대를 지닌 교의학이 된다.

하지만 이와 함께 받아들여지고, 신학적이며 교의학적 학문성으로 형성된 '비교'와 '조화', '대립'과 '용해'의 요소가 이 단계에서는 확립될 수 없다. 그 요소들은 소유하고 있는 교의학적 전제들 밖으로 나가고, 항상 개선되며, 넓어지고 원칙적으로 파악된 비교와 공동질서를 향해서 강요한다. 비교할 수 있고 관계할 수 있는 지체들은 더욱 포괄적이고 풍부해진다. 공동적 관계점이 교의학적으로 확고해진 대상으로부터 벗어나고 지속적으로 보다 높이, 전체에 대한 중심으로 향해 다가간다. 곧 초자연적 이론들은 보다 엄격하게 근거된다. 원칙적인 반합리주의는 합리적으로 이끌어지자마자 교의학적 이성은 신학의 미세한 구멍 안으로 들이치고 신학의 근원적 의미의 대립에 이르기까지 합리화한다. 새롭고 원칙적이고, 형이상학적이며 우주론적이고 심리적 이론들이 나타난다. 그 이론들에게는 그 요새를 잘 지킬 수 있기 위한 외부적 작업들이 제공된다. 혹은 이제까지 사유의 총체적 기반과 함께하는 인식론적 연구들은 역시 신학적 대상들의 근본 개념들을 위협한다. 결국 자연과학으로부터 발전된 새로운 세계상은 성서와 교회철학의 고대적 세계상과 부딪친다. 다른 측면으로 변증적 초역사는 세속적 역사를 그의 제한점들로부터 억제할 수 없다. 무엇보다 궁극적인 것은 풍부한 결과들이다. 왜냐하면 새로운 세계상은 신학적 가르침의 내용을 위협할 뿐만 아니라 교의학적 신학의 시도들이 그들의 입각점에서, 역시 그들의 합리화된 형태들에서 중지시키곤 하는 근본 실마리를 위협하기 때문이다. 여기에서 뜨거운 전쟁이 드러나고 매우 심하게 흔들리는 용인들이 뒤따른다. 이 신학은 여기서부터 과거의 종교와 현재의 종교의 유비만이 아니라, 세속적 문서 작품들과 종교적 문학 생성의 유비, 기독교적 종교들과 비기독교적 종교들의 유비, 결국 생성되고 기독교 주위에서 그룹화하며 다양하게 직, 간접적으로 영향을 미치는 종교사적 발전에 대한 총체적 시각으로 이끌어간다. 그러면 결국 더 완전하게 그들의 다양한 절대성, 즉 교회, 교의, 성서, 계시, 신학을 가진 보편적 종교사 일반으로 이끌어간다.

이 상황에서 기적과 계시론의 조화, 자연적 신인식에 대한 이론과 원죄 이론의 조화를 통해서 교회적 교의학의 인위적 절대성에 이르게 하는 오래된 수단들을 포기한다. 인간은 그의 너비와 폭에서, 그리고 진보와 유비에서 신학적 사유의 기반으로서 역사를 인정하고, 지금 역사의 사변적 구성들을 취한다. 우선 소심하게 이신론과 같이 고대의 교회적 사유에 기대며, 대담하고 근원적으로 레싱과 헤르더 이래로 독일 관념론의 역사철학과 같이 붙든다. 초자연주의적이고 합리주의적 절대성으로부터 진화론적 절대성이 생성되고, 극복할 수 있는 대립들의 강화된 느낌을 가지고, 역시 그 문제를 보다 날카롭게 형성한다. 따라서 절대성의 표현을 동일한 것의 표시로 각인해 왔다.

지금까지 유일하게 초자연적으로 계시된 진리였던 기독교는 본질적 의미에서 절대종교, 그의 본질을 산출하는 개념종교요, 종교적 이념의 현실화이다. 한편, 정통적 교의학의 형식적이고 특수한 위치에서 희생되는 것은 다른 측면에서는 내용적으로 능가한다. 더 이상 성육신과 기적과 격언에서만 인식하지 않고, 그 결과 확실하지만, 충분히 논술될 수 있는 진리이고, 완전하고 그들의 개념을 충분히 논술할 수 있는 진리이며, 단지 역사적 관철과 중재의 형식들로부터 비롯된 영원한 개념의 해명을 필요로 한다. 이 모든 궁극적 구원과 최종적 진리를 우선적으로 기대하는 예수의 설교로부터 근본적 거리를 두는 일과 넘어서는 일은, 우리가 여기에서 우선 정당하게 인위적 절대성과 관계한다는 사실을 지시한다. 이 인위성은 현실적 역사에 존재하는 수행에 있어서 철저하게 계시한다. 또한 인위성은 도처에서 개별적이고 일시적인 그들의 이상을 절대적인 것의 방향에서 세울 수 있는 형상을 인식하게 된다. 그 인위성에 있어서 모든 주변 사유와 조건들과 제한들은 사라진다. 그렇지 않으면 그것들은 처음부터 해결할 수 있는 기독교적 초자연성의 전제들을 신학적이고 역사적 탐구와 합하고 가볍게 만든다. 역시 인위적 절대성의 최종적인 구성은 현실적 역사의 손 아래에서 파괴된다. 그와 함께 우리는 다시 우리의 전체적 시도의 출구에 도착했다. 그 주제는 모든 측면으로부터 해명되어 왔다. 이제 이 주제에 제기된 질문과 궁극적으로 위에서 형성된 사유에 대해서 대답할 수 있는 가능성이 있어야 한다.

표면적으로 경험된 학문은 신으로부터 떨어져 있고, 단지 표면적으로 바라본 역사는 그 종교가 그들의 다양한 절대성의 모순들에서 붕괴되어야 한다고 믿는다. 보다 높은 삶에 대한 인식의 본질적이고 순간적 상황이 최종적이며 유일한 상황으로 나타나고, 다른 것과의 모든 비교가 부족한 경우에 있어서 순수한 사실에 머물지 않는다. 오히려 그의 관계를 찾는 역사가 이 절대성들에서 눈앞에 아른거리는 이상의 절대성이 매순간 흘러나온다는 사실을 인식하게 되고, 그의 사실적이고 내적 필요성과 순수성의 제약들에 붙들려 있는 것으로 느낀다.

우리에게 이 순수한 절대성들은 명료함과 힘에 따라서 의미 있게 구분되고, 종교적 이상은 해방시키며 구원하는 긍정적 힘을 가지고 있는 세계에 직면해 있다. 기독교가 '마주 봄'을 유일하게 원칙적으로 완성하는 것과 같이, 그의 절대성 요구는 내적으로 가장 자유롭고 보편적이고 내적으로 순수하게 설립자의 영혼들과 결합하는 반면에, 문자와 함께 결합하지 않는 요구이다. 단지 그 경우에 순수성의 제한이 그 요구에 붙들려 있고, 이 요구가 자연적으로 그의 마지막 결단을 기대할 경우에, 가장 강력하고, 근원적이고, 개별적이고,

역사적이고, 종교적 사유의 형태와 동일한 것으로 느낀다. 또한 그 자신으로부터 비롯된 그의 권리를 다른 진리들에 대한 시각 없이 받아들인다. 역사가 그 제한을 파괴한 후에, 이것을 극복하는 것이 가치가 있다. 역사적 운동이 그 점 밖으로 인도할 뿐만 아니라, 역사적 인식이 발전 체계에서 그 점을 그의 위치에서 보는 법을 가르쳐 온 후에는, 한 점에 자신을 고정시키는 것을 푸는 것이 가치가 있다. 그러므로 결정적 사실은 더 이상 절대성의 요구가 존재하지 않고, 절대성의 양태와 힘에 반영된 사태, 즉 종교적이고 윤리적 이념들과 삶의 세계 자체이다. 계시, 구속, 가치요구에 대한 논쟁들로 부터가 아니라, 그 가치요구에 의해 출현한 사태에 대한 판단으로부터 기독교의 가치성이 출현한다. 그러나 이 요구의 위치에서, 그 사태가 일어난다면 다양한 요구들의 유비와 상대성이 어떤 것도 기독교에 대해 증명할 수 없다. 실제로 역시 사태의 특수한 양식도 기독교의 절대성 요구의 양식이 상응한다는 사실을 암시하게 될 것이다. 그러나 본질적인 것은 특수성이지 절대성이 아니다.[34]

하지만 동시에 그 사람은 종교적 감정을 단순히 학문에 대해서 피할 수 없는 용인으로서가 아니라, 그의 본질적이고 내적 요구로서 만족시켜야 한다. 그 사태는 절대성 요구의 형태로부터 분리될 수 없고, 먼저 순수하게 나타나면, 인위적으로 그 요구를 이론화 한다. 만약 예언적이고 기독교적 인격주의 자체가 권리를 요구한다면, 그는 절대적인 것의 방향과 다른 입장들에서 그의 우선권에 대한 입장에 대해 확실하다. 원칙으로 기독교의 특성은 오래된 계시와 유일한 진리와 원죄론으로부터 분리되고, 그에 따라 자유롭고 생기 있게 현대적 세계상의 시각들에 나타난다고 할지라도 유지된다.[35] 인위적

---

34) 60페이지와 위를 비교하라. 그것은 무엇보다 리츨학파의 요구신학에 직면하여 결정적이다. 나는 근원적으로 그 신학에 참여했고, 주어진 유비들과 평행적인 것들이 그 요구신학으로 부터 나를 자유롭게 해방시켰다.

절대성이 교의학적이고 영적 분위기에서 자연적 절대성의 단순한 진보와 고양을 의미했던 경우에, 변증을 위한 인위적 절대성은 커다란 만족감을 주고 상승하는 힘을 소유한다. 하지만 이미 모든 투쟁과 증오, 모든 교만과 영적 억압이 인위적 절대성에 매달려 있는 너무나 인간적인 것을 종종 경악하게 할 수 있었다면, 그 절대성은 비판적이고 역사적으로 사유하는 분위기에서, 수도원적 순수함과 신학적으로 정제된 특성이 항상 깊이 목을 눌러왔던 경건한 감정에 대해 상당히 무거운 짐이 되었다. 그 절대성은 경건하고 신중한 선생의 거룩한 열정을 통해서 단지 존경할만한 가치가 있을 뿐 쉽지는 않다. 만약 이 짐이 즉시 역사를 통해 무거워졌고, 결국 역사가 끝났다고 사유된다면, 역사는 그 짐으로부터 벗어난다. 그러면 우리는 사태의 본질에서 비롯되고, 보다 높은 삶의 보편적 현상, 즉 인위적이고 변증적 절대성으로부터 순수한 절대성의 차이를 발견한다. 우리는 비교를 통해서 변증적 절대성을 확고하게 하고, 승인된 비교의 결과를 통해 거의 자기발현에서 순수한 절대성으로부터 벗어난 자연적 출구에서 분명하게 한다. 하지만 곧 자기 발현 안에서 생성된 변증적 절대성은 항상 우리를 보다 깊은 역사 안으로 안내한다. 또한 변증적 절대성은 우리가 그의 순수한 절대성과 깊이 존재하는 종교들의 진리가 계시되는 요구들로부터 기독교적인 순수한 절대성의 거리에서 그 근원들을 인식하게 만들 수 있다. 이와 같이 그 절대성은 모든 원시 기독교적이고 교회적 변증으로부터 예수 선포의 차이와 여전히 우리가 인식하는 최고의 것이며 최대의 것으로 머물러 있는 예수의 순수한 힘과 숭고함과 원대함과 자유에로 되돌아간다. 예수의 힘은 우리를 붙들고, 우리는 최상의 종교적 힘으로서 양심과 함께 역사적 예수의 힘에 우리를 맡길 수 있다. 또한 우리는

---

35) 여기에서 주장된 기독교에 대해 1910년에 발간된 로고스에 있는 현대적인 철학에 대한 관계에서 기독교 미래의 가능성에 대한 나의 논문을 비교하라.

역사의 다양성 안에 얽혀 있는 종족이 그것 없이는 역사적 예수에게로 올 수 없고, 모든 어려운 길들과 우회로를 잊게 만드는 경외감과 영혼의 힘과 함께 우리를 예수의 힘에 맡길 수 있다.

종교적 감정은 역사를 다시 잊을 수 있고, 순수한 절대성과 함께 지금 우리에게 열린 신적 이상을 직관하는 데에 모든 시간을 소비하고, 지금 그의 측면에서 하나님의 현재에서 산다. 다시금 종교적 감정이 역사에 대한 강력함과 명백하고 종교적 인격성들을 필요로 하는 만큼, 특별히 공동체의 '성장'과 '공존'과 '제의'에 대한 가능성을 위해서, 그의 근본 토대의 현재화가 필요한 만큼 다시금 종교적 감정은 근본 토대를 향한다. 그 역사 비평적 박식함은 '경건함'과 '깊어짐'에 유익한 역사의 현재화로부터 분리될 수 있다. 역사의 현재화에 있어서 그의 권리가 근본적일수록, 역사의 현재화는 역사에 대해 내적으로 의미가 있는 역사의 전승들을 사용할 수 있을 것이다.[36]

예수의 상이 원시 기독교적 변증이나 순수한 전설의 교의학으로 덮여 있을 수 있는 만큼, 순수하게 오해 없이 그 대상에 의해서 빛나는 이유는 그가 그 안에서 최상의 것과 깊은 것을 가장 단순하게 제시할 수 있고, 가장 단순히 그 아버지의 보냄에 대한 신앙에 연결

---

[36] 그 사실에 대해 '역사와 현재 안에서 종교'(*Religion in Geschichte und Gegenwart, RGG*)라는 잡지에 실린 '신앙과 역사'라는 나의 소논문을 보라. 또한 신앙을 위한 예수의 역사성 의미에 대한 나의 논문을 보라. 그에 대한 1912년에 "Theologische Rundshau"에 실린 베트의 비판을 보라. 베트는 양자의 작업 사이에 존재하는 모순을 확고히 해야 한다고 믿고, 그 두 번째의 고려방식을 외형적이고 자의적인 것으로 이해한다. 나는 단지 심리학적 불가피성들이 종종 우선 개념적 입각점들의 출발점들이 되는 곳에서 실천적이고 역사적 입각점을 세운다. 나는 나보다 그 사실들에 대해 알고 있는 교의학자들에게 영원하고 개념적 결합물들을 이관한다. 이와 같은 입장과 함께 당연히 종교적 공동체의 이념과 실천에 대한 강한 영향력이 묶여 있다는 사실을 나는 1906년에 출간된 《교회와 국가의 분리》와 1912년에 출간된 《기독교적 교회들과 공동체들의 사회적 가르침》에서 제시했다.

하는 놀랄만한 순수성이다. 만약 탐구의 구름들이 걷힌다면 예수의 상은 항상 그 최종적인 결과로 머물게 될 것이다. 인간성에 대한 다양한 진리와 가치들에 대해서 공감하고, 지속적으로 살아가면서 그의 길을 찾는 자는 가장 명백히 최고의 종교적 힘들로 표현된 자유로운 순수성에서 우리를 지배하는 신적 삶의 계시에 대한 암시를 인식할 것이다. 만약 그 종교적 삶이 새로운 현존재의 형태들에서 새로운 사유들과 함께 밀접하게 결합한다면, 그는 역시 이 절대성 요구의 순수한 제한들을 부정하지 않을 것이며 그에 대해 두려워하지도 않을 것이다. 우리의 현재적 지식의 불완전성과 결함들로 인해서, 우리는 다양한 새로운 결합이 그들의 역사적 제한성에 있음을 깊이 느낀다는 사실에 대해 관심을 갖는다. 그러나 그는 모든 과정에서 신으로부터 나오고 신 앞으로 이끌어가는 삶을 수행할 것이다. 그 삶을 우리는 예수의 손으로부터 받아들이고, 그 삶에 대한 그의 투쟁과 승리가 끊임없이 새로운 곳으로부터 용기를 내도록 우리를 강하게 만든다. 그런 측면에서 그는 이 신앙을 예수와 다른 모든 사람들 사이에 넘을 수 없는 틈을 확고하게 만들고, 다른 사람들에게 일어난 구원을 부정하는 방법을 통해서 신앙을 확고하게 할 수 없을 것이다. 하지만 그는 그 자신이 알고 있는 구원의 보다 높고 명백한 단계로 인도해야 한다는 책임이 있음을 느끼게 될 것이다. 또한 기독교의 역사로부터 완전하고 지속적 종교이념을 해명하지 않고, 오히려 역사에서 우리를 역사적으로 인도하고, 예수와 함께 구원을 완성하며 그 계시를 미래에 현실화하는 신의 인도하는 손을 신뢰하게 될 것이다. 알려져 있지 않은 수천 년의 인간의 역사에서 우리 자신을 자극할 필요가 없다. 만약 우리가 다음의 길을 밝힐 수 있고, 여기에서 우리가 의지하는 것과 해야 하는 것을 안다면 족하다. 우리의 역사적 순간을 위해, 모든 측면에서 우리를 위협하는 종교적 무질서와 종교적인 황폐함에 저항하는 것이 가치가 있다. 지금 여기에 대표되는 입각점이 그의 기독교적 특성을 주장하기 위해서 떠나온 이론들로 되돌아갈 필요도 없고, 그 결과들을 그의 역사적이고 총체적 직관으로부터 이끌어내기 위해서 기독교를 포기할 필요도 없다는 사실을 결과적으로 진술할 수 있다. 그는 다양하게 이전의 신학으로부터 자신을 구분한다. 하지만 그 역시 총체적 상황의 근본적 변화와 근대적이고 역사적 지평과 근대적이며 발생적 사유를 전제로 갖는다. 여기에 존재하는 개별적인 점에서 나아질 수 없고, 총체적 시각을 새로운 문제들에 세워야 한다. 확실하게 오늘날 대답될 수 있는 질문들은 존재하지 않는다. 이 질문들은 기독교적 인격주의에 존재하는 모든 범신론적, 상대주의적, 근대적 정신의 경향성들에 직면하여, 포기할 수 없는 우리의 종교적이고 영적 현존재의 소유를 인식한다.

현대적 자연과학은 동일하게 포괄하는 고대 기독교적이고 중세적 세계상의 변형을 요구한다. 만약 일반적으로 그 문제를 진지하게 생각한다면, 역시 신학자들은 작은 수단들과 함께 도울 수 있다고 믿는다. 그러나 여기에서는 문제가 되지 않는다. 단지 현대적이고 역사적 사유의 결과들이 문제였다. 그들은 총체적이고 전체적이며 종교적 상태의 변화를 요구한다. 그러나 그들은 기독교적 인격주의와 유일하게 절대적인 것에 대한 신뢰를 포기하지 않는다. 전체를 얻기 위해서 전체로 나아가야 한다. 그러면 우리의 교회적이고, 많든 적든 간에 자유화된 교의학으로부터, 그와 함께 밀접하게 결합되어 있는 실천적이고 교회적 상황으로부터 대자적 질문이 생긴다. 여기에 대단히 어려운 미래의 발전들이 우리 앞에 서 있다. 하지만 기독교의 이념세계에서 완전히 이념적 명료함을 의도할 수 없고, 도달할 수도 없다면, 기독교의 발전은 확실하고 안전하게 수행되지 못할 것이다. 그 발전은 피할 수 없이 용인과 타협을 할 수밖에 없지만, 원래부터 신학의 본래적 이상은 아닐 것이다.

기독교 신앙을 위한 예수의 역사성의 의미
현재의 삶 안에 존재하는 교회(1911)

본 책에는 1911년에 출간된 트뢸치의 두 논문 '신앙을 위한 예수의 역사성의 의미'와 '현재적 삶 안에 존재하는 교회'가 첨부되어 있다. 그 논문들은 기독교 절대성의 핵심적 토대들을 현재적으로 재현하는 데 기여한다. 한편으로, '예수의 역사성'은 기독교적 종교공동체의 중심으로서 역사적 예수의 인격성에 대해서 해명한다. 기독교 절대성을 예수의 인격성에 근거를 두어왔던 슐라이어마허나 혹은 속죄에 대한 예수의 권위에 두었던 리츨과는 다르게 '사회심리학적 원칙'으로 이해했던 트뢸치의 생각을 구체적으로 표현한다. 특히 역사적 예수의 비역사성에 대한 파악을 주장하면서, 역사적인 예수의 정당성을 공동체의 제의에 따른 역사적 예수의 신성, 형이상학적 이념, 종교적 체험들의 표현으로 이해했던 아더 드류(Arthur Drews, 1865-1935)의 역사적 예수 이해에 대해서 비판적이다. 따라서 트뢸치는 예수 그리스도를 중심으로 하는 교회성 확보의 출발점으로서 예수의 인격성에 주목한다.[1] 트뢸치는 그 역사적 예수의 인격성을 제의, 공동체, 생명력이 있는 신성과의 교제를 통해서 드러나는 기독교 절대성의 핵심적 근거가 된다. 또한 예수 그리스도를 중심으로 하는 교회성은 기독교의 보편가치가 구체화되는 장소이다. 따라서 트뢸치의 예수의 역사성에 대한 이해는 그의 사후 출판된 신앙론의 전제로서 종교사적 작업으로 인식할 수 있다.

특히 본 논문은 트뢸치의 신앙론의 중요한 전거가 되는 논문이다. 왜냐하면 트뢸치가 '예수의 역사성'에 대한 인식을 통해 유럽적 문화종교로서 기독교적 공동체의 중심으로서 '역사적 예수의 인격성에서 비롯된 기독교 절대성의 종교사적 근거를 보여주고자 한다면, 신앙론은 그 중심점과의 관계에서 표현된 신앙공동체의 교의학적 규범적 인식을 드러낸다.

다른 한편으로 '현재적 삶 안에서 교회'는 기독교의 보편가치로서 '교회성'이 드러난 교회의 구체적 역할에 대해서 서술한다. 특히 다양한 공동정신의 구성체로서 교회는 급진적인 문화에 대한 반감 때문에 타협하지 않는 종파들과 다르게 적극적인 타협을 모색한다. 특히 그는 19세기 교회들을 지배해오던 국가 교회주의의 경직성에 대해 비판하면서 기독교적이고 종교적 삶을 새롭게 구성하려고 한다. 그 기독교적인 종교적 삶은 다양한 공동정신을 포괄하면서 '문화국가'를 지향해 간다. 문화국가에서 교회는 다양한 종교적 힘을 수용하는 교제적 공동체이다. 그 과정에서 교회 안에서의 선교와 사회에 대한 실제적 사랑을 통해 사회적으로 소외된 자를 교회로 불러들이는 살아있는 공동체가 된다.[2] 따라서 그 '현재적 삶에 존재하는 교회'는 기독교 절대성으로서 그의 규범성을 사회에 대한 교회의 구성적 가치에서 찾는다. 교회는 자신의 종교적 힘을 통해서 또한 다양한 공동체의 힘과의 관계에서 기독교 절대성을 우리의 종교적 삶의 공동체적 규범의식으로 이해하게 된다. 결론적으로 두 논문은 기독교 신앙의 문화적 보편성으로서 '주체적 현실성'과 다양한 종교적 공동체에 직면하여 '문화통합'적 현실성으로서 유럽주의적 문화가치 시스템을 확보하고자 하는 교회의 역할을 대단히 구체적으로 묘사한다. 트뢸치의 두 논문은 기독교의 절대성을 향해가는 '우리 존재'의 문화적 현실의 내재적 근거와 외형적 현실성을 그리스도의 역사성에 대한 신앙과 문화에 대한 교회의 상호작용을 통해서 구체적으로 표현된다.

---

1) H. G. Drescher, *Ernst Troeltsch*, 346.
2) E. Troeltsch, "Die Kirche im Leben der Gegenwart," im: *Die Absolutheit des Christentums und seine Religionsgeschichte*, 170.

기독교 신앙을 위한 예수의 역사성의 의미

1. 기독교 신앙에 대한 역사적 비판의 영향

원시교회에 의해 형성된 기독교적 교의가 궁극적으로 파괴되고, 기독교적 통일성의 문화가 붕괴되고 역사적 성서 비판이 시작된 이래로 기독교적이고 종교적 사유를 위한 중요한 물음들 중 하나는 그리스도 신앙에 대한 역사적 비판의 영향이다. 역사적 비판 밖에 있긴 하지만, 그 본질에 따라 영원하고 무시간적이며 무제약적이고, 초역사적인 것을 향하게 되며 그에 의해 형성된 예수의 상은 믿음을 위해서 어떤 의미를 가질 수 있는가? 이미 공동체가 형성되기 시작하면서 근원적이고 종교적 이념의 형성은 예수를 역사에서 분리시키고 고립화하면서, 그를 역사적 형태에서 우리에게 나타난 영원한 그리스도, 말씀, 신으로 만들었다. 그는 영원한 신성과 본질적으로 유사하기 때문에 신앙의 대상이 될 수 있다. 그러나 교회에 의해 더 이상 지배될 수 없는 세계에 나타난 역사적 비판은 그를 지금, 오늘, 역사, 유한성, 제약성의 붙들린 대상으로 이해했다. 지금 내적이고 본질적 예수의 의미와 함께 신앙 일반을 위해서 여전히 진술하는 것이 가능한가? 그 위기는 비판과 역사적 심리학의 수행을 시작했고, 오늘날 가장 날카로운 표현을 어리석은 물음 안에서 발견했다. 오늘날 넓은 영역은 예수가 일반적으로 존재해왔는지,[1] 혹은 근거된 사유 안에서 그에 대한 확실한 지식이 기독교 기원에 대한 역사적 이해를 위해 충분한지, 혹은 도대체 역사적 사태와 종교적 신앙의 확신들을 결합하기 위해서 충분한지에 대한 물음에 집중했다. 급진적 문제제기로의 발전은 명확하게 관찰될 수 있다.

우선 인간은 근원적 문서를 비평적으로 다룸으로써, 여전히 분명한 예수의 역사적 삶과 인격성의 연구가 가능하다고 믿었고, 예수의 삶의 그림을 단지 인간적으로 가깝게 접근해갔고, 결과적으로 풍부한 결과를 얻었다. 하지만 인간은 동시에 학문적으로 비평적인 개별 물음들에 대해 이미 고통스럽게 그 짐을 느꼈다. 최종적인 것들의 근거를 추락시키는 대답들은 이신론주의자들이나 라이마루스[2] 이래로 제외되지 않았다. 또한 증가하는 역사적이며 비평적 변증학을 필요로 했다. 그 변증학은 비판적이고 학문적으로 확고하게 될 수 있는 역사적 사실들과 종교적 증언들의 결합에 대한 의혹에 대해서 대단히 일찍 발견할 수 있도록 만들었다.

보다 포괄적으로 진보하는 비판은 철저하게 다른 방식의 종교적이고 윤리적 원시 공동체의 근본적인 토대를 발견했고, 매순간 예수 자신, 고대에 유행하는 세계상과 유대적이며 동양적 관계들과 묵시

---

1) 대략 1909년에 예나에서 출간된 드류(Arthur Drews)의 기독교의 신화들을 비교하라. 덧붙여서 1920년에 출간된 에른스트 트뢸치의 "마지막 해의 종교적 운동으로부터"를 비교하라.(전집 2권, 22-44페이지 사이, 특히 36페이지 이하를 참조하라).
2) H. S. Reimarus, *Apologie oder Schutzschrift für die vernünftigen Verehrer Gottes* (1774ff., von G. E. Lessing als "Fragmente eines ungenannten" veröffentlcht.)

적이면서 종말론적인 이상과 연결성을 발견했다. 그리스도의 기독교는 철저하게 학문, 국가, 법률, 학문적 삶과 경제적 삶의 세계적 도덕과 함께 그의 타협을 결정하는 교회의 기독교 이상과는 완전히 달랐다. 궁극적으로 플라톤적이고 스토아적이며, 현대적이고 학문적 영향력들이 함축된 것처럼 보인다. 무엇보다 세계와 하나님의 나라, 차안과 피안, 급진적 틈이 근본적으로 감소된 것처럼 보인다. 그와 같이 역사적 예수, 신의 상, 무엇보다도 그의 에토스는 여전히 현재의 에토스로 존재할 수 있다. 그 긍정하는 대답들은 단순한 말씨와 역사적 예수에 대한 단순한 종교적 관계가 더 이상 가능하지 않게 보인다는 남겨진 의미로부터 야기된 시간사적으로 제약된 특징들의 충분한 부분들에 직면하여 그만큼 정당한 예수에 대한 이해를 필요로 한다. 결국 원문서 연구와 셈족적이고 고대 언어의 영향 아래에서 증가하는 복잡성에 직면하여 비판은 급진적으로 변화했다. 그러므로 역사적 인식의 분명함이 철저하게 위협 당하게 되었고, 실제로 불가능하게 만들어진 것처럼 보인다. 스트라우스의 《예수의 생애》[3]가 출간된 이래로 비판은 근본적으로 항상 날카로워졌고, 오늘날에 급진적 내용들이 알려진다. 언어학자들은 지속될 수 있는 근심과 종교적 속박을 역사비평적 신학자들의 곁에 두었고 우선 철저한 복음적 역사에 대한 오해가능성을 주장했다. 예수 생애의 문제는 해결될 수 없는 것으로서 포기되었고, 자신의 과제를 예수의 설교에 대한 묘사로 제한했다. 결국에는 그에 대한 인식 가능성과 공동체의 신앙에 의해서 후에 추가된 연속적인 부분들로부터 예수의 설교를 정돈하는 가능성에 대해서 의심했다. 또한 저 지반들의 역사적 사태와의 종교적 결합에서 끌어냈다.[4]

---

3) D. F. Strauss, *Das Leben Jesu,* 1835.
4) 전체적으로 비교하라: A. Schweitzer, Geschichte der Leben-Jesu-Forschung, 1956[6] (1906[1]). 여기에서 트릴춰의 강연에 대한 비판적 평가가 있다. 521 페이지 이하.

여기에서 가장 급진적인 주장들에 대해서 비평적 입장을 취할 필요는 없다. 예수가 존재하지 않았다는 주장은 의심할 수 없이 경악할 일이고, 그의 설교를 인식할 수 없다는 주장 역시 매우 지나치다. 그와 같은 결과들 역시 역사비평적인 연구의 특징 안에 존재한다. 그렇게 질문을 하는 필연성과 가능성은 틀림없이 완벽하고 명료하게 그 문제를 풀어간다. 매순간 그와 같은 문제제기들이 배제되지 않고, 또한 배제될 수 없는 곳에서 나타난 대상 일반에 대한 관계에서, 여전히 역사적 예수에 대한 종교적 관계와 기독교적 삶과 이념 세계에 대한 신약성서적이고 근원사의 내적이며 본질적 의미에 대한 진술이 존재할 수 있는가? 오히려 내적으로는 그 진술 자체가 모든 학문적 상황에 존재하고, 학문적 탐구에 있어서 오늘날 종교적 삶으로부터 떨어져 있는 그림을 제시하는 역사적 대상에 대한 모든 본질적 관계로부터 독립될 필요는 없지 않은가? 그 질문은 사실상 현재의 기독교인을 위해서 여기에서부터 존재한다.

2. 근대적 신앙의 개념과 예수의 역사적 사실성

이 질문은 하나의 규정된 전제에서 의미를 갖는다. 신인 그리스도를 통한 교회와 성례전의 확립과 신을 진정시키는 그의 구원 사역에 따른 구속의 영향력에 대한 교리를 주장한 고대 교회적 기독교에 직면하여 이 질문은 의미가 없을 수 있다. 왜냐하면 모든 것은 그리스도의 역사적 인격의 실재성과 교회와 구원 일반에 먼저 실제로 영향을 일으키는 그의 사역의 현실성에 대한 증언과 함께 나타나기 때문이다. 이 입각점으로부터 이미 전체적 물음은 총체적 기독교를 위해 단순한 사망 진단서를 제시함일지 모른다. 그 물음은 단지 기독교가 단순히 하나님을 진정시키면서, 인간을 원죄에 의한 죄악의 결과들로부터 해방시키는 구속사역과 교회, 즉 구원의 처소에서 구속사역을 증명한다는 사실에 대한 믿음이 아니라는 전제에 의미가 있다.

첫 번째, 그 물음은 매순간 신에 대해서 새롭고 생기가 있는 신앙으로서 기독교가 이해된다는 사실과 구원이 항상 신에 대한 신앙의 영향을 통해서 영혼들에 대한 신의 새로운 사역이 된다는 사실을 전제한다. 혹 다르게 표현한다면, 그 질문은 기독교가 하나의 규정적 신에 대한 신앙이며, 그에 상응하는 삶의 입장을 수반한 본래적 신인식이라는 사실과 사람이 흔히 진술하는 것과 같이 종교적 이념이나 혹은 종교적 원칙이라는 사실을 전제한다. 그 원칙은 지성적이거나 철학적으로 이해될 필요가 없고, 보편적 세계이념에 의해서 이끌어질 수 없다. 우리는 그 원칙을 순수하게 실천적으로 신에 대한 신앙의 이념과 세계와 인간에 대한 그의 관계에 대한 신앙의 이념으로서 따른 윤리적이고, 종교적 삶의 방향으로서 이해할 수 있다. 그 근거를 위해 순수하게 '느낌', '감정', '내적 체험'으로 인도될 수 있다. 하지만 철저한 구속이 넘의 변화는 머물러 있다. 그는 우리 내면에 존재하는 자신에 대한 신앙, 즉 성스러운 죄인을 용서하는 의지에 대한 신앙을 일으키고, 신을 통한 구원이 일어난다. 그 구원은 모든 경우를 위해서 그리스도의 사역에서 완성되고, 개별자들에게 적합한 것이 아니라, 매순간 새롭게 영혼에 대한 신의 영향에서 드러난 신인식을 통해서 스스로를 완성해 가는 과정이다. 그러면 그 원칙은 역사적 구원사역을 필요로 하지 않는다. 동일하게 교회는 개별적인 사람들에게 구속사역의 힘이 '성서'와 '성례전'들과 '그리스도', 즉 신인에 의해서 확립된 기적의 관계를 통해 중재되거나 신인의 기적이 성서와 교회적 구속 기관 안으로 전개하는 공공적 기관이 아니다. 교회는 오히려 신앙의 공동체이고 기독교적 신인식의 공동체이다. 그 공동체는 신앙 성장과 양육을 위해서, 일상적 형태와 조직을 부여할 수 있고, 항상 순수 인간적이며 다양하고 다른 조직의 틀에서만 파악되고 전적으로 동일한 것을 필요로 한다. 그러면 기독교는 교회의 설립자로서 역사적 그리스도를 필요로 하지 않고, 교회와 성례전에 일치하는 기적의 힘도 필요로 하지 않는다. 결국 이 신인식의 근거는 인격적 체험과 경험에 있고 인격적 자신에 대한 확신성과 신적 계시에 대한 본래적 감정으로 넘어오는 종교적 인식의 변화에 존재한다. 그 변화에서 기독교는 그리스도의 보냄에 대한 신앙이나 그의 생애의 역사적인 기적을 통한 가르침이나 어떠한 외형적인 권위나 보증하는 사태들을 필요로 하지 않는다. 이 모든 방향들에 존재하는 동일한 전제들에서 죄악으로 오염된 인간성의 구원으로부터 나온 기독교는 신의 진정하고 가장 내적인 신 의지의 본질에 대한 실천적인 인식을 통해 구원에 이르게 하기 위해서 신을 변화시키고 오염을 제거하는 힘을 가지고 교회를 준비하고 있는 기적을 통해 변형되었다. 그와 같이 변화할 경우에 기독교는 내적으로 역사적 사태로 부를 필요가 없고, 원래부터 필연적으로 예수의 역사적 인격성과 그의 구원 사역을 필요로 하지 않는다. 이와 같은 전제 하에서 근원적으로 의미 있게 위에 표시된 질문들이 제기될 수 있다.

사실상 지금 이 전제는 오늘날 많은 그리스도인들에게 정당하다. 그 전제는 기독교가 17세기에 나타난 거대한 세계사적 위기 이래로 체험한 본질적 변화이다.[5] 이미 인간이 내적이고 단지 순수하게 기독교적 신에 대한 신앙을 사실적으로 증명하기 위해서 노력할 때, 고대와 중세의 교회에서 해명되고, 개신교적 경건주의자들에 의해서 분명하고 날카롭게 형성된 개신교가 기독교와의 내적 관계를 주

---

5) 다음 논문과 비교하라. E. Troeltsch, Weseu der Religion und Religionswissenschaft, 1906, (in: Die kultur der Gegenwart, Teil I, Abt. IV, 2. Hälfte, bes. 474f.) [Gs II, S. 452-499].

장하는 한, 오늘날 기독교는 근대적이고 교양인들의 비밀스러운 종교가 되었다. 얼마만큼 그런 관계가 근대적이고, 독일적 세계에서 현실적으로 의도되고 확고하게 되었는지 여기에서 연구될 필요는 없다. 그 관계를 주장하려고 하지만 교회적인 교의학에서 완전히 드러나는 영역들이 존재하는 것으로 족하다. 유일하게 그 영역들을 위해서 다음과 같은 논제들이 사유됨과 동시에 그들에게는 기독교적인 구속신앙에 대한 발전이 놓여 있다. 그 신앙은 마이스터 에크하르트와 세바스챤 프랑크의 신앙과 같이 현실적이고 종교적 신앙이다. 하지만 그 신앙은 낡고 역사를 신격화하는 구속신앙에 대한 그의 관계를 포기한다. 역시 여기에 분명하고 근본적 형성에 이르기까지 앞으로 발전하고 있는 단계들이 분명하게 인식될 수 있다. 시작되고 있는 근대적 비판은 인본주의, 소시안주의자들이나 경건주의자들 이래로 현실적 구속론과 규정된 역사적 과정에서 오염된 세계의 놀랄만한 정화에 대한 가르침과 충돌한다. 그 비판은 기독교적인 신의 이념과 윤리적 결과들로 되돌아 간다. 역사적인 것의 필연성은 예수의 역사적 기적이 이 가르침의 진리를 전달하고 믿게 해야 하는 한 남겨져 있었다. 에라스무스와 소시니에서부터 로크와 라이프니츠에 이르기까지 이와 같이 생각했다. 그러면 인간은 그 증명의 형식과 충돌했고, 예수와 기독교적 역사에서 단지 기독교적 이념이 역사 안으로 들어오는 많은 수단을 보았다. 기독교적 역사 자체는 한 차례 수행한 것과 같이 자신의 내적 힘에서 비롯되고, 단지 그 힘을 통해서 기독교적 역사 자체를 관철시켜야 했다. 도덕적 의식의 명료함에 의해서 요구되고 필연적으로 단순화 될 경우에 선의 힘을 생산하는 유신론에서는 결코 지속적이고 학문적 증명을 할 수 없고 또 필요로 하지도 않는다. 독일적 교육의 선구자이고, 윤리적이고 종교적으로 보수적 진보를 향하고 있는 이상주의자들의 선구자로서 레싱과 칸트는 그렇게 생각했다. 단지 역사적 사실들은 투쟁이 아니라 환상에 대해서 봉사했고, 학문적 조건 하에 위임되었다.
 그 사유는 역사적으로 사유하는 헤겔학파에서 보다 날카롭게 형성되었다. 헤겔학파는 동일하게 종교적 사유가 역사로부터 자라났지만, 역사에서 그의 내적인 진리와 가치에서 근거된 것은 아니라는 사실을 이념의 요구와 올바르게 이해된 역사의 요구로서 이해했다. 가장 유명한 표현으로 이와 같은 이해는 데이비드 슈트라우스의 기독교적인 시기에 나타났다. 특히 이 표현은 그가 기독교의 원칙, 즉 신과 인간의 통일성에 대한 인식과 그리스도의 인격, 또한 역사적 원칙을 관철하는 출발점을 구별하는 때에 나타났다.[6] 인간은 기독교적 원칙을 슈트라우스와 내용적으로 다르게 파악할 수 있고, 분명히 신 인간성의 교의를 인간성과 관계하는 신의 이상을 설립자의 개별화된 인격으로 환원하는 시도로부터 분명하게 이끌어내고자 하는 시도를 포기할 수 있다. 그러나 문제제기는 동일하게 존재하며, 그 외의 문제제기는 비더만과 튀빙겐학파에 속한 학자들과 오토 플라이더러에 의해[7] 명확하게 규정되었다. 그는 오늘날 칸트학파와 신프리시안과 신헤겔학파의 뒷받침을 경험하게 된다. 모든 종교철학과 신학에 대해 거의 아무것도 모르는 사람도 역시 매우 쉽게 이 사유의 특징에서 움직인다. 이는 마치 대중이 종교적으로 인기 있는 문학을 알고 있는 것과 같다.
 확실히 혼합적 형태들이 존재한다. '인격'과 '원칙'과 '인격성'과 '이념'의 구별은 이러한 날카로움과 함께 수행된 것이 아니라, 구속하는 기독교적 신에 대한 신앙을 위해서 인격에 대한 자기관계와 역사적 인격이 최소한으로 상대적이고 내적인 필연성을 주장하는 완화의 원칙과 함께 수행되었다. 역시 그 형태들은 근대세계의 기독교가 완성해온 근본적 변화와 신앙의 인식을 통해서, 항상

---

6) 스트라우스, 《예수의 생애》, 1835, 187번 문단, 특히 735페이지.
7) 임마누엘 히르쉬의 《신복음주의적인 신학의 역사》 491페이지 이하와 비교하라.

새로운 구원을 향한 역사적 행위에서 야기된 실재적인 구속의 기적에 따른 변화로 나눈다. 유일하게 이 변화들은 역사적 예수의 인격성의 현재화와 인식에 구속하는 신앙 인식을 연결한다. 그 인격성은 그들의 기적과 개별적 말씀이 아니라 종교적 인격성의 총체적인 영향과 함께 고려된다. 그 사실은 나중에 슐라이어마허[8]에 의해 근거된 교회적 직관이며, 오늘날 가장 확고하게 알브레히트 리츨과 빌헬름 헤르만에 의해서 전개되었다. 그 직관은 슐라이어마허에 의해서 암시적 인격성의 힘으로 나타나고, 그 힘은 공동체의 중재를 통해서 진보하고, 복음들의 형상에서 관조적으로 예수에 대한 감명 없이는 어디에서도 극복할 수 없는 종교적 무기력을 극복하고, 강인함과 확신함과 기쁨과 신인식의 인내를 창조해냈다. 신앙 없이 창조하는 그리스도의 인상이 순수한 이념과 예감으로 머무르는 것은 공동체 안에서 전개된 인격적 인상을 통해 효과적이면서 승리로 가득한 힘이 된다.

알브레히트 리츨에게 있어서 동일한 사유는 인격성의 암시적 힘보다는 죄의 용서에 대한 확실성을 일으키는 예수의 권위와 관계한다. 그리스도는 그의 권위를 통해 하나님 나라의 주인과 왕으로서 나타나거나, 신에 대한 신뢰와 성숙함을 추구하는 나라의 주인과 왕이 된다. 그에 대한 공동체에 의해서 중재된 소식을 통해서 확신하게 함이 존재한다. 그 확실함이 없다면 죄인은 죄인을 용서하시는 신의 은총에 대한 신앙을 믿으려고 하지 않고, 믿으려고 할 수도 없다.[9] 헤르만의 경우에 압도하면서 일어난 예수의 인격성의 사태는 사실 하나의 역사적 현실성이다. 마치 신앙적이고 신을 바라보며 죄를 두려워하게 하는 의지가 그 역사적 현실성을 보게 하는 것과 같

---

8) 트뢸치는 슐라이어마허의 《신앙론》과 《종교론》 사이에 넓은 구별을 따른다. 그러나 158 페이지에 나타난 그의 변형된 판단을 비교하라.
9) 주석 60페이지.

이, 동일하게 단지 사악하고 회개하는 기척이 없는 의지만이 부정할 수 있는 역사적 현실성이다. 신에 관한 사실에 대해 확신할 수 없는 사람이 의심하면서 절망하고, 회의하면서 침잠하고, 종교적 욕구들로부터 벗어나는 반면, 우선 이 사실은 신이 죄를 용서하는 은혜로서 믿는 용기를 주고 그와 함께 모든 확실한 선을 추구하는 밝은 기쁨과 힘을 부여한다.[10]

모든 경우에서 기독교는 사물들의 진정한 본질에 대한 신앙의 인식이고 이념이며, 신의 사유이다. 한 차례 역사적 구속의 기적과 이 기적을 지배하는 은혜 체계의 설립에 대한 사유가 부족하다. 그러나 그 이념은 그리스도의 역사적 인격성에 대한 그의 영향력에 묶여 있다. 인격성은 그 이념에 우선 힘과 확신성을 부여하며, 그와 같이 강력한 힘이 그리스도의 현존 안에서 일치된 공동체의 소유물로 만든다. 그와 같은 사유방식을 위한 전제는 예수의 종교적 인격성에 대한 인식과 그 영향력의 인식가능성에 대한 경건한 승인을 제외하고, 전승과 공동체의 중재를 통해서 생성된 의연한 신의 신앙에 대해 그리스도를 알지 못하는 사람들의 본질적인 무능력이다.

그리스도 없이 나는 무신론자였을지 모른다. 그 진술은 표현적이거나 또는 침묵하는 필연성이다. 그 필연성을 그리스도에 대해 알지 못하는 인간은 받아들인다. 기독교가 기독교적이지 않은 인간성에 직면하여 순수하게 대립적으로 세우는 전제에 그 결과가 나타난다. 기독교적 공동체 혹은 하나님 나라, 신앙의 대상으로서 교회, 혹은 그리스도에서 출발하는 구속의 관계: 교회는 구속의 유일한 영역이면서 그리스도의 나라 안에 존재하는 필연적이고 영속하는 구속받은 자들에 대한 파악이다. 교회는 인간성의 종말까지 지속될 것이고, 그리스도를 통해서 가능해진 절대적 구속과 진리를 종교적 공동

---

10) 빌헬름 헤르만, 《신과 그리스도인의 교제》, 1892 2판, 47페이지 이하.

체 안에서 영원히 인간성에 대해 파악하면서 지속될 것이다.

유일하게 결과와 같은 전제는 현대적 인간을 위해서 명확하고 당연하다. 그들은 이미 슐라이어마허에게 존재하는 명백하고 본질적 사유의 산물로서 윤리를 발전시킨 것과 같이, 그의 총체적 시각에 대한 감성적 대립 관계에 서 있었다.[11] 그의 윤리는 리츨의 거친 작품들과 파악할 수 없는 헤르만의 작품에서 견딜 수 없는 것이 되었다. 마치 인간에 대해서 인간이 직접적으로 파악할 수 있는 영향과 같이, 역사적 예수의 종교적 인격성이 완전하고 명료한 인식의 가능성과 직접적이고 인격적 결과가 될 수 있다는 사실은 당연하다. 만약 그와 같이 파악할 수 있다면, 예수에 대한 그 이해는 사실상 현대적인 비판을 분명하게 불가능하게 만들었다. 그러나 공동체를 통한 중재와 보다 넓은 기독교적 인격성들을 통해서 생동력 있는 영향력을 강조한다면, 무엇인가 예수와 그 후대의 시기와 현재에 속하는지 정확히 진술할 수 없는 곳에서 더 이상 역사적 사태가 아니라, 무한히 변화되고 다양한 발전들과 관계가 있다. 예수의 설교의 근본 특징들을 완전히 인식가능한 것으로 여긴다고 할지라도, 인간 사이의 접촉은 아니며 대단히 낯선 것으로 극복되어야 한다. 하지만 단지 신적 권위로서 예수에 대한 인정과 확신이 고무된 신앙의 기쁨으로 존재하는 사실은 적지 않게 권리에 대한 승인이 된다. 이전에나 오늘날 역시 특별히 예수에 대한 확고한 자기관계 혹은 인식 없이 그와 같은 것은 존재하지 않았다. 실제로 역사적 예수의 문제를 수반한 문제는 경험적으로 그를 보호하는 것보다 믿음을 흔들어 놓았다. 왜곡이라기보다는 예수에 대한 인정을 일으키는 예언자적이고 기독교적 신에 대한 신앙적 힘을 통해서 나타난 우리 영혼의 내적 극복이다.

---

11) 철학적인 윤리의 근본 특징, 슐라이어마허 전집, 3번째 부분, 5권, 1835년.

기독교의 기원에 관한 종교사적 탐구에서 앞을 향하고 있는 진보는 종교적이고 윤리적 힘들의 합류를 보여준다. 따라서 그리스도에 대한 신앙의 무제약적이고 특수한 위치는 일반적으로 거의 불가능하다. 기독교는 거의 유일한 예수의 출현이 아니다. 그에게 플라톤과 스토아와 고대시대에 존재하는 측정할 수 없고 유행한 종교적 힘들이 제시되었다. 그와 같이 기독교적 공동체가 인간성의 이념이 지속되는 전체적 순간을 위해서, 영원하고 절대적 구속의 중심으로서 이해하는 추론은 불가능한 것으로 이해된다. 인간성의 시대에 대해서 확실한 것은 당연히 진술될 수 없고, 확실한 것은 아니다.

지구상의 인간성의 시대는 몇 십 만년이나 그 이상으로서 측정된다. 인간성의 미래는 여전히 수십만 년 이상 측정될 수 있다. 시간의 길 위에 유일한 점들과 곧 우리 자신이 지닌 종교적 역사의 중심점을 모든 인간성의 유일한 중심점으로서 사유하는 것은 대단히 어려울 수 있다. 그렇지만 인간성은 강하게 우리 자신의 우연적 삶의 영역을 절대화함에 따라 나타난다. 그 인간성은 종교에서 우주론과 형이상학에 지리 중심주의와 인간 중심주의로 변한다. 이 양자의 중심에는 그의 전체적이고 논리적 본성에 따라 그리스도 중심주의가 있다. 추측컨대 우리는 지나가고 다시 돌아오는 빙하시대와 매우 작은 양극의 흔들림과 절대적이고 영원한 중심 위치를 불확실한 것으로 여기기 위해 거대한 문화체계의 발현과 쇠락에 대한 생각을 필요로 한다. 절대적이고 영원한 중심 위치는 수천 년의 인간성의 역사와 역사의 종결로서 그리스도의 다시 오심을 기다리는 목가적인 소박함과 고대와 중세적인 세계의 편협함에 알맞다. 그러나 그 절대적이고 영원한 중심 위치를 오늘날의 인간은 낯설게 느끼고 이해할 수도 없다. 왜냐하면 그의 보편적이고 본능적인 전제들은 그것에 알맞지 않기 때문이다.

이 혼합적 형태들에 대해서 무엇보다도 세속적이고 비신학자들에게서 증가하는 혐오감이 이와 같이 돌아오기 때문이다. 유럽적이고 종교적 삶의 생성과정과 과거와 미래에 존재하는 인간적 역사의 공간들이 무한함에 따르는 시각의 확장에서 종교사적 기독교의 위치, 그렇지만 전체의 폭을 통해서 도처에서 흘러나오는 무한한 삶을 여기 한 점에 집중하는 데에 대한 거부감, 그 모든 것은 이 혼합적인 형태들에 대한 대립적 흐름들을 가져온다. 현재는 내적으로 영원히 진보하는 신의 영향 안에서 기독교를 영혼에게서 발견하고, 내적으로 불가피하게 역사적 예수의 인격성에 연결하지 않았던, 오래된 신비주의자들과 경건주의자들에게로 되돌아 온다.

현재의 변화에서 기독교를 보다 가까이서 관조할 필요는 없다. 예수의 비실존에 대한 감각적 주장들 역시 본질적으로 역사적이고 끊임없이 불확실하고 동시에 발전을 가로막는 사태들과 이념 사이의 결합에 저항하는 싸움에 대해 헌신한다. 역사적 연구들을 수반한 신앙의 짐 앞에 존재하는 부끄러움에서, 예수의 삶과 설교에 대한 질문들을 순수히 학문에게 그 판단을 맡기고, 살아 있는 하나님에 대한 그들의 신앙을 예수에 대한 내적이고 필연적 관계로부터 독립된 것으로 판단하는 사람들은 적지 않다. 그러면 예수는 그들에게 기독교적 삶의 세계에 역사적 출발점이 되고, 그의 삶은 교육적으로 의미 있거나 기독교의 상징이 된다. 예수의 인격성에 대한 기독교적 이념은 내적이고 개념적으로 불가피한 관계로서 많은 사람에게서 더 이상 나타나지 않는다. 만약 모든 것이 속이지 않는다면, 본질적으로 신학적 영역 밖에서 그렇게 생각하는 사람의 수는 기독교적 교육에서 지속적으로 성장한다.

3. 종교적 공동체의 욕구로부터 새롭게 생성된 예수 중심 위치

우리는 이와 함께 문제의 본래적 명료함과 의미에 도달하게 되었다. 예수의 초인간성이 그에게 확고하게 서 있고, 단지 이성의 교만에 의해 현혹된 사람들에 대해서 예수의 초인간성을 지키고, 이 점에서 옳지 않는 영적인 부분을 제거하려는 과제를 보는 사람에게 그 문제는 의미가 없다. 또한 그 문제는 기독교를 신에 정위된 예수 그리스도의 구속된 행위를 통해 죄와 고난, 죽음의 길로부터 인간성의 진정한 해방과 면책으로서 이해하는 사람에게 역시 무의미하다.[12] 그리스도의 구속 행위는 단지 개신교 역사를 무조건적이고 역사적 비판과 연구의 대상이며, 동시에 기독교를 신에 대해서 항상 새롭고 인격적 신앙고백을 통한 구원으로서 이해하는 사람에게 의미가 있다. 만약 그 전제들이 함께 생성되고, 근원적으로 서로를 제약한다 할지라도, 양자의 전제들이 필연적으로 함께 무너질 필요는 없다. 그 전제들은 단지 근대사유의 모든 혼란에서 예언자적이고 기독교적 신인식을 깊고 건강한 신인식의 유일한 근원으로서 여기고, 동시에 인간적 사물들에 대해서 여지없이 역사비평적 직관의 권리에 대해서 배타적이지 않는 사람들에게 가치가 있다. 이 주장과 함께 그 전제는 단지 근대사유를 인정하고, 동시에 기독교에서 포기할 수 없는 종교적 힘을 인정하는 사람에게 가치가 있다. 이 절들을 쓴 저술가는 기쁨과 결단을 가지고 이 점을 지향한다.

여기에서 지금 질문은 항상 분명히 나타난다. 무엇이 현재로부터 생각할 수 있는 예수의 인격성과 기독교적 신에 대한 신앙의 관계인가? 이 관계는 우연적이고, 순수역사적이며 사실적이고, 교육적이

---

12) 1910년 프로이센의 그릇된 법과 야토(Jatho)의 경우에 대한 암시. 이에 대해서 트뢸취의 "양심의 자유"를 참고하시요. [in: Chw, 1911; Gs II, S. 134ff.).

고 상징적으로 대단히 불필요하지만, 그 사유에 의해 요구되지 않는 것은 아닌가? 그 관계는 기독교적 이념의 본질에서 변경 불가능하고, 영원히 포괄적인 것은 아닌가? 첫 번째 경우, 우리는 본질적으로 역사비판과는 독립적이고, 두 번째의 경우에는 역사비판에 본질적으로 의존한다. 완전한 명료함과 규정에서 구원을 위한 예수의 역사적 인격성의 현실적이고 내적 불가피성이 단지 과거의 교회적이고 정통 신앙적 구속과 권위, 교회의 이념으로 존재한다는 사실이 진술될 수 있다. 구속은 신에 근거한 그리스도의 영향을 통해서 나타나고, 타락을 통해 고난과 죽음에 얽혀 있는 창조의 해방을 의미한다. 신앙의 권위는 예수의 초인간적이고 신적 위엄에서 오류 없이 나타난다. 기독교적 구속기관은 역사적이고 근원적인 기적을 교회와 신적인 경전언어가 지닌 기적의 영향들 속으로 이끌고 간다. 신적인 경전언어는 당연히 예수 그리스도의 역사성을 무제약적으로 요구한다. 그러나 역시 그와 같은 이념도 동일하게 요구한다. 그러면 그 인정은 역사적인 탐구에서가 아니라, 오히려 교회와 성서의 초자연적 권위에 대한 변화에서 비롯된다. 여기에서 모든 것이 분명하게 된다.

슐라이어마허와 리츨과 헤르만적인 중재 유형에서 사태는 덜 명확하다. 이미 인지된 바와 같이 역사비판의 영향에 대해 그 유형은 보호되어야 한다. 왜냐하면 여기에서 외형적 성서적 권위는 포기되기 때문이다. 또한 내적 경험은 다른 근대적 정통주의와 같이 본질적으로 성서의 권위와 그의 구원에 대한 가르침과 그의 세계관을 확실하게 만들기 위해서 사용되는 것이 아니라, 오히려 근본적으로 삶과 무엇보다도 양심의 고통과 투쟁들 중심에 존재하는 죄를 용서하고 구원을 부여하는 사랑의 의지로서 신에 대해서 확실하게 만들기 때문이다. 여기에 이미 스트라우스는 슐라이어마허의《예수의 생애》[13]와 그의《신앙론》에 존재하는 예수의 신앙에 대한 슐라이어마허의 역사비판의 관계에 대해 잊을 수 없지만, 대부분 그 결과가 무시된 비판을 수행했다.[14] 소위 종교사학파가 리츨학파로부터 출현하면서, 이 슐라이어마허에 대한 스트라우스의 비판은 리츨학파의 발전과 완전한 유비를 발견했다. 무엇보다도 그 종교사학파는 리츨에 의해서 인정되지만 역사비평적 연구에 대항하는 리츨의 그리스도의 상과의 날카로운 대립으로부터 자신을 설명한다. 이것은 리츨의 강제성에 대항하는 자연스러운 반응이다. 다른 사태와 같이 입증되는 것이 아니지만, 단지 신앙에 의해 보일 수 있는 예수의 사태에 대한 헤르만의 진술 역시 동일한 강제성과 역사비판적으로 생각하는 사람들을 위해서 어둡고 신비적인 표현으로서 거의 이해할 수 없다. 전체적 위치는, 마치 성서연구의 발전에서 그 위치가 거의 어떤 역할도 할 수 없었고, 오히려 교의학의 몫으로 남겨져 있던 것과 같이, 역사비판에 대하여 고수될 수 없다. 하지만 오늘날 궁극적 학문은 단지 밀접한 신학적 영역 속에서 존재하며, 현실적으로 거의 존재하지 않는 학문이다. 그렇지만 인간이 한 번은 교의학적이고, 조직적 사변의 바탕에 착수한다면, 그만큼 다음과 같은 사실을 쉽게 인식할 수 있다. 여기에서 단지 결합의 내적 불가피성이 상대적 불가피성이라는 사실이다. 그 학문은 한 번은 역사적 안내나 혹은 예수를 통한 기독교 세계의 운동에 제한된다. 그러나 그 사실은 자신의 내적 힘에서부터 시작된 발전 가능성을 배제하지 않을지도 모른다.

두 번째, 사실로서 그 학문은 기독교적 세계의 권위를 얻는 과정과 확고하게 만드는 과정을 덧붙인다. 이 과정은 특징적이고 암시적인 예수의 인격성에 대한 인상 없이, 즉자적으로 무기력하고, 혹은 의심하고 있는 사람에게 가능하지 않았다. 지금 그 사실은 분명히 오래된 원죄 교리의 남아 있는 부분이다. 바울 이래로 교회적 조직

---

13) 슐라이어마허의 《예수의 생애》는 1864년 이후에 출간되었다.
14) 앞의 책, 59.

에서 원죄의 기능은, 그리스도 공동체에 알맞은 신의 구속에 따른 기적이 지닌 유일한 구속의 힘을 동일하고 단순하게 급진적으로 해명하기 위해, 그리스도 신앙 주변에 존재하는 모든 빛을 끄고 그리스도의 힘 주변에 존재하는 모든 힘을 부정하는 것이다. 하지만 이와 같은 구속의 교리는 그 원형의 죄를 통해 발생하는 세계의 죄악 앞에서 근원적 완전성을 주장하려는 그 원죄 교리의 전제에 대한 용기를 요구한다. 그 원죄 교리는 필연적 결과를 동일하게 발전시키고, 그 발전 결과는 실제적 구속과 해독 과정에 존재해야 한다. 그러나 인간적 발전은 그리스도 안과 밖에서 힘과 확신을 발견할 수 없고, 단지 그리스도를 통해서 힘을 얻게 된 '신적 의식', 혹은 모든 의심을 극복하는 확신에서 비롯되고, 보다 높은 발전적 단계에서 드러나게 된 사실은 단지 낡은 원죄와 구속 사상의 몰락이다. 그 가르침은 분명하게 구속자로서 그리스도의 오래된 위치와 신앙의 대상으로서 보호하지만 새로운 구속의 사유를 사태의 본질 속에서 수행하려는 동기를 가지고 있다. 오래된 가르침에 대한 상대적 접근의 가능성에서 역시 신학에 대한 가르침의 강한 영향이 비롯된다.

다른 입장에서 보면, 현대적이고 보편적 사유에 직면하여 그들의 영향력은 사라진다. 왜냐하면 신적 삶의 깊이로부터 생성되고, 다양한 교차점에서 발현된 정신의 발전과 결코 미리 잴 수 없는 미래 발전들의 가능성이, 모든 현대적 사유의 근거가 되는 이념과 그에 일치된 관심들이 내적으로 모순되기 때문이다. 원죄론의 잔여물과 종교적 삶의 확실성과 힘은 결코 그리스도의 영향에 자신을 굴복시키지 않고는 얻을 수 없다는 사실에 근거된 주장을 통해서 생기게 될 모든 종교적 삶의 발전은 오늘날 총체적 사유에 대해 견딜 수 없는 것이다. 그 시도는 그 근원자의 높은 정신적이고 종교적 의미에도 불구하고, 그 전적 가르침이 모든 바람에 흩날려지기 위해서, 종교적이고 철학적 사유에 대해서 역사비평적인 복음서 탐구의 도래를 필요로 하는 시도이다. 이와 같이 기독교적 이념을 위해 예수의 인격이 단지 순수하게 사실적이고, 교육학적이며, 상징적 의미 이상 아무것도 남겨지지 않았다.

우리는 세 번째 복음[15]에 대한 레싱의 명제 혹은 이브센스의 세 번째 국가[16]에 대한 명제, 즉 종교적 신앙이 역사적 뒷받침 없이 순수하게 본래적으로 정화하고, 구속하는 힘을 통해 자기 자신을 내세우며, 성장시키고 총체적 삶의 관계에 존재하는 그의 내적 깊이로부터 자유롭게 성장할지도 모르는 곳으로 되돌아와야만 했다. 그 회귀는 사실상 모든 것의 결과인 것처럼 보인다. 그러나 우리는 우리에게 나타난 발전으로부터는 대단히 적게 보일 수 있다는 점을 부정할 수 없다. 또한 진지하게 그 발전에 대해 거의 특별한 미래를 진술할 수 없다는 점과 사실상 오늘날의 종교성은 거의 교회 안에서 자라나고, 그 안에서 유일하게 강하고 종교적 산물의 변화에 따라서 존재한다는 점 역시 부정할 수 없다. 마지막으로 그와 같은 진보의 표상에서 가벼운 오한이, 한 인간을 엄습한다는 점 역시 부정할 수 없다. 이 모든 점은 사태의 내적 본질에 근거를 가져야 하고, 그 근거를 행위에 갖는다. 순수하게 내적인 증언의 힘에 따르는 기독교적 이념의 진보는 종교적 공동체의 모든 사유와 제의에 대한 사유를 도외시한다. 그 진보는 기꺼이 역사적 기독교의 설립자로서 역사적 예수와 그 권위들에 모든 경건한 자들이 연결되어 있다는 사실에 대해 간과할 수 있고, 단지 현재에 인격적으로 살기 위해서 모든 역사적 문제에서 벗어날 수 있다. 하지만 동시에 그 진보는 이와 함께 의식적이든 무의식적이든 정신적이고 윤리적 종교의 기반에서 집회와 마술이 아니라, 단지 영적 소유물이 현재화되는 과정에 존재할 수 있다. 그 진보는 이 현재를 그 소유에 대해 인격적으로 살아 있

---

15) *Die Erziehung des Menschengeschlechts*, 1780, 85f.
16) Kaiser und Galiläer, 1873, 1. Teil, 3. Akt u. ö.

는 묘사 없이, 하나의 표준적인 원형에서 완성할 수 없는 각각의 공동체를 포기한다. 그 진보는 각각의 제의와 신에 대한 신앙 안에 나타난 공동체로의 반작용을 포함한 신에 대한 숭배와 존경을 포기한다. 왜냐하면 기독교를 위해 마술적 의미에서, 혹은 구속 신비의 의미에서 제의는 가능하지 않고, 그에게 제의로서 유일하게 남아 있는 것은 설립자로서 역사적 예수 중심의 공동체 모임, 그의 정신과 삶으로부터 비롯된 성장, 신에 대해서 규정되고 구체적으로 현재화하는 공동체에서 신에 대한 기도는 역사적 대상의 배제를 통해 제거되었기 때문이다. 인격적이고 단독적 묵상이나 명상, 혼란스럽고 우연적인 개별적 열정들에 대한 표현 혹은 많든지 적든지 이해할 수 있는 종교적 가르침에 대한 강연들이 제의와 공동체 안에 나타났다. 그 공동체는 대단히 구체적이지만, 대단히 다양한 그리스도의 상을 중심으로 존재하는 신의 현재와 신에 대한 기도에 모인다. 이 공동체와 제의의 상실은 근대 기독교와 근대 종교성 일반의 본질적인 질병이다. 그 질병은 공동체와 제의 상실을 통해서 분리되고 혼란하며, 우연적으로 인격적이며, 열정적이고, 비전문가적이고 지적이고 세계관적인 대상을 얻게 된다. 그 질병은 그 중심점으로부터 성장해 가는 어떤 지배적 중심점을 갖지 않고, 오히려 그것을 느끼고 찾는 개인들로서 너무 많은 중심점들을 갖게 된다. 하지만 현대종교는 단순히 혼란스럽고, 무규정적이 되며, 약해지고 설득력이 없어진다. 왜냐하면 현대종교에는 개인에 대한 총체적 정신과 공동체의 반작용을 높이고, 끌고 올라가고, 다양화되고, 실천적 공동성의 목적들을 세우는 공동체와 공공의 의미가 부족하기 때문이다.

그러나 지금 모든 종교사와 종교심리학의 가장 명료한 결과 중 하나는, 모든 종교에 본질적인 것은 교의학이나 이념이 아니라, '제의'와 '공동체', '생동력이 있는 신성과 교제'라는 사실이다. 특히 생동력이 있는 신성과의 교제는 그의 삶의 뿌리 일반이 종교적인 것과 그 최종적인 것이 신에 대한 신앙에 존재하고, 개인들을 묶는 힘을 가지고 있는 총체성의 교제이다. 그 교제는 대표적으로 제사장주의를 통해 완성되면 항상 총체성에 대한 영향들과 함께 퇴각하는 교제이다. 그 교제는 자연종교의 토대에서는 당연하다. 그러나 그 교제는 제의와 제사를 통해서가 아니라, '기도'와 '경건'을 통해서 완성하는 정신종교의 토대에서도 가치가 있다. 그 사실은 왜 정신종교가 왕성해지기 시작했던 플라톤주의와 스토아주의가 기독교에 의해 쇠약해졌는지에 대한 이유이고, 무엇이 기독교가 유대교와의 분리를 통해서 그리스도 제의로 발전했는지에 대한 이유이다.

그 사실은 새로운 하나님에 대한 섬김이 아니라 오래된 이스라엘과 그의 살아 있고 구체적인 최고 계시에 나타난 모든 이성의 신에 대한 섬김이다. 그리스도인들이 믿었던 신에 대한 신앙은 어떠한 교의나 가르침도 갖지 않았고, 단지 부활신앙에 설명된 예수에 존재하는 모든 종교적인 것의 묘사를 포함했다. 그 신앙은 어떠한 제사나 제의, 마술, 신비가 아니라, 그리스도에 나타난 신에 대한 기도와 주의 만찬 속에 존재하는 그리스도와의 삶의 통일성만을 소유했다.

그 후에 항상 기독교 공동체의 근원적 형태에서 그리스도 제의로서 발전된 것, 그 원형적 동기는 분명하다. 공동체의 욕구와 제의의 욕구는 신의 계시로서 그리스도를 섬기는 모임 이외에 다른 수단을 가질 수 없었고, 그리스도의 제의로부터 비롯된 그리스도의 교의는 새로운 공동체를 만들기 위해서, 항상 하나의 영원한 신만을 그리스도 안에서 볼 수 있으며 접근할 수 있게 만들었다. 그 공동체는 단지 자신의 제의를 통해서 스스로 새롭고 확고한 공동체임을 드러낼 수 있었다. 신화와 신비들, 이방적이고 영지주의적 유비들이 기부해올 수 있었던 것을 교의는 단지 과정으로서 변형시켜왔고, 고대의 의식을 이해할 수 있게 만들어왔다. 그 과정은 사태의 내적 논리에 있었다.

하지만 기독교 신앙의 기원과 그리스도의 제의와 새로운 신에 대한 신앙을 결합하기 위해서 근원적 동기가 되었던 사실은 오늘날 역시 다른 형식들과 조건에 존재한다. 그 근원적 동기는 사회심리학적 원칙이다. 그 법칙은 일반적으로 우선 대단히 정교하고 개별화된 문화를 생산하는 것과 같이, 오랫동안 단지 평행적으로 느끼거나 사유하는 개인들이 서로에 대한 상호작용과 관계 없이 서로의 곁에 존재할 수 없다는 사실이 아니라, 수천 번의 관계로부터 비롯된 도처의 공동체의 영역들이 높거나 낮은 질서를 수반하여 나타나고 구체적인 중심점을 필요로 하는 사회심리학적 법칙이다.

그 원칙은 종교적 삶을 위해서 가치 있는 법칙이다. 따라서 그 영역들이 규정된 높고 낮은 질서들, 확고한 중심점들, 성장의 수단들과 힘들의 중심과 함께 생성된다. 그 대상으로부터 종교적 사유의 힘이 항상 개혁된다. 자연종교들의 조직들은 자연과 공동체에 의해서 생성된 공동체들에 의해 주어진다. 그 관계점은 오래된 제의적 전통이다. 정신적 종교들 안에는 원형, 권위들, 힘의 근원들, 구심점의 역할을 하고, 개인적으로는 구체적 삶의 모습들로서 무한히 역동적이고 알맞게 해명할 수 있는 능력을 갖고 있지만, 단순한 가르침과 교의학을 소유하지 않는 '예언자'들과 '설립자'의 '인격성'들이 존재한다. 동시에 그들은 이론이나 오성이 아니라, 환상과 감정을 지향하고, 유동성과 관조의 능력을 소유한다. 그러므로 모든 거대한 정신종교들은 마치 플라톤주의의 종교철학학파와 스토아학파, 후에 기독교적 종파와 수도원 같이 그들의 '설립자'와 '예언자'들에 대한 종교적 섬김이다. 예언자들의 현재화는 그 정상에서 그들의 신적 섬김을 다신의 풍부함으로서가 아니라, 보편적이고 신적 진리의 표현으로서 이해한다. 또한 그 현재화는 공동체와 제의를 위해 도처에서 근본적이고 매순간 달라진다는 사실 역시 극도로 불확실하다. 하나의 새로운 종교는 분명히 순수하고 개인적이며, 종교적 확신들의 개인적 진보만이 아니라, 마치 그 종교는 옛 종교가 그 근본 토대를 공동적 제의 안에 생기 있게 취할 수 있었던 것과 같이, 오래된 힘과 영향력, 성장의 능력을 소유한 새로운 예언자들의 종교이어야 했다. 마치 국가와 경제가 단지 자연적으로 필연적인 다수의 개인의 관심과 이성들이 공존하면서 비롯된 것과 같이, 종교에 존재하는 모든 대상이 자신에게 있고, 정신이 전적으로 자유롭고 독립적으로 개인에게서 발전하는 제3제국은 추측컨대 결코 올 수 없다.

이와 같이 기독교적 이념의 다양한 현실성은 공동체와 제의 없이 존재할 수 없을 것이다. 이 삶을 위해 존재하는 교회들이 생겨날 수 있을지에 대한 물음은 대자적 질문이다. 가능한 것은 그 교회들이 우리의 보편적이고 정치적 관계들의 변화에서 스스로를 오래된 교회의 교의에 여전히 붙들려 있는 영역들로 되돌아가도록 억압을 받는다는 사실이다. 그러나 역시 가능한 것은 교회들이 그런 발전에 직면하여, 스스로를 넓은 민족교회로서 형성하는 법을 배운다는 것이다. 그 발전과정에서 요즘 개신교적이고 종교적 사유의 다양한 특성들이 표현될 수 있다. 그렇지만 인간은 항상 올 수 있는 것, 확실성과 구원하는 신인식의 힘을 공동체와 제의 없이 생각할 수 없을 것이다. 따라서 기독교적 이념에 의해서 해명된 제의는 그들의 지도자 주위로 공동체의 모임과 그리스도의 표상에 포함되어 있는 신적 계시로의 침잠을 통해서 공동체를 양육하고 확립하지 않는다. 그 제의는 교의, 이론, 철학이 아니라, 그리스도 내면에 존재하는 신을 중심으로 그리스도에 대한 전승을 생명력 있게 만들고 그와 관계하는 공동체를 성장시켜야 한다. 기독교가 어떤 의미에서 일반적으로 존재하는 한 그리스도의 제의적 중심과 연결되어 있을 것이다. 기독교는 그렇게 존재할 수 있고, 그렇지 않을 수도 있을 것이다.

기독교는 심리학적 원칙들에서 비롯되고, 그 원칙들은 전적으로 동일한 현상을 역시 다른 종교적인 영역들로 가져왔고, 오늘까지 소규모로 수천 번 반복된다. 각자의 내적인 삶으로부터 비롯되고 일치하는 상호작용을 필요로 하지 않지만, 생명력 있고 강력한 경건성을 유토피아로서 나타나게 한다. 따라서 이 사회심리학적인 입각점은 우리의 문제들이 보여야 하는 시각이다. 제의와 교의에서 그리스도의 중심 위치와 기독교적 이념의 결합은 구원의 개념으로부터 뒤따르는 개념적 불가피성이 아니다. 왜냐하면 정당하게 평균적 경건성에 대한 의존성과 강화의 욕구를 정당하게 암시할 수 있을지라도, 인간은 그 욕구를 위해서 거의 현실적으로 예수의 인격성과의 교제가 실제로 가능하지 않는, 그의 인격성을 필요로 하지 않기 때문이다. 그러나 예수의 인격성은 순수역사적이고 기원의 절차를 해명할 때는 더 이상 본질적 사태는 아니다. 사회심리학적으로 그의 인격성은 제의, 영향력, 성장을 위해 반드시 필요하고, 그 결합을 정당화하고 주장하는 것에 만족한다. 사실 그 인격성 없이 기독교적 이념의 새로운 발전을 생각할 수 없다. 하나의 새로운 종교는 역사적 예언자의 새로운 제의일지 모른다. 따라서 제의가 없고, 순수하게 인격적이고, 개별적 확신과 인식종교에 대한 희망은 명백한 착각이다.

반면에, 우리가 제의와 공동체를 필요로 한다면, 우리 역시 공동체의 으뜸과 구심점으로서 그리스도를 필요로 한다. 왜냐하면 기독교적 신인식은 일반적으로 다른 일치점과 관점의 수단들을 갖지 못하고, 종교철학적 교의의 강연들은 결코 현실적인 종교를 형성할 수 없으며 대체할 수도 없기 때문이다. 그러나 이 사태가 그렇게 존재한다면, 역사적이고 비평적 물음에 대한 현실적으로 근본적 동일가치성은 가능하지 않다. 이와 같은 의미에서 확실히 예수는 기독교적 신앙 일반의 상징이다. 그 상징을 위해 그 뿌리가 역사적 사실성에 대해서 동일한 가치가 있고, 즉시 이념들이 신비적으로 구체화되는 작업을 종교사의 주요한 작업이라고 생각하는 사람들은 그 인격성 자체를 위해서 종교적 신앙의 영역에 들어간다. 또한 그들은 내용적으로 흥분과 이념이 신비적 상징을 통해서 구체화되는 실질적 작업과 함께 그에게 헌신하기에는 너무 멀리 있다. 그들은 단지 신앙인에게 보다 적은 제한성에서 신비적 상징에 완전히 만족할 것을 요구한다.

예를 들어, 사무엘 루브린스키[17]가 내세운 그와 같은 요구들은, 미학가가 신앙인에게 제시한 신비로운 상징에 대한 그의 삶의 굶주림을 만족시킬 것을 요구하는 곳에 존재하는, 오늘날 실재들과 함께 빈번히 미학적 법칙에 따라 형상화 된 놀이 이상의 다른 것은 결코 아니다. 왜냐하면 그는 현실적 증언과 신념과 확신에 대한 굶주림이 아니라 펼쳐지는 환상의 욕구를 잠재우는 것을 생각하기 때문이다. 현실적으로 기독교적 삶의 세계에 내적으로 속한 사람이 공동체의 머리, 중심점, 모든 제의와 신에 대한 관조에 따른 관계점을 여전히 아름답게 생각할지라도 신화로 여기는 것은 불가능하다. 신이 그에게 사유와 가능성이 아니라, 성스러운 현실성의 대상과 같이, 그는 이 신에 대한 상징을 가지고 현실적 삶의 확고한 근거에 서 있으려고 한다. 현실적 인간이 살았고, 싸웠고 믿었다는 사실과 그 현실적 삶으로부터 힘과 확신성의 흐름이 그에게 부어진다는 사실들이 진정한 의미가 있다. 그 상징은 그의 뒤에 우월적이고, 현실적이며, 종교적 예언자의 힘이 서 있다고 하는 신앙을 통해서 만들어진다. 왜냐하면 그 예언자 곁에서 그는 신을 볼 뿐만 아니라, 그렇지 않으면 마치 그가 우월하고 개인적으로 종교적 권위를 필요로 하며, 그 삶에서 동일한 것을 다양하게 경험하는 것과 같이, 자신의 불확실성에서 직면해서도 스스로를 세우거나 강하게 할 수 있기 때문이다. 이것이 예수의 사태에 대한 헤르만의 진술이 정당한 이유이다. 여기에서 문제는 예수 주위의 모임이 내적 힘과 주관적 확실성을 가져야

---

17) *Die Entstehung des Christentums aus derantiken kultur*, Jena 1910; *Das werdende Dogma vom Leben Jesu*, Jena 1910.

한다면, 개인의 구원에 대한 확실성이 먼저 예수에 대한 신뢰를 통해서 얻을 수 있다는 사실이어야 한다. 오히려 예수의 주위에 모임 없이, 개인은 기독교적 정신을 이끌거나, 강하게 하는 삶의 관계를 얻을 수 없고, 예수를 중심으로 모이는 일만이 현실적 삶으로 되돌아가야 하는 사실로서 이해할 수 있다.

그러면 이와 같은 상황에서 확실히 역사비평적 탐구의 배제는 불가능하다. 다른 모든 역사적 사태들과 마찬가지로 곧 보고의 형태 속에서만 주어지고, 그 사태는 역사적 탐구를 통해 확고하게 된다. 그 신앙은 사실들을 해명할 수 있지만 확고하게 할 수는 없다. 즉시 이 점에 대해서 신학이 가장 복잡한 방법을 가지고 작업한다 할지라도, 분명하게 해야 할 필요가 있다. 여기서 개별성이 아니라 예수의 전체적 현상에 대한 사실성과 그의 설교와 종교적 인격성의 근본 특징들이 문제이다. 만약 역사적 예수의 상징이 확고하고 내적 근거를 그의 사태 속에 가져야 한다면, 그 개별성은 역사적 현실성으로서 역사적이고 비평적 수단과 함께 확고히 세워질 수 있어야 한다. 확실히 비역사적으로 생각하는 세계는 그 내적 근거를 필요로 하지 않았고, 18세기까지 이 문제들에 대해 생각하지 않았다. 그러나 근본적으로 역사적 사유방식 내에서 그 내적 근거가 현재의 사유방식인 것처럼 신앙은 역사학적으로 학문적 사유방식의 혼돈으로부터 스스로를 끌어낼 수 없다. 오히려 그 사유방식에 직면해서, 의미에 대한 역사적 질문들이 존재하는 만큼, 그 공동체와 제의의 역사적 근거들을 보증해야 한다. 그곳에는 도피함이나 무시가 존재하지 않으며, 그 투쟁은 반박될 수 있어야 한다. 일반적으로 예수의 인식의 가능성과 그의 역사성의 착오로 결정적으로 불리하게 될 수 있다면, 사실상 학문적으로 형성된 민족의 계층들에는 그리스도 상징의 종말의 시작이 될 수도 있다. 그러므로 그 의심과 해소는 사회 개혁적이고, 낡은 교회적 경향성들의 경우에서 이미 오래지 않아 근원적으로 존재하지 않는 만큼, 곧 하부 구조 안으로 사라질지도 모른다.

단지 기독교적 원칙을 붙들고자 하고 역사적 질문들을 전적으로 자신에게 넘기려는 진술의 양식일 뿐이다. 그 진술은 심각한 불확실함 속에 존재하는 개인들을 위해 실질적 출구이지만, 역시 하나의 종교적, 제의적 공동체를 위해서는 불가능하다. 그러나 만약 누군가 순수한 신앙이 선생들과 교수들에게 의존될 수 없다고 말한다면 진술 역시 동일하게 존재하는 진술 방식일 뿐이다. 누군가 강한 본능과 함께 학문적이고 활발한 움직임에 따른 포박을 벗어내려고 하는 곳에서 개별적인 경우를 위해서는 옳다. 그러나 역사적 사태들을 일반적으로 학문적 비판의 원칙에서 분리하려는 것은 불가능하다. 만약 누군가 표현하려고 한다면, 사실상 선생들과 교수들에 대한 의존성이, 혹은 보다 잘 표현해서 학문적인 탐구에 의한 표현을 통해서 나타나는 역사적 확실성의 보편적 감정에 대한 의존성이 남겨진다.

그 의존성에 대해 누구도 자신을 탓할 수는 없다. 그렇지만 그 의존성은 신앙의 역사적 문제에 제한할 수 없는 어려움은 아니다. 학문적으로 형성된 세계와 그의 영향에서 그 신앙은 결코 독립적이지는 않았다. 그 신앙은 수세기 동안 고대철학의 영향들에 서 있었다. 그러면 그 신앙은 근원적으로 고대 혹은 기독교 철학을 변화시키는 자연과학과 함께 우열을 다투거나 평준화해야만 했다. 오늘날 그 과정을 위해 인간과 그의 세속적인 현존재에 대한 우리의 전적인 직관이 역사화되고 심리화되면서 나타난다. 신앙이 매순간 학문적 인식을 제공하는 직관들에 직면해서, 논쟁, 순응, 대립을 피할 수 있고 신앙을 대립적으로 몰아가는 모든 위치의 관계에서 자신에게로 되돌릴 수 있다는 사실은 망상이다. 최초의 열광적 출발점들에 있어서, 학문적으로 동일한 가치가 있는 민족 계층들에 대한 실천적이고 사회적 지배력에서 신앙은 그 망상을 가질 수 있다. 그러나 학문적 교육과 사유방식으로 채워진 세계에서는 그 망상을 가질 수 없다. 학문 밖에 배제된 모든 요소들을 포기하는 구원은 내용, 규정성, 힘과 공동체 형성의 포기이다. 확실히 칸트는 이미 그 포기와 함께 시작했다. 따라서 그는 그리스도를 기독교적 원칙의 비유로서 설명했고, 단지 기적의 힘을 통해 형이상학과 자연과학에 대해서 고민하지 않지만, 그리스도의 사태에서 스스로를 밑받침하는 구속신앙의 창립자가 되었다. 그렇지만 칸트가 그의 신학적이고 이상적 역사 이해와 이중적 도덕철학과 불사성에 대한 신앙에서 구체적 기독교의 요소들을 확고하게 한 만큼, 이와 반대로 지속적으로 학문을 지향했다. 만약 종교철학이, 영혼들의 삶을 채색하고 자라게 하며, 항상 우선적으로 그 환상과 기분을 일으키고 종교적 상황들이 함축하는 단순한 영의 소여성으로부터 구분되는 신성에 대한 구체적 내용들과 직관들로 만드는 종교적 기분들에 대한 단순한 사실성과 지속성으로 철저하게 돌이킨다면, 학문에 직면한 투쟁과 순응은 먼저 중단된다. 그러면 분명히 학문과의 모든 투쟁은 피하게 되지만, 역시 모든 기독교에 대해서 철저하게 침묵하기 위해서, 종교의 공동체 형성과 실천적 수행은 배제된다. 하지만 칸트의 종교철학적 시도는 지성 앞에서 신앙의 항복이고, 곧 구체적이며 실천적 공동체의 삶을 규정하는 신의 이념에 대한 관조에 달려 있는 모든 실천적인 의미와 공동체의 포기이다. 그러나 그 이념은 다시금 구체성 속에서 보증인과 지도자로서 거대한 예언자들의 인격성에 대한 인정에 달려 있다. 그렇게 집착과 지배로부터 자신을 벗어나게 한 경건성은 학문과의 모든 논쟁을 암시하게 될 것이며, 그와 함께 이 경건성은 역사적 토대들의 사실성에 대한 명료화를 위해 필수불가결하게 된다. 이 필연성을 막을 수는 없다. 얼마만큼 많이 그 필연성에 의해서 접촉되지 않은 채, 순수하게 그의 종교적 충동과 감정을 추종할 수 있고, 그의 실천적 사유의 가능성과 당연성을 위해서 현재의 관계에서 단순히 학문적 탐구를 일으킬 수 있는 역사적 근본 토대의 신뢰성에 대한 확고한 신뢰의 기분과 분위기는 필연적이다. 그 필연성과 함께 묶여 있는 어려움, 곤경, 동요와 또한 지식에 대한 의존성들은 분명히 인식되어야 한다. 그 어려움, 곤경, 동요함과 지식에 대한 의존성 없이 그 필연성은 존재하지 않는다. 실제로 인간은 가능하지 않는 사태에 대한 근심이 없다는 것을 드러내서는 안 되고, 비탄해서도 안 된다.

단지 인간은 역사적 탐구들 중 한 부분이 분명히 종교적인 목적을 위해 동일한 가치가 있다는 사실을 진술할 수 있을 것이다. 그러나 이와 함께 종교적으로 의미 있고 학문적 탐구에 대한 확실한 제한이 있다. 모든 역사 신학적 탐구의 모든 제약성들과 사소한 것들이 아니라 근본적인 사태들, 그리스도에 대한 신앙의 형성과 기원을 위한 예수 인격성의 결정적인 의미, 그의 설교의 종교적이며 윤리적인 근본 특징, 그의 설교가 그리스도 제의의 가장 오래된 기독교적인 공동체에서 경험하게 된 변화가 문제이다. 나의 견해에 따른 여전히 열린 모든 물음에도 불구하고 여기에서 결정적으로 중요 사태들은 사실상 분명히 확고하게 세워질 수 있다.

역사적 연구는 본질적으로 종교적 목적과 예수의 역사성에 대한 인정과 그의 가르침의 종교적 해명을 위해서 충분하다. 역사적 연구는 단지 하나의 근본적인 전체의 상을 필요로 한다. 실제로 그 전체상은 족하지 않을지도 모른다. 하지만 예수의 역사적 인격성이 기독교적 신앙의 인식과 삶의 힘들의 유일한 샘일 수 있다. 유일하게 예수의 역사적 인격성은 실제로 역사의 준비들과 결과들의 주요한 관계 속에 서 있다.

그의 인격성은 예언자들과 시편 기자들의 준비 없이 그리스도에 대한 바울의 신앙에서 일어나는 결과들 없이, 루터와 슐라이어마허에 이르는 기독교적 인격성의 충만한 결과 없이는 이해될 수 없다. 그의 인격성이 본질적으로 그의 사회심리학적 의미에서 고려되면서, 원죄에 대해서 대립적으로 존재하는 유일한 권위와 힘의 근원으로서 여겨지지 않는 곳에서, 어떤 것도 그의 인격성을 끊임없이 그 역사적 삶의 관계에서 보는 일과 준비와 결과를 그의 인격성에서 해명하는 것을 막지 못한다. 그의 설교와 공동체적 삶을 위해서 실제로 사람들이 비판가로부터 기꺼이 다른 것들로 왜곡할 수 있는 예수의 개별적 상에 대한 철학적 정확성이 문제가 아니라, 전체적으로 앞서가면서 뒤따라가는 역사로부터 생성된 예수의 상의 해명이 문제이다. 이 해명은 단지 확실하게 사실적으로 성실하게, 이 삶의 세계의 중심으로서 예수를 고려해야하는 의식과 연결되어야 한다. 그 해명은 수천 개의 근원으로부터 모인 이념의 구체화를 위해서 무대상적이고 현실성의 근거를 필요로 하는 신화를 꾸며낸다는 근심과 감정을 가져서는 안 된다. 이 전제에서 해명은 실천적 선포에서 대단히 자유롭고 역동적으로 그리스도의 상을 그 안에서 함께 흘러나온 모든 것과 수천 년 동안 그 안에서 살았고 사랑받았던 모든 것으로부터 해명해야 한다. 역시 그 해명은 모든 것을 예수에 집중시키지도 않을 것이다. 예수는 우리 신앙을 위해 유일한 사건일 수 없을 것이다. 하지만 그 해명은 예수에게서 다른 역사적 인격성들의 권리를 보장받게 할 것이다. 또한 이 해명은 그의 권리에서 어떠한 의미에서는 관조적인 상징들과 힘을 강화하는 신앙의 보증으로서 고려될 수 있다. 역시 그 해명은 단지 종교개혁 시대에 이르기까지 가야 하는 동기를 갖지 않을 것이며, 현대에 이르는 역사적인 사태를 발견할 것이다. 기독교와 그와 함께 존재하는 원칙의 규정성 일반은 그 해명이 그 모든 것을 다시금 하나의 집합점인 예수의 인격성과 관계하게 한다는 사실을 통해서 그 해명을 보호할 것이다.

그러므로 기독교의 지속성이 존재해야 한다면, 우리는 학문적 견해들의 싸움에서 분명히 역사적 학문의 수단들과 함께 예수의 인식 가능성, 사실성에 대해 확신해야 한다. 그에 대한 대답은 본질적으로 모든 남아 있는 틈에도 불구하고 원시 기독교의 학문성에 의해 주어진다. 만약 인간이 사실적으로 그 대상들 곁에서 작업한다면, 남의 이목을 끄는 부정들은 사라진다. 역사적 탐구에 대한 중요성의 제한은 보다 실질적으로 그 탐구가 의미 있게 예수의 인격과 그의 설교와 가장 오래된 공동체의 주안점으로 확대되는 한, 역사적 사태가 풍부한 다른 것을 통해서 스스로를 강하게 하고 홀로 모든 것을 수행하지 않는 것에서도 역시 존재한다. 그 사실은 양자가 정통신학을 위해 당연히 의미 없고 과도한 반면, 마치 위에 묘사된 입각점들로부터 가능한 만큼 그 문제의 지배와 제한이다.

4. 기독교의 필연적 상징으로서 역사적 예수

이 해결은 전에 묘사된 슐라이어마허-리츨-헤르만학파의 중재 유형에 근본적으로 대단히 가까이 서 있는 것처럼 보이길 원한다. 그 해결은 역시 가상 이상이며 현실적으로 그렇게 존재한다. 실천적 선포를 위한 그 결과들은 상당히 유사하다. 모든 역사적 중재를 통해서 여전히 느낄 수 있는 현실적 인격성에 대한 종교적 권력과 힘 곁에서 종교적 주체성의 근거에 대한 중요한 사유도 그의 완전한 의미 속에서 인정된다. 인간은 동일한 접촉에 대해 기뻐할 수 있다. 왜냐하면 우리가 우리의 사유방식을 지속적으로 서로에 대해 구분하며 탁자보에서 나눌 수 있는 문제가 아니기 때문이다. 그 문제는 단지 밀쳐내거나 냉소적으로 나타난다. 오히려 인간은 우리의 혼란 속에서 확고하게 접촉점들을 찾아야 한다.

그렇지만 사유의 근거와 의미, 사유 자체는 사소하지 않게 상이한 사유이며 상이성이다. 상이성의 의미는 이치에 닿지 않는 억지를 늘어놓는 교활함이나 신학적인 체계 마련들을 추구하는 학파간 대립을 위한 애호가 아니라, 기분과 감정과 종교적 총체적 행위에 존재하는 실천적 차이에서 비롯된다. 나에 의해 주어진 근거는 보편적으로 사회심리학적 근거이다. 그 근거는 다른 영적이며 윤리적이고 자연적 공동체의 조직에 묶여 있지 않고 마술적 제의 속에서 움직이지 않는 종교적 신앙과 마찬가지로 기독교에도 가치가 있다. 또한 그 근거는 기독교 외의 모든 신에 대한 확실성과 신의 힘을 불가능하게 만드는 원죄가 아니고 홀로 확실하게 만드는 역사적 사태에 적합한 기독교의 독특한 우위도 아니다. 오히려 보편적이고, 모든 인간적 사물에 스며들고 종교와 특별히 영적이며 윤리적인 종교에서 스스로를 규정하는 법칙이다. 그 법칙은 진정한 신에 대한 신앙에 대해, 형벌을 수반하는 자연사건이 목적에 역행하는 특성이나 현존재 곁에 존재하는 죽음, 고난과 투쟁과 같이, 기독교인이 아닌 사람들의 무능력과 원죄와 관계가 없다. 아담과 이브 혹은 악마와 사탄의 죄로 인한 원죄와 완전한 근원세계의 파괴에 대한 오래된 교의는 이 모든 사물을 끌어내었다. 그러나 우리가 오늘날 이 모든 사물을 자연에 대한 내적이고 필수적 파악으로부터 이해하는 것과 같이 사회심리학적 법칙을 근원적 죄악의 유출로서가 아니라, 수수께끼로 가득한 개별적 본질과 공동체의 관계에 존재하는 인간성의 본래성으로서 이해한다. 기독교는 예수 인격성의 중심 위치에서 기독교를 모든 종교로부터 분리시키고, 먼저 그에게 유일하게 구속을 가능하게 만드는 특별한 독특성을 가지고 있지 않고, 오히려 단순히 그에게 본래적인 방식으로 인간적 정신에 대한 삶의 보편적 원칙을 성취한다.

따라서 비기독교적 구원의 무능력이 아니라, 그들의 종교적 삶의 상징과 중심, 근거에 따른 종교적인 공동체의 욕구가 예수의 의미의 평가를 위해서 결정적이다. 본질적인 것은 고정적 교의와 동시에 고정적 도덕법칙이 아니라 살아 있고, 다양하고 동시에 고양시키고,

강하게 만드는 인격성이 그 중심점과 상징을 만든다는 사실이다. 그 인격성의 가장 내적인 삶의 방향을 자신에게 수용하는 것이 가치가 있고, 그 인격성으로부터 활용에 대한 완전한 자유에서 매순간 현재적이고 종교적인 도덕적 과제의 형성을 가져올 수 있다. 다시금 이 인격성은 결코 개별적인 것으로 존재하지 않고, 충분한 역사적 삶의 관계에 있다. 그 역사적 삶은 인격성의 주변과 안에서 기독교적 이념의 규정성과 살아 있는 힘을 수반한 성취를 위해 선입견 없이 활용될 수 있다. 실제로 예수의 인격성을 교리로 변질시키거나 그 인격성으로부터 도덕 법칙을 만들려는 시도가 부족했던 것은 결코 아니다. 그러나 정의할 수 없는 인격적 삶의 살아 있는 토대는 다시금 효력이 있다. 인격성의 근본 토대에서 기독교가 항상 새롭게 단순화되고 새로워지는 능력이 비롯된다. 역시 인간이 예수를 그의 앞과 뒤에 있는 역사로부터 분리하거나 그를 신앙의 유일한 근거와 토대로 만들려는 의지가 부족했던 것도 아니다. 최근의 기독론 안에서도 그 의지가 부족했던 것도 아니다. 하지만 예수를 신앙의 근거로 이해하는 일은 끊임없이 새로운 방법을 사용한다 할지라도 불가능하다. 왜냐하면 후기 유대교의 총체적으로 규정된 상황을 통해서 전적으로 오해할 수 없는 예수의 표상세계와 윤리의 결합 때문이다. 또한 그의 하나님 나라 설교와 순수한 종교적 이상에 의해서 새롭게 규정된 조건들에서 새로운 세계와 인간성을 선취하고, 머지않아 순수하게 기대하는 종교적 예언자의 냉정한 일면성 때문이다. 그에 대해서 이미 근원적 공동체 신앙은 그리스도의 영을 역사적 그리스도의 현상으로부터 해방시켰고, 발전의 능력이 있는 원칙으로 규정했다. 그러나 이 발전은 이상적 결과와 조직적 삶의 이해만이 아니라, 강하고 종교적 인격성들의 지속적 순서에 존재하지 않는다. 예언자들의 정신이 마치 예수의 삶에 존재하는 것처럼, 또한 예수 안에 항상 새로운 성장이 그 예언자적 씨앗에서 올라온 것과 같이, 그 인격성들은 그로부터 얻어졌고 새로운 것은 그의 정신으로부터 가져왔다. 이와 같이 나타난 새로운 성장은 구원자의 절대적 유일성이 아니라 '중심'이다. 그 중심에는 기독교적이고 예언자적 신앙의 모든 준비와 결과가 모이고, 동시에 그로부터 모든 준비와 결과는 하나의 통일적 의미를 경험한다.

모든 요점은 사회심리학적 필연성에 존재한다면, 그 필연성으로부터 역시 하나의 공동체와 제의의 이념들에 대한 강한 압박이 솟아난다. 공동체와 제의의 필연성은 그리스도의 인격성의 중심 위치를 만들어낸다. 이 필연성은 역시 지속적으로 이 중심 위치를 일으킨다. 공동체 자체가 개인의 자유롭고 고립된 확신의 종교로서 용해되는 곳에서, 제의가 평온과 기분으로 변화되는 곳에 예수와의 관계는 사라진다. 만약 말씀에서 그와의 관계를 보호해야 한다면, 그의 위치에서 내적 그리스도 혹은 자유롭고 신비스러운 신의 현존은 그 영혼들 속에 나타난다. 그러나 인간이 그와 같은 분열과 권태로부터 공동체와 제의로 되돌아가는 곳에 항상 예수의 역사적 인격성의 의미는 나타날 것이다. 예수의 역사적 인격성의 의미는 슐라이어마허에게서 분명히 뒤따른다. 역사적인 것의 의미가 동시대적인 설교에서 강하게 나타나는 반면 단지 무지가 대중적인 것[18]으로 여길 수 있는 그의 종교론 속에서 역사적인 것의 의미는 사라진다. 하지만 무엇보다 교회적 과제와 교회적 '신앙론'의 기획에 그가 참여한 이래로, 예수의 인격은 기독교 신앙의 상징과 힘의 근원으로서 설교와 제의의 중심점으로서 총체적인 고려의 중심이 되었다. 그 사실이 이러한 변화의 의심할 수 없는 이유가 된 반면, 의식적 근거는 그에 의해 사회심리학적으로 파악된 것은 아니다. 반대로 그의 교의학적 근거는 비기독교적 신의식의 무능력성과 두 번째 아담을 혹은 그렇

---

18) 이 진술은 오토 리츨의 진술이다(Schl' Stellung zum Christentum in seinen Reden über die Religion, 1888).

지 않으면 무익한 신의식의 힘을 가져온 자를 통해서, 새로운 인간성의 시대를 개막하면서 하나의 이해를 만들었다. 그 이해는 슐라이어마허의 특별한 발전사적 사유와는 조악하게 모순된다. 그렇지만 일반적으로 지배하는 성서적이며 교회적 언어에는 잘 맞지 않는다. 사회심리학적 동기는 여전히 그리스도의 권위에 따른 구속하는 기적이 결정적인 사유로 나타나는 리츨과 헤르만에게서는 은폐되어 있었다. 그러나 사실상 그들에게 공동체의 형성과 제의는 역사적 인격성 출현과의 결합 속에 존재한다. 소수자들은 리츨과 헤르만과 같이 강하게 공동체와 제의, 하나님 나라를 위한 그리스도의 신앙적인 의미를 강조했다. 사실상 이것을 지배하는 동기와 예수의 섬김에 대한 사실적 이유와 내적 필연성으로서 나타나게 하는 것은 필연적이다. 슐라이어마허가 자신의 《종교론》에서 그가 압도적인 중심점들로 모으지만, 흘러가는 그룹의 형성들을 묘사하는 곳에 동일한 근거를 위한 첫 번째 논문들이 존재한다.

그 논문은 유감스럽게도 지속적으로 추적하지 않고, 교회적 표현 방식들의 가능성에 따라 궁극적으로 제시된 근거들에 접근해 갔다. 그렇지만 사실상 교회적 표현방식들이 옳았다. 그와 함께 우리는 확실히 시대의 종교적 총아들의 감정 상태에 대해 대립적으로 서 있다. 왜냐하면 그 시대는 개신교적 경건주의자들과 신비의 제의와 역사를 상실한 이상주의와 친숙함을 느끼지만, 공동체와 교회, 제의, 설교를 통해서는 어떤 것도 시작할 수 없음을 알게 되었기 때문이다.

마치 그리스도 신앙의 용해로 인해서 쇠퇴하든지, 혹은 보다 최종적인 것이 첫 번째 것의 파괴로 증발하든지, 상호관계에서 어디에 원인이 있는지에 대해서 어렵게 진술될 수 있다. 슐라이어마허에게서처럼 매순간 종교 영역에 하나의 개인주의를 확고하게 하는 것은 불가능할 것이다. 왜냐하면 인간이 모든 다른 삶의 관심의 영역에서 개인주의를 극복하도록 강요받기 때문이다. 그 개인주의의 영향에서 종교의 힘은 흩어지고 사라지며 쇠약하게 된다. 또한 공동체와 제의에 대한 욕구가 강하게 나타날 것이다. 우리의 현재적 교회들의 내부와 그 곁에 미래를 결정하게 될 수 있는 한 가지 물음이 대자적으로 존재한다. 그러나 그와 같은 변혁이 뒤따르게 되고, 이 변혁과 함께 예수의 역사성 의미는 잘 파악될 것이다. 그와 같이 종교적 혼란과 종교적 빈곤은 지속될 수 없다. 서아시아적이며, 유럽적이고 아메리카적 정신사의 토대와 결과로서 기독교와 구분되는 다른 종교성을 우리의 문화 영역에 존재하는 인간은 기대할 수 없을 것이다. 만약 우리 문화에 종교적 삶 일반이 나타난다면, 그 삶은 기독교로부터 비롯되고, 서구로 흘러들어갈 것이며 예수의 인격성에서 그의 상징을 갖게 될 것이다.

그와 함께 우리는 여기에서 진술된 중재 유형의 가르침에 직면하여 최종적 차이에 존재한다. 의미와 근거처럼 그 결과들 역시 다르다. 무엇보다 여기에서 차이는 분명해진다. 인간이 예수의 중심적 위치를 모든 원죄적 나약함과 신앙의 무능력을 극복하는 힘과 확실함의 기적과 함께 근거를 세운다면, 기독교는 항상 인간성의 종교로 머물게 될 것이며, 모든 종교적 공동체는 영원히 예수의 인격성의 중심에 돌게 될 것이다. 그러면 인간은 슐라이어마허와 함께 그리스도를 두 번째 아담으로서, 리츨과 함께 그의 공동체를 세계의 목적과 일치하는 신존재의 목적으로서 표시하게 될 것이며, 다른 사람들처럼 한 사람으로부터 니케아와 칼케돈의 오랜 기독론을 향하는 다리를 부수게 될 것이다.

하지만 만약 그의 공동체를 보편적이고 사회심리학적 필연성에 근거를 둔다면 사람들은 그 필연성으로부터 추론하게 될 것이다. 본질적이며 기독교적이고 예언자적이며 스토아와 플라톤주의의 많은 것들을 동시에 수용하는 경건성이 존재하는 한, 모든 현실적 힘과 신앙의 성장이 신앙 안에 존재하는 그리스도의 중심 위치에 묶여 있기 위해서, 하나의 공동체와 제의의 가능성은 존재하게 될 것이다. 다른 물음은 기독교 자체가 종말까지 영원히 인간성의 종교로 머물 수 있는지, 또한 기독교가 비기독교적인 국가와 민족들 안에 선교를 통해 영원한 것이 될 수 있는가이다. 그 물음은 자연히 일반적으로 분명히 대답할 수 없다. 그 문제제기는 이미 우리의 종교적 본질 이해를 위해 대단히 중요하기 때문이다. 지중해의 국가들에서 본질적으로 생성된 문화가 지속되는 한 그 문화로부터 새로이 생동성이나 깊이, 크기에 대해 기독교에 비교할 수 있는 종교가 생성된다는 것은 거의 개연성이 없다. 그렇지만 우리의 종교적 삶은 기독교에서 영원히 그의 기반과 추진력을 갖는다. 기독교와 학문적 종교들의 현대적 대용품들은 단지 강하게 비판한다. 그러나 그들은 경건하게 하는 종교적 힘에서 극도로 약하고, 종종 학문과 예술 혹은 도덕과 종교를 혼동한다. 그렇지만 이 문화 자체가 영원히 지속되는지, 혹은 총체적 세계로 넓혀지는지에 대한 물음은 어느 누구도 대답할 수 없는 질문이다. 이와 같이 인간은 기독교의 영원한 지속과 역사적 예수의 인격성과 공동체와 제의의 결합에 대한 물음은 긍정할 수도 부정할 수도 없다. 인간은 수십만의 미래의 가능성에 대해 생각할 수 있고, 현재적인 것에 대한 미래의 결합에 대해서 진술하는 것을 두려워 한다. 그 두려움이 현재적인 것을 무가치하게 만들 수는 없다. 그 안에 명백히 삶으로 존재하는 것은 함축적으로 머무를 것이고 돌아올 것이다. 무엇인가 오게 될 그 무엇인가를 통해서 비진리가 되지 않을 것이다. 우리는 단지 현재의 종교적 힘들을 모으며 지속시킬 것이다. 그 안에서 현재로부터 요구된 것을 행하고, 신적 삶이 내적인 운동에 있음을 확신할 수 있을 것이다. 무엇인가 우리의 신앙에서 확실하고 깊숙이 존재하는 것은 아마도 철저하게 다를지라도 20만 가지가 될 것이다. 그러나 우리가 이와 같은 우리의 종교적 힘을 단지 예수의 인격성에 대한 존경과 현재화의 관계에 가지고 있기 때문에, 우리는 수십만 년 동안 경건성이 예수로부터 자라나고, 혹은 다른 중심을 갖게 될지에 대해 무관심한 채로 여전히 예수의 인격성 주위에 모이게 될 것이다. 무시간적 미래의 가능성들이 무엇인가 느껴지는 힘과 진리 속에 현재 소유하고 있는 것을 무가치하게 만들 수 없다. 커다란 수치와 함께 움직이는 상대주의의 무시무시한 근심을 인간은 떨쳐버려야만 하고, 결정적으로 현재에 신적인 것이 주어진 만큼 파악해야 한다. 그러나 현재에는 신적인 것이 역사 없이, 상위의 역사적이고 총체적 삶의 실체에 대한 종교적이며 개별적 주체성의 결합 없이 제공되지 않는다. 그 총체적 삶은 그의 측면에서 역사적 예수의 인격성으로부터 중요한 힘과 확실성을 얻는다. 그리스도 안에서 신은 우리를 위해, 우리가 예수 안에서 우리에게 열린 최고의 신적 계시를 존경하고, 예수의 상을 우리 삶의 영역에서 나타난 신의 자기 증언의 중심으로 만든다는 사실을 의미할 수 있다. 우리는 이 의미가 확실하게 매우 확장될 수 있는 기독론적 니케아와 칼케돈의 교의들에서 해명될 수 있다는 사실을 일반적으로 가장 잘 포기한다. 인간은 그 사유의 저 입장이 앞으로 나타나게 할 필요는 없다. 그 입장은 설교와 예배, 교리문답서에서 어떠한 것도 찾아낼 필요가 없다. 또한 학문적 신학의 수업에서 인간은 그 입장을 거부할 수 있다. 하지만 그 원칙적 사유의 명료화가 문제가 되는 곳에서, 그 입장이 침묵할 수는 없을 것이다. 다른 한편, 그 입장이 예수의 인격성에 아직 나타나지 않은 수백만의 사건들의 연결을 강조하지 않고, 기꺼이 현재적 결합을 생동력 있게 만들었다면, 실천을 위해 효과적이었을지도 모른다. 자신의 신앙에 대해 단지 기뻐할 수 있는 사람들이, 다가오는 수백만 년의 시간을 그 인격성에 결합한다면 신앙의 힘과 자유에 대해서 아무것도 알지 못한다.

이 사실은 결정적이고 현대의 종교적 작업을 규정해야 한다. 따라서 이 작업은 분명 예수의 역사성에 대해 관심을 갖게 된다. 이 종교적 작업은 역사성을 전제하지 않고, 최소한의 공동체와 제의가 관계하는 모든 곳에서 철저하게 새로운 길들을 찾아야만 할지도 모른다. 하지만 일반적으로 그 방법은 완전한 해결일 수 없다.

지금까지 전체적인 문제에서 대단히 많은 위험에 처해 있다. 사실상 결단만이 단지 엄격한 역사적 학문을 가져올 수 있다. 하지만 그 결단이 사태들의 핵심을 우리에 주고, 그 핵심에서 우리는 신앙의 구체화로서 예수의 공동적 의미와 평가에 대한 토대를 확립할 수 있다는 사실이 확실하다. 교회적 그리스도의 교의가 아니라, 이 진리가 성장하고 효과적인 것이 될 수 있는 기독교적인 신인식에 대한 구속적인 진리와 공동체의 모임이 문제라면 우리는 그 이상을 필요로 하지 않는다.

현재의 삶 안에 존재하는 교회
(1911)

얼마 전 영향력이 있는 진보적 모임에서 유명한 학자가 자유주의와 교회의 정치적 프로그램에 대해서 언급했다. 그는 국가 법의 보호를 받으면서, 온전한 관용과 모든 문화투쟁을 피하는 일과 모든 진정한 종교적 의미를 인정했다. 하지만 결론에서 그는 다음과 같이 진술했던 "성직자들은 환자들을 방문해야 한다. 그리고 죽은 자들을 위해 기도해야 한다. 하지만 건강한 자들은 경건하게 만들어야 한다" 슈바르츠발트의 한 농부가 최상의 교회 정치적 프로그램을 발전시켰다고 생각했다. 그 모임에서 그는 마음 속 깊이 공감이 느껴질 만큼 최종적으로 명료하게 진술했다. 왜냐하면 이 모임에 참석한 많은 사람들이 열정적인 박수갈채와 함께 찬성했기 때문이다. 교회에 대한 이와 같은 조소(嘲笑)는 이 영역에서 대단히 널리 알려진 것이다. 관용에 대한 고백은 경멸의 표현과는 분명하게 구분되지 않는다.

자유로운 선거에 대한 전망을 기반으로 하는 대화에 참여했던 국가교회의 한 성직자가 나를 방문했다. 그의 선거구는 지금까지 개방적인 정치적 성향을 대표했고, 지금은 '개방적 농부'를 '선거 표어'로 만들었다. 그는 이 '개방적 농부'에 대한 여론을 만들기 위해서 방문했다. 항상 그 여론에 대해서 '농촌이 분열되지 않지만, 자유주의자들은 종교에 대해서 반대한다고 하는 반박이 있었다고 한다. 그 지역에서 자유주의자들은 기꺼이 보수적으로 선거를 치렀거나, 혹은 최소한 기독교인이고, 결국 그 농부를 위해 어떠한 나쁜 정책도 만들지 않았던 중심인물들을 뽑았다고 한다. 그로 인해 이 성직자는 그 사태를 희망이 없는 것으로 판단했고, 그 위치를 파괴하지 않기 위해서 각각의 정치적 의견의 표현을 내려놓는 것을 올바른 일로 판단했다.

혹은 다른 예가 있다. 베를린의 포스 신문의 별첨 부록에서 살아있는 철학자들 중에 가장 날카롭고 대단히 사변적인 철학자들 중 한 사람인 게오르그 짐멜은 현대세계 속에서 종교적 상황에 대한 논문을 썼다. 그 신문에서 그는 현대적 학문이 사실상 신에 대한 모든 사유와 신적 영향력에 대한 모든 사유를 불가능하게 만들었다. 하지만 그는 당연히 종교적 감정의 사태 자체는 제거될 수 없다고 생각했다. 짐멜에 따르면 종교적 감정은 인간 내면에 존재하는 특수한 '상황'과 '기분'으로서 논쟁의 여지가 없다고 한다. 인간은 그 현실을 신과 신의 사유에 대한 반성 없이 단지 영적인 흔들림의 상황으로 파악해야 한다. 그러나 인간은 신과 공동체가 없는 종교를 인간의 정신적 삶의 유산 안에서 본질적인 것이고, 자기만족과 우리의 문화감정의 종결성에 저항하는 구원의 대립적 무게로서 파악해야 한다고 한다. 또한 종교는 미학가와 문학가의 기분에 따른 상황으로 중재되거나 개별화되어야 한다. 학문은 모든 교회와 교회의 신앙을 무력화시켜야 한다.[1)]

동시에 현대적 문학의 동향에서 볼 때 대표적 시인인 요한 슐라프는 교회와 그리스도의 교의[2]에 대한 작은 문서를 출간했다. 그는 가장 모순적이고 위험스러운 양식의 현대적이고 민주적 선입견으로서 드러난 정치적이고 사회적이며 종교적 인간의 파괴에 대해서 경고했다. 종교적인 것과 총체적인 삶은 함께 속해 있다. 그 종교적인 삶은 총체적인 삶으로부터 힘과 활력을 얻었다. 유일하면서 함께 지지하는 끈으로서 그리스도 신앙은 끊어질 수 없다고 한다. 단지 그리스도 신앙을 통해서 강하면서 공동체를 포괄하는 종교 공동체가 존재한다고 한다. 종교는 교회와 공동체로서 전개되었고, 동일한 것으로서 총체적인 삶에 반드시 필요한 것이 되었으며, 현재로부터 그의 본질적인 근본사유의 재탄생을 위해서 부름 받았다.

이 예시에서 인간은 변증적이고 신학적 문서, 자유로운 계몽주의적 정신의 문제, 국가와 교회, 공동체와 종교, 문화와 기독교를 상대편을 가지고 구원하거나 결합하기도 하고, 혹은 서로에 대해 분리시키고, 중재하는 비교의 흐름을 덧붙인다고 한다. 결국 인간은 그 사실에 대해서 일반적으로 아무것도 알지 못하고, 알려고 하지도 않는 그들의 무관심에 대해 생각한다고 한다. 그러면 인간은 현재적 교회의 실존에 존재하는 의견과 판단, 열정, 동일한 가치, 역설, 사유의 풍부성에 대한 연기와 안개에 대한 그림을 가진다. 그러나 지금 무엇이 연기와 안개 속에, 모순된 의견들의 혼란 속에 의심할 수 없는 사태와 주어진 사실 관계로서 놓인 현실성인가?

그 물음에 대해서는 쉽게 대답할 수 없다. 그 현실들은 다양한 나라에서 상당히 다르다. 로마의 국가들 안에서 냉정하고, 항상 중

---

1) 또한 짐멜의 저서 《종교》(1906)와 비교하라.
2) 바이마르에서 1928년 Fr. 프랑크에 의해 출간된 "J. 슐라프"의 전체적인 문헌 목록은 소위 그 문서를 명시하지 않는다. 그렇지만 1910년에 출간된 슐라프의 《절대적인 개별주의와 그 종교의 완성》을 비교하라.

심화 되고 로마화된 가톨릭주의와 그 곁에서 충동적으로 유물론으로 넘어간 실증주의가 지배했다. 그러나 프랑스[3]는 교회를 철저하게 공공적 삶 밖으로 나와 뒷걸음치게 했고, 순수하고 개별적 실존으로 되돌려 놓았다. 지금 그곳에서는 현실적으로 교회가 없는 민족이 광범위하게 성장하고 있다.

먼저 그 상황이 반세기 동안 지속된다면, 인간은 교회를 상실한 국가로부터 그 민족이 어떤 장점과 단점을 가지게 될지 진술할 수 있을 것이다. 남아 있는 로마적 국가에서는 교회가 그의 권력을 여전히 깊은 곳에 특히 여성들과 국민에게 가진다. 역시 상류 계층에는 결코 이상적 교회의 권력을 새롭게 살리고, 근대적 삶에 통합하거나 덧붙이는 것을 필연적인 것으로 여기는 사람들이 부족하지 않다. 프랑스에도 역시 부족하지 않다. 인간은 여기에서 귀족과 박식한 사람들과 관계한다.

앵글로 색슨적인 국가들에서는—모든 조직들과 사회적 상류층과 밀접하게 묶여 있는 영국 교회를 제외하고는—그들의 민주주의 양식과 매우 밀접하게 결합된 자유교회가 지배한다. 그 자유교회는 종교를 그들의 증명불가능성과 사유성 때문이 아니라 그들의 권력과 거룩함을 위해서 국가지배로부터 이끌어낸다. 동시에 교회들의 가장 강력한 사회적 힘을 배제하지 않고 포함한다. 공공적 삶의 거대한 문제들에 대해 교회들은 자유로운 위치를 갖는다. 미국의 거대한 부분의 '간척'과 '금주'는 선한 행위를 위한 그들의 일이다. 무관심과 회의(懷疑)는 역시 영국과 미국에는 드물지 않을 것이다. 그러나 사람들은 교회에 대해서 신경완화의 유형과 거대한 역사적인 공동체의 힘들로서 소중히 다룬다. 또한 교회에 정당하고 위험이 없는 경멸과 분노를 퍼붓는 대신에, 상처 없이 파괴하지 않았고 기꺼이

---

3) 트뢸치는 1905년에 출간된 "교회와 국가의 분리"에 대한 법칙과 관계한다.

실천적인 것으로 몰아갔다.

결국 독일은 우선권 있는 교회를 국가와 매우 밀접하게 연결하고 국가적 종교교육을 강요했다. 또한 모든 공무원들과 국가에 의존되어 있는 사람들이 교회적 관습을 책임적으로 지키도록 하였다. 결국 학교와 교육기관들에 대해서 강하게 교회적 영향을 미치고, 교회적 요구들을 내적인 정책과 식민지에 정책에 생각할 수 있는 한 강력하게 고려하는 낡은 국가 교회주의에 의해서 제약되었다. 세례를 받지 않은 최하급 장교는 마치 신앙고백이 없는 기차 차장과 같이 불가능했다. 당시의 주도적인 젊은이는 관리 책임자와 종교국의 회원으로서 신앙심 있는 교수들에게 열광했고 도덕성의 단체를 광고했다. 이와 같은 측면에서 볼 때, 교회의 지배는 특별히 모든 조직체들의 뿌리와 내적으로 결합된 지배였다. 그 지배를 위해 국가교회들이 거대한 유럽적 갱신을 통해서 19세기 초반에 전체적으로 그의 오래된 보수적이고 교의학적인 위치로 되돌아갔다는 사실이 드러난다. 동시에 그 교의학적 위치로 회귀하면서 이 권력들에 대한 진리와 신앙에서 지배적 힘을 보수적으로 확립하는 수단이 되었다. 동시에 현대적 세계에서 사회적으로 흘러나오고 자극하는 흐름들에 저항하는 반대급부를 형성했다. 국가교회들은 그들에게 정치와 사회적 보수주의, 교의학적이며 지성적 의고주의[4]와 살아 있는 보수적 전통들에 의해 양육된 종교성의 결합을 대응적으로 세웠다. 관심과 힘의 매듭에서, 그들은 근대적 윤리의 혼란과 같은 현대적 개별주의와 무한히 나누어지는 근대적 세계관에 대립적으로 서 있는 모든 힘으로 치장했다.

이 모든 것은 역시 교회가 자신의 권력을 단순히 외형적 폭력수단에서만 취하지 않았다는 사실을 보여준다. 교회는 확실하게 사회

---

[4] 예술작품의 표현에서 고전적 작품의 양식을 본 따려는 주의.

민주주의 의해서 만들어진 하층민에서 많은 지반을 얻지 못했고, 소위 지식계층과 도시적이고 무엇보다 거대 도시적 시민계급의 자연과학적이고, 미학적이며, 문학적 형성에 있어서 적은 기반을 얻었다. 그 시민계급은 이전에 교회와 같이 비관용적으로 문학에서 목소리를 냈다. 하지만 그들은 국가의 넓은 무리들과 중간의 작은 시민계급과 공공적이고 국가적 귀족 계층에서 확고한 기반을 세웠다. 또한 그들은 여기에서 모든 곳을 압도적으로 보수적이고 수천의 힘의 수단들을 가지고 지켜온 그의 종교적 감정과 권위적 의미를 강하게 불태워버리는 모습으로 지배했다. 하지만 그 곁에서 인간은 여전히 셀 수 없는 사람들에 대해 사유해야 한다. 그들은 교회의 특별한 권력에 대해 관심을 갖고 있지 않고, 기독교의 종교적 힘이 자신과 우리의 영적 삶을 위해서 없는 것을 아쉬워하지 않지만, 기독교를 근대적 삶과 연결시키며 어떤 방식으로든 동일하게 만들려고 한다.

그들은 각자의 종교수업이 없는 학교, 목사의 신임이나, 교회를 중심으로 하는 마을 공동체의 모임이 없는 마을이나, 한 세기 동안 함께 속해왔고, 사회적 삶 전체를 수반하고, 각자의 단순한 감정을 위해 함께 녹아 있었던 삶에 대한 인위적 분리를 바라지 않는다. 그들은 개혁과 활동의 자유, 기독교의 삶과 근대적 삶과의 동일화를 원한다. 오늘날 출간되고 있는 엄청난 유행적이고 신학적 문헌을 엄격히 교회에 속한 사람들과 자유로운 사람들은 거의 읽지 않는다. 그 문헌은 보호와 발전을 동시에 원하고, 모든 교회적 대상들을 교회적 관청과 신학자에게 넘기려는 우리의 루터교적 습관에서 외형적으로 나타나지 않는 넓은 계층에서 해명한다.

그에 대해서는 여전히 다른 문제가 있다. 전체적 물음에서, 국가교회들의 문제만이 아니라, 오히려 국가교회들 곁에서 지속적으로 성장하는 종파들이 문제이다. 종파들은 교회 사람들을 놀라게 만들었고, 그 종파들에 대해 지성인은 어떠한 특징도 찾아내지 못하곤

했다. 왜냐하면 그들은 일반적으로 그들의 지평 속에 존재하지 않았기 때문이다. 여기에서 기독교적 사유의 인위적인 개선과 지배에 대해서 어떤 진술도 존재할 수 없다. 왜냐하면 모든 것이 자발성에서 비롯되기 때문이다. 동일한 방식으로 그들은 그와 같은 혁명적 원칙을 최고의 치명적인 것으로 판단하는 국가와 교회에 대한 적대감을 생각하기 때문이다. 그렇지만 그들에게는 모든 편협함과 소심함에 대해서 가장 강력하고 열정적인 현대의 종교성과 종교적 신화에 대한 완전히 깨어지지 않는 신뢰, 엄격한 제물에 대한 생각과 대단히 선전적 특징들이 일어난다.

그 차이는 분명히 좀더 깊이 존재하고, 우선 인간이 그 차이를 고려한다면, 교회 문제의 전체적 의미를 인식한다. 교회는 민족교회들이다. 민족교회들은 국가에 의해 구속될 수 없고, 오히려 보편적인 의견에 의해서, 사람들이 태어나고 언어와 도덕, 군대와 학교 같이 지금 한차례 주어진 상황에 속하는 객관적인 관계로서 나타난다.

인간은 그 객관적 관계에서 내적으로 스스로를 도와할 수 있고 잊거나 무시할 수 있다. 그러나 객관적 관계는 그곳에 존재한다. 교회는 그의 진리와 구속의 소유가 교회 구성원의 행위, 존엄, 참여와 일치에 의존되어 있는 조직체들이다. 교회 구성원들은 그들의 보물을 계시와 토대를 통해 가지고 있고, 각자가 그 계시와 토대를 통해서 스스로를 이해할 수 있기 위해서 그것들을 자신에게로 가지고 온다. 또한 그들은 파악한 주체들과의 연대와 일치를 거의 요구하지 않는다. 동시에 그들은 국가로부터 각자가 교회에 대한 참여와 자신의 구원의 영향력에 대한 순종을 받아들일 수 있도록 원한다. 그들은 교회들이 국가 자체와 함께 모든 시민을 포괄할 수 있는 영역으로 다루어질 것을 요구한다. 단지 전체가 주장된다면, 개별자는 국가에 대해 관계적으로 자유롭게 행동할 수 있다. 그러나 교회가 지금 그와 같은 방식으로 전체적 삶과 함께 용해되고, 모든 정치적이고 공동체적 교육에 대한 관심과 함께 헝클어진다면, 그들은 어떤 식으로든 보편적 문화를 기반으로 한 감정을 소유해야만 할 것이다. 또한 그들은 자신의 신화를 학문에 적응시켜야 하고, 자신의 윤리를 국가와 공동체, 군국주의와 자본주의, 군주주의, 지배적인 정당에 적응시켜야만 한다. 그들은 자신의 전통을 변증으로, 과도한 윤리를 합법성과 편의주의로, 그들의 교육을 국가적으로 인정된 교육으로 대체해야만 한다. 그 곁에서 틀림없이 그들은 이러한 노력이 진지하게 이루어지는 곳에서 종종 근본적 근대문화와 융합했다. 그 결과 그들은 더 이상 근대로부터 구별되지 않는다. 반면에, 근대문화로부터 자신을 구별하는 곳에서, 자본주의적이고 군국적이고 애국적 윤리에 대한 대립으로써, 모든 학문을 모욕하는 자신의 교의에 대한 강한 주장을 통해서 일어난다. 그러나 종교적 삶의 힘과 자의성에 대해서 문제가 제기되는 한, 지금 교회들은 긴박했고, 항상 진지한 열의와 함께 투쟁하며 얻었던 문화적 친숙함을 통해서, 종파들에 대해서 단점에 속한 다른 측면에 따라 존재한다. 결코 교회들은 현대적이고 학문적 의식을 만족시키지 못한다. 또한 종파들에 대한 건강한 충돌력, 방어력, 열정과 생동력을 상실한다. 그 사실을 통해서 그들은 일반적으로 단순히—공동체의 가장 낮거나 가장 높은 단계들이긴 하지만—종교적 요소들을 깊은 교육에 대한 욕구 없이 자신에게 끌어갈 뿐만 아니라, 낮은 영역에서 생기 있게 만들고, 개인적으로 자신을 확증하려 하고, 수많은 종교적 환상의 자극과 선동을 필요로 하며, 역시 그 사태에서 무엇인가 하려고 하는 일반적인 모든 사람을 자극한다. 하지만 진보에 대한 꿈과 발전에 대한 환호가 사태와 환멸에 의해서 누그러질수록, 이러한 이유들로부터 일반적으로 증가하는 종파들의 성장이 기대될 수 있다. 이 교의에 대한 반박에 따라 사회민주주의의 구속에 대한 교의가 그 사실들을 통해서 종파들에 대한 그의 추종자들을 남기게 될 것이라는 사실은 대단히 개연성이 있다. 국가교회들에 대한 신뢰와 기쁨을 그들은 영원히 잃어버리게 될 것이다. 그와 반대로 교회들은 다른 측면에서 그 총체적 삶과 지속적인 비교에 대해 필수불가결하게 존재해야 하고, 문화적 삶을 자신에게 수용하거나 종교적 사유를 역동적으로 만들게 되는 장점을 갖는다. 그러나 교회적 신화와 현대적 학문의 거친 투쟁과 종교적 윤리와 세상적 문화 도덕의 거친 충돌이 나타난다. 이 충돌은 모든 알려진 뜨거운 논쟁들과 함께 교회의 삶을 채우고 그 과정을 통해서 영향력을 다시금 느끼기 어렵게 만든다.

이와 같이 상황은 충분히 복잡하다. 지성인들이 끊임없이 우리에게 새롭게 확증시키는 교회와 기독교의 더딘 쇠락에 대한 진술은 존재할 수 없다. 그 전에 우리 공동체의 점차적으로 가중되고, 지속적인 관료적 퇴화와 무수히 경쟁하는 현대적인 영적인 능력이 파탄되면서 강력하고 종교적 반동이 나타난다는 사실이 가능하다. 과거의 낭만주의가 그의 시대에 부활의 드라마의 서곡을 연주한 것과 같이, 오늘날 그 종교적 반동에 대해 신낭만주의가 동일하게 서막을 만들 수 있고 그렇지 않을 수도 있다. 모든 경우의 교회와 기독교의 쇠락은 주도적 지식인과 무엇보다 대학 교수들의 모든 비기독교성에도 불구하고 확실하다.

오늘날의 가치와 의미에 대해서 전혀 다르게 형성해 온 세 명의 지도자인 마르크스, 니체, 헥켈은 지속적으로 수행을 취하지 않는다. 마르크스적 가르침의 세계관을 형성하는 요소는 오늘날 이미 완전히 파괴된 채로 파악된다. 역사적 유물론은 다른 요소들 곁에서 유용한 자극이 되었고, 무산 계급적 구원론은 사태들에 의해서 거절되었다. 대중들을 위한 니체적 제의가 신경쇠약적 노예의 영혼들이 그 안에서 지배자의 언어에 도취하거나 만족하는 방식인 반면에, 니체는 그의 순수하고 날카로운 반명제를 가지고 종교적인 것 안에서 반동과 변동을 매우 강하게 일으키기 위해서, 종교적이고 가장 내적인 내용들과 함께 투쟁했다. 핵켈의 철학은 진부함의 덧없는 대성공에 속한다. 이 진부함은 항상 반복되고, 다른 진부함들이 동일하게 성공하면서 변상되곤 한다.

어떻게 인간은 이와 같은 상황에서 기독교적이고 종교적 삶의 조직체들을 향해 스스로를 세워야만 하며 또한 세울 수 있는가? 그 대답은 국가들에 따라 다양하게 나타나야 한다. 우선 여기에서 독일적 관계들이 나타나야 한다고 생각된다. 종파들에 직면하여 그 문제는 과도하나 종파들은 그 자신으로부터 스스로를 발전시키고 영향받을 필요는 없다. 많은 신실한 목회자들이 그의 공동체 속에서 이 부진들을 경험하기 어려운 만큼, 대단히 감각적으로 오래된 문화에 대한 저항이 존재하는 만큼, 편협한 횡포 없이 종파들을 일하게 해야만 할 것이다. 그의 종교적 힘의 수용에 대한 진술이 교회에 직면하여 존재할 수 있다. 그 진술에 대해서 국가적 조직과 헌법, 공적 의견, 학문적 작업들이 영향을 끼칠 수 있다.

문제는 기꺼이 모든 결단하게 된 전통적 교회의 신앙인들을 위해 확실히 단순하게 존재한다. 그들은 국가와 공동체적 관습을 통한 보호와, 학교에 대한 영향, 근대적 사유로부터 신학적 교수단들의 분리를 요구하게 될 것이다. 그 밖에도 내적인 선교와 사회적 사랑의 행위를 통해 소외된 자를 다시 얻도록 찾게 될 것이다. 그들은 근대세계를 불신앙과 죄악의 일시적 승리로서 여기고 그들 선조들의 신앙의 승리를 희망한다. 하지만 근대세계를 그들의 학문적이고 미학적이며 지적 대상만이 아니라, 그들의 사회적이고 정치적 특수성에서 이해하는 사람은 어느 누구도 그 위치를 나눌 수 없을 것이다. 모든 급진적 기독교의 적대자와 교회에 반대하는 사람들을 위해서 이 사태는 적지 않게 단순하다. 그들은 단지 과도한 조소와 함께 오래된 악명 높은 것을 제거하는 일을 반복하고, 영적이고 공동체적 조직 안에서 교회의 사라져가는 기능을 대처하기 위한 고민 없이

몇 배로 늘인다.[5]

만약 인간이 철저하게 그에 대해서 관심을 갖는다면, 모든 경우에 윤리적 문화를 위한 공동체들과 괴테의 조직들 혹은 단일주의자들의 모임들이 이 보충을 수행한다. 혹은 그들은 철저하게 개별적이고 이원론적이며 순수하게 인격적 종교성에 대해서 꿈꾼다. 그 종교성은 각자가 대자적으로 소유한다. 또한 피아니스트가 낯선 주제들에 대해 상상하는 것과 같이, 대단히 숭고한 자유를 기반으로 그들이 변형시킬 수 있는 종교적 사유의 다수를 마치 교회들의 지속이 유일하게 전달할 수 없는 것과 같이, 그 종교성은 각자의 구체적 내용 없이 완전히 새롭고 자유롭게 확장된다.

그들은 자신의 특징을 발전시키기 위해서, 낯선 재료를 활용하는 능력에 탁월하고, 재료 없이는 공허함으로 떨어진다. 혹은 그들은 마치 그 자연적 차이들과 경쟁하는 싸움들이 단순히 초인간적이고, 본성을 넘어서는 삶의 세계의 수단에서 발견될 수 없는 것처럼, 인간성의 공동체와 사회적 조직체의 이념 속에 반영된 표현과 종교적 이념세계의 남아 있는 부분들을 보게 된다. 독립적으로 각자 삶의 깊이를 소유하고, 종교적 삶을 우리의 정신적 존재를 위해서 본질적 부분으로 여기는 사람들은 다른 방식으로 질문한다. 종교적 사유의 협력 없이, 오늘날 우리에게 필연적 내재화와 깊어짐, 회복과 단순화, 총체적 파악과 결합은 불가능한 것으로 여기는 사람들 역시 다른 방식으로 질문한다. 단순히 우리의 세계에서 어떤 언급할만한 가치가 있는 기독교의 종교적 힘을 볼 수 없을 뿐만 아니라, 즉자적으로 기독교에서 모든 경우에 잃어버릴 수 없는 힘과 알려지지 않은 미래의 시간을 여전히 가져오고 취하게 될 진리를 소유하고 있음을

---

5) 볼테르의 형식, 예를 들어 프리드리히 2세와 교환한 편지를 비교하라. 그 위치로부터, 의미에 따라 '미신'으로 보충될 수 있다는 사실이 나타난다: "수치스러운 사이비 신앙을 제거하라".

보는 사람들 역시 다른 방식으로 질문한다.

그에 따라, 대단히 다른 입장 표명들이 가능하다. 인간이 교회들에게 진리와 자유, 삶과 확신을 되돌려주는 자유교회주의를 얻으려고 애쓰고, 국가교회주의의 악몽과 그의 관습의 지배력과 비진리성을 제거하기 위해 애써야 하는가? 그렇지만 그와 같은 헌법의 변화가 보다 개인적 의미에 저항하는 동일한 가치성이 아니라, 세속적 힘에 없는 종교의 위엄에 대한 주의에서 나온다면, 단지 종교적 삶의 효용을 위해서 행해야 하는가? 그러면 인간은 계산할 수 없는 파급효과로부터 힘을 벗어나게 하고, 자유교회에 대한 싸움에 이어서 자유학교에 대한 싸움이 뒤따르게 할 것이다. 또한 인간은 교회들에게 정통주의와 문화의 대립을 상승시키고, 다른 한편 각각의 종교적 영향에 따라 다양한 그룹들을 끌어내게 될 것이다. 국가에서 인간은 농부들이 우리의 독일적 전통에서 이해하지 않고, 열정적으로 싸우는 상황들을 끌어가게 될 것이다. 무엇보다 인간은 보수주의자들과 중심의 연합이 이미 존재하는 방식과 반대로, 우리의 정치적 관계들에서 전적으로 수행할 수 없는 무엇인가를 행하려고 할 것이다.

혹은 인간은 교회에 헌신해야 하고, 교회의 그늘 밖에 존재하는 근대적이며, 깊어진 영적인 삶과 싸워야 하는가? 실제로 이 질문은 오늘날 전체적이고 비기독교적 문학의 주안점에 존재한다. 그러나 인간이 사방에서 교회에 대한 과소평가로부터 일반적으로 종교적 회의에 대한 부작용을 경험하게 된다면, 인간은 그에 대해 반작용과 적대감을 갖는다. 인간은 근본적으로 유일하게 모든 상태와 모든 영적인 것으로 다가오고, 지금 한 차례 그 안에 존재하기 때문에, 영적 분열과 신비적 의고주의와 근대세계에 저항하고 투쟁하는 대신에 종교의 내재화와 깊어짐에 기여해야만 했던 그 조직체를 자신에게서 박탈한다. 그러면 어디에 교회와 대립할 수 있는 유력하고 새로운 종교적 사유가 존재하는가? 예언자적이고 기독교적 삶의 세계 뒤편, 즉 개인적 삶의 내용에 존재하는 영지주의적이고 신비적이며, 브라만적이고 신플라톤주의적 사유들이 새로워지는가?

혹은 인간은 교회를 전체로서 근대화하고 기독교를 발전시키면, 문화와 종교를 새로운 교의에서 구원해야 하는가? 역시 교회를 전체로서 근대화하는 일은 오늘날 다양하게 일어난다. 종종 그곳에서 일하는 대단히 훌륭하고 최상의 사람들이 있다. 유일하게 현실적으로 파악될 수 있는 교회 개혁이며, 그의 교의와 제의의 통일적 수정으로서는 거의 불가능하다. 교회들은 역사적으로 보수적인 조직체들을 통해 존재하고, 그와 같은 혁명은 생각할 수 없다. 헤아릴 수 없는 개별자와 같은 넓은 계층의 기분의 양태는 용해될 수 없게 오래된 교의에 묶여 있게 되고, 교회의 혁명이 불가능한 경우에 있어서 그 사실은 불의였어야 했다. 이외에 총체적이고 그렇게 듣게 된 종교와 문화의 구원에 대한 사유는 자신에게서 어려운 사유 없이 존재하지 않는다. 종교의 '힘'은 그들의 '문화적 대립', '학문과 사회공리주의적 도덕'과의 차이, 초세계적이고 초자연적 힘들의 소집, 의미 저편에 존재하는 대상을 향해서 환상과 방향이 전개되는 곳에 존재한다. 문화와 함께 구원받은 종교는 대부분 좋지 않은 학문과 표면적 도덕으로 존재하지는 않겠지만, 곧 그들의 종교적 소금으로서 역할을 잃어버리게 된다. 기껏해야 종교를 공격으로부터 보호하는 근대적 인식으로 되돌리는 것과 근대적 세계상의 전제에서 자신의 내적 힘으로부터 종교적 이념세계를 특별히 종교적으로 새롭게 형성하고, 그 이념에 대해 새로운 신화를 창조하는 새로운 종교적 산물을 움직이는 것이 문제일 수 있다. 하지만 그 문제는 도처에서 부족한, 본래적인 종교적 힘들로부터 나타날 수 있다. 그 문제는 구원을 통해서는 일어날 수 없다. 왜냐하면 구원에서 대부분 종교는 희생하는 부분이기 때문이다. 종교는 사자의 공동체이다.[6]

이 상황에서 모든 입장들은 무엇인가 대단히 개인적인 것이거나 주체적인 것으로 존재할 것이다. 나에게는 영적이고 종교적 스승들이 좋은 학문적 교육과 근본적이고 실천적 삶의 인식을 통해서, 근대세계로 현실적으로 들어갈 수 있게 하고, 나머지는 그들에게 가능한 개인적으로 살아 있고 신선한 그들의 종교적 사유와 감정에 대한 교육을 모든 주어진 차이와 불일치와 함께 자유롭게 하는 것 외에 다른 방법은 없는 것처럼 보인다. 더 나아가 개별적 공동체들에게 동일하게 목사 선발, 예전, 사랑의 행위에서 사실상 다양하고 개별적인 형성들의 결과와 함께 가능한 만큼 자유로운 공간을 부여했어야 했다. 무엇보다 결국 전체적이고 세속적 요소들이 교회의 과제들에 대해 용이하고 자유롭게 참여하게 하고, 그들을 보호할 목적으로 국가에 대한 압력과 그와 함께 그들의 형식적 획일성으로부터 교회의 권력들이 나타날 수 있는 실천적 작업과 이 자유의 활용을 목적으로 하는 공동체에 대한 협력을 소망해야만 했다. 나머지 부분에서 우리의 삶의 종교적 질문과 관심들은 자유롭고 가차 없이, 경멸함과 분노함 없이 문헌에서 논의해야 한다. 문헌으로부터 교회에 대한 영향은 남아 있지 않고, 근대적 인간의 본질적 교회는 지금 한 차례 종종 충분하게 자유로운 문헌이다. 스위스에서는 이러한 사유들이 거의 현실화되었고, 그 사유들의 가치가 있고 혹은 무가치한 영향들이 동시에 나타난다. 그러나 모든 경우에 인간은 그와 함께 진지하게 살고 일할 수 있다. 틀림없이 이 구성은 보편적이고 민주주의적 토대와 대단히 밀접하게 관계한다. 이 대상들은 보편적이고 정치적 발전과 함께 얼마나 밀접하게 결합되어 있는지에 대한 암시와 관련되어 있다. 아마도 우리에게 이 대상들은 유사한 길들을 가게 될 것이다.

역시 철저하게 새로운 프로그램은 존재하지 않는다. 기껏해야 앞

---

6) 그 계약에 따라 한 참여자는 모든 불이익을 다른 참여자는 모든 이익을 갖는 계약에 대해 법적 표시이다.

서간 사유들을 통해 무엇인가 본질적인 대상을 갖게 될 것이다. 만약 그에 대한 사변들이 현실적으로 근거되고 그의 정신을 규정한다면, 현실적으로 그 사태에 상응하는 프로그램이 존재하게 될 것이다. 무제한적으로 많이 진술된 질문들 안에서 새로운 것은 현실적으로 불가능하고 필연적이지도 않다. 종종 가장 단순한 것이 가장 최선이다. 인간은 그와 같은 프로그램을 위해서 주체주의, 원칙의 부재와 임시 방편에 대한 비판을 하게 될 것이다. 그러나 주체주의 없이 이 프로그램은 무한히 구별된 현대적 관계와 종교에서도 나타나지 않는다. 가장 포괄적 원칙들은 총체적 상황의 불분명함과 불완전성에 대해, 그 원칙들이 다음의 인식할 수 있는 미래에 수행될 수 없다는 것 이외에 어떤 의미도 갖지 않는다. 새로운 교회들이 현재를 세우지 않는다. 그 자유로운 획일성이 사실상 수행될 수 없었어야 했을 때, 전통적 위치에서 그 획일성은 곧 현대적이고 종교적 사유의 원칙에 의해서 동일하게 옳지 않다. 그 획일성은 확실히 임시방편이다. 우리 세계의 종교적 영역에 거대한 붕괴들이 나타나는 것이 가능하지만, 어느 누구도 그 붕괴에 대해서 미리 진술하거나 예감할 수 없다. 새로운 힘들은 여전히 알려져 있지 않고, 우리는 모든 종류의 문자적 소문 이외에 어떠한 대체도 일반적으로 소유할 수 없다. 그러나 인간이 새로운 것을 인식하지 않고 다른 어떠한 것도 소유할 수 없는 곳에서, 소유한 것에 매달린다. 우리는 그 안에서 의심 없이 남아 있는 영원한 힘들을 가지고 있다. 모든 것을 문자적 풍문으로부터만 인식할 수 있는 그들이 어떠한 예감도 하지 못하는 모든 상황 아래에 존재하는 특징, 힘, 단순성, 순수함, 희망, 진동의 힘에 대한 평가를 갖는다. 그가 할 수 있을 때, 주어진 조직체들 내에 오래된 유산들을 개인적 기분에 따라서 무한한 차이성들을 가지고 새롭게 형성하며, 새롭게 살리고, 현재적 삶에서 나쁘든지 혹은 좋든지 변하고, 깊이 파악하는 주체주의 없이는 안 된다. 현실적 능력에 따라서 '역설'과 '근대성'에 대한 불쾌한 욕망 없이 오래된 유산들에서 깊어지는 양심적 특성과 인격적 내재화를 요구할 수 있다. 그 내재화에 대해서 종교적 삶이 문제이지 관용어가 문제는 아니다. 여기에서 특징으로 가득 차 있는 고풍스러운 기독교에서 기독교를 단지 그들의 변화들의 주제로 만드는 새로운 확실성에 이르기까지 운동이 새로운 미묘한 차이성을 통해 지나간다.

모든 경우에, 개신교적 교회의 통일성은 그 사실을 통해서 위협받지 않는다. 교회들은 분명히 그의 시대에 가르침의 자유와 관용의 원칙들과 함께 생성될 수 없었다. 우선 그 교회들은 정통적 신앙의 지배에 따른 총체적인 엄격함과 함께 자신의 존재를 관철해야 한다. 하지만 한 차례 생성되며, 확고하게 되고, 모든 조직과 함께 결합된다면 교회들은 자신의 역사적 무게를 통해서 스스로를 유지한다. 교회들이 영원히 지속될 것이라는 사실은 그럴듯한 것이 아니고, 필연적일 필요도 없다. 그들이 현실적으로 붕괴된다면 곧 사라지게 될 것이다. 오늘날 그들이 그렇게 존재하지 않는다면, 통일성과 동일성의 모습을 대가로 인간은 교회를 생기 있고 진지하게 만들 것이다. 다른 면에서 인간은 정말로 현실적이고 그리스도를 부인하는 사람이나 기독교의 적대자가 기독교적 공동체에 헌신하려 하지 않는다는 사실을 확신할 것이다. 브레멘의 칼트호프[7]는 그 사실을 인정하지 않았고, 그의 추종자들 역시 각 교회의 설교단에서 그 사실을 인정하지 못했다.

확실히 그와 같은 프로그램은 우선 개신교회에 대해서 가치가 있을 수 있다. 그러나 가톨릭주의를 위해서는 그 프로그램은 전적으로 다르게 존재할 수 없다. 분명히 모든 것을 지배하며, 항상 냉정하게 중심화 된 갱신의 가톨릭주의가 존재한다. 가톨릭주의는 가장 내

---

7) A. Kalthoff(1850-1906), 브레멘의 목사. 예수의 역사성에 대해서 논쟁했고 그의 자유로운 설교를 통해서 유명해졌다. 예를들어 짜라투스트라의 설교들이 있다.

적인 특성에서 근대적 삶의 적이고, 독일에서 확실하게 최소한 빛에서 시도되고, 도처에서 그렇게 냉정하게 평가된 근대주의[8])에 대한 혐의가 의심스러운 적응, 비교, 새로운 형성이다. 하지만 갱신의 가톨릭주의는 근대세계와 그의 협정을 만들 수 있고, 다른 신앙고백들 곁에서 자신의 '고백'을 내세울 수 있다. 또한 유일한 가치의 이상을 포기할 수 있고, 정신적이고 종교적 영역을 정치적이며 세상적 영역으로부터 나눌 수 있다. 가톨릭주의는 정신적이고 종교적 영역에서 자신을 깊게 할 수 있고, 정치적이고 세상적 영역에서 침해로부터 물러설 수 있다. 그는 교의를 보류하고 삶을 강조할 수 있으며, 먼저 영적 나라가 나타나는 자연적 이성의 낮은 단계를 비가톨릭적 사람들과 연대 속에서 발전시킬 수 있다. 실제로 가톨릭주의가 상징적 의미에서 항상 지속적으로 냉혹하게 만들든지 혹은 근대적 의미에서 적응하거나 동일화하고 각자가 용인해야만 하는 것과 같이, 그의 특징적이고 윤리적이며 사회적 힘들을 우리의 공동체에 맞게 만들지에 대한 물음은 우리 문화의 수많은 미래에 대한 질문들 중 하나이다.

근대문화에 직면해서 파괴하면서 적대적 의도를 가지고, 냉정하게 중심화 된 가톨릭주의에 저항하는 싸움이 대단히 불가피하게 있었던 만큼, 우리는 공정함과 정의를 가지고 자유로운 가톨릭주의를 고려하고 뒷받침할 모든 동기를 가지고 있다. 가톨릭주의는 여전히 우리의 독일적 삶을 위해 한 차례 진지한 위험과 사회민주주의보다 더 진지하게 만들 수 있다. 왜냐하면 가톨릭주의가 사회민주주의보다 더 지속적이기 때문이다. 그 안에는 근대세계를 수반한 '구원'과 '완화'를 경멸하거나, 비우호적으로 대하면서, 방해하지 않고 그 힘에 따라 촉진시키는 것 이외에 다른 수단은 존재하지 않는다. 간과

---

[8]) 반근대주의자의 맹세와 비교하라. 그 맹세는 1910년에 성직자를 위해서 피우스에 의해서 수행되었다.

할 수 없는 시대에 그의 죽음에 대해서 생각할 수 없기 때문에 인간은 중세로부터 벗어나고 근대적인 삶을 받아들이는 곳에서 그의 죽음에 대해 생각하고 도처에서 그 죽음을 뒷받침한다. 그 안에 존재하는 내적 위기는 참여하는 사람들이 생각하는 것보다 크다. 무엇보다 교황청은 그 원칙적 가톨릭주의에 대해 우리가 가지고 있는 심각한 적대감에 비해서 대단히 적게 진술했다.

 그 모든 것은 타협 후에 대단히 강하게 들린다. 유일하게 타협 없이 깊고 잃어버릴 수 없는 가치들을 함축하고 있는 옛 시대와 새 시대가 서로의 곁에서, 서로 내재적으로 존재할 때 그 적대감은 사라진다. 타협이 존재하지 않는 종파들이 급진적 문화에 대한 적대감을 대표하는 반면에, 근본적으로 교회들은 항상 원래부터 타협을 모색한다. 교회의 타협의 본성은 지금 현재를 위해 분명히 인정하고 넓히는 것이 가치가 있다. 교회들은 근대적 삶의 다양한 운동에 자리를 마련해야 한다. 오늘날 타협은 더 이상 획일적이고 총체적 적응 과정에서 드러날 수 없기 때문에, 다양한 개별적 적응과정에 나타나야 한다. 또한 타협은 개방적이고 진지하게 나타나야 한다. 그럴 때 우리는 다시금 건강함과 솔직함을 갖게 된다. 민족교회와 주요한 조직체로서 교회들은 각자가 간과할 수 없는 시대에 머물러야 한다. 그 시대에서 거대한 전체 조직을 유지하는 책임에 있어서, 교회들은 국가에 대해 밀접한 관계를 형성하지만, 대단히 부차적 책임을 가진다. 대체할 수 없고, 문화 없이 존재하는 종파들이 혼란스럽게 존재하고, 소위 학문적 세계관이 압박하는 과정이 상대적으로 충분히 존재해야 했기 때문에, 교회들은 여전히 존재해야 한다. 그러나 교회들, 최소한 개신교회들은 다양하고, 종교와 함께 본래적으로 결합해야 하는 현재적 삶의 흐름을 지배하기 위해서, 융통성 있게 존재해야 한다.

 우리는 그와 같은 프로그램이 결코 순수하게 종교적 질문과 관점들로부터 나올 수 없다는 사실은 부정할 수 없다. 분명히 그 프로그램은 총체적 문화의 관점들로부터 나온다. 유일하게 총체적 삶에서 교회들의 위치에 대한 문제는 순수하게 종교적 관심으로부터 일반적으로 대답될 수 없다. 키에르케고르는 어떻게 순수하게 종교적 관심으로부터 제기된 프로그램이 보일 수 있는지 그 예를 제시할 수 있다.[9] 교회와 문화에 적대적으로, 그리고 대단히 편파적이며 열광적으로 모든 종교 외적인 삶의 내용들을 철저하게 곁에 두는 일이다. 개별적이고, 급진적이며, 편파적으로 점철된 개인들은 삶에 대한 그들의 위치를 취할 수 있고, 그와 함께 영혼들에 대한 구원이 모든 세상의 구원보다 가치 있다는 사실에 대한 진지한 경고로서 존재할 수 있다. 하지만 우리의 질문에 대한 배타적이고 종교적 대답은 동일한 이유로 인해 불가능하다. 그 대답은 종교적이고, 문화의 관심들에 대해서 생각한다. 동시에 융통성 있게 만들어진 민족교회의 사유를 통해서 일어난다. 그 대답이 충분히 융통성 있게 존재한다면, 그 가톨릭교회가 수도주의에 대해서 배출구를 만들었고, 개신교는 급진적 주체주의자들에게 공간을 줄 수 있었던 것과 같이 역시 날카롭고 급진적인 종교적 정신들을 위한 공간도 갖게 될 것이다. 그 순수하고 과도한 종교적 관심들에 대해서 만족하게 할 수 있고, 순수하게 형성된 종교는 땅의 소금일 수 있다. 그러나 종교적 관심에서 그 이상이 요구될 수는 없다. 인간은 일반적으로 순수하게 단일적이거나 혹은 영웅적이고 급진적인 종교적 본질은 아니다. 항상 적은 숫자만이 그렇게 존재한다. 그는 대중 안에서 다양한 측면으로 관심을 받고, 조화와 동일성을 위해 필연적으로 존재하는 본질

---

[9] 1855년에 서거한 키에르케고르는 독일에서는 1880년 이후에 천천히 알려졌다. 그의 사유에 대한 실증적 관계는 우선 세계 제1차 세계대전 이후에 나타났다. 여기에서 트뢸치에 의해서 언급된 키에르케고르의 의미는 1885년에 '찰라'라는 이름으로 정리된 투쟁서에서 가장 명백히 나타난다.

이다. 그 본질은 실제로 순수하게, 즉 한 가지 측면에서 형성된 종교성에 직면할 뿐만 아니라, 모든 순수하고 단일하게 형성된 삶의 가치들에 직면하여 가치가 있다. 따라서 동일하게 그의 총체적 관심은 종교를 관계적으로 포괄하고, 동시에 동일성을 일으키는 조직체를 요구한다. 또한 현재를 위해서 필연적 방식으로 동일함을 성취하는 것이 문제이다. 하지만 총체적 관심은 그 전체 조직을 불가능하게 만드는 것 없이, 어떤 식으로든 가능한 만큼 존재하는 개별 공동체의 해방이다. 만약 해방이 일어난다면 무엇인가 그와 같은 것들이 항상 단지 불안정하고 끊임없이 새롭게 스스로를 조직하는 인간적 관심에 대한 동일한 무게가 가능한 만큼, 곧 융통성 있는 조직 내부에 존재하는 문화적 관심과 순수하게 종교적 관심은 만족하게 될 것이다.

그러나 지금 그 곁에 종교적 삶을 관리하기 위한 프로그램을 위해서 가능한 만큼 포괄하는 민족교회의 형태에서 그와 같은 본질적으로 현실적인 근거를 제외하고, 대단히 이상적이고 본질적 종교의 근거들이 존재하는 사실은 오해될 수 없어야 한다. 다시금 중요한 사태에서 개신교에 대해서만 사유되어야 한다. 개신교를 위해서 유일하게 실제로 프로그램들과 개혁들이 존재할 수 있다. 교회에 대한 사유는 키에르케고르의 개별주의와 같이 급진적 개별주의와의 급격한 차이에서, 개인들을 이끌고 앞으로 오게 하는 공동정신과 은총에 대한 사유와 순수하게 영적이고 법적으로 파악할 수 없으며, 따라서 자유롭게 표현하는 기독교적 영성의 힘과 관계한다. 그 기독교적 영성의 힘은 전적으로 임의의 조직체들을 부여할 수 있고, 결코 이 사유와 함께 떨어지지 않는다. 이 신적 공동정신, 혹은 그 정신에 살아있고 지속적으로 영향을 미치는 그리스도는 신의 말씀, 즉 성서와 자유롭고 생기 있는 설교와 성례전적인 공동체의 축제들에서 인식할 수 있다.

무엇인가 유일하게 살아 있는 정신의 내용을 형성할 수 있는 것이 말씀의 내용과 죄인을 용서하는 신의 은혜에 대한 확실함과 모든 선과 자신감이 넘치는 선의 최종적 승리를 위해서 힘을 형성할 수 있다. 그와 같은 정신은 본질에 따라 문자, 교의, 권리로부터 독립적이다. 단지 정신에 의해서 인정되고 세워질 수 있다. 따라서 이 정신은 순수하게 영적이고 내적 영향력으로 인도된다. 하지만 그 내적 효력은 객관적 선포의 수단과 초개인적이고 종교적 성숙의 다양한 단계와 동시에 위에 속해 있는 영적인 공공 소유물의 토대와 그와 함께 넓고 포괄적인 민족교회를 요구한다. 그 내부에서 비롯된 말씀으로부터 본질적으로 창조된 것을 의식하고 있는 모든 선포는 정당화 된다. 존재하는 다양한 선포의 양식들에 대한 논쟁은 순수하게 정신적이며, 권리와 억압에 따른 폭력없이, 사유의 싸움과 실천적 경쟁에서 신적 정신이 자신에 대해 관철시킬 것이라는 확고한 신뢰를 통해 조정될 수 있다. 교회에 대한 루터 사유의 본질적 의미로서 교회의 개념을 위해 솜, 빌헬름 헤르만, 회스터[10]와 같은 사람들은 활기차게 영적으로 충만하게 나타났다. 그들은 그 안에서 현재의 삶을 위한 교회에 대한 정당한 평가를 위한 수단을 믿고, 오늘날 교회들의 조직적 과제의 해결을 위한 수단을 찾으리라고 믿는다. 새롭게 쉘(Otto Scheel)은 그의 종교사적이고 교회에 대한 민족적 저서에서, 그 사유들을 이미 교회라는 단어의 신약성서적 의미에서 이미 함축된 것으로 이해하고, 그와 함께 최상의 근대적이고, 개별적이고, 영적 교회의 문제 해결에 대한 근거를 진지한 개신교들에 따라 신약성서로부터 내세웠다.[11]

유일하게 전적으로 현대적 대상을 위해서, 그와 같은 근거들이

---

10) R. 솜의 《교회법》 1권(1892)과 2권(1923)과 빌헬름 헤르만의 《윤리》(1901)와 회스터의 《근대 세계 안에서 기독교의 가능성》(1898)을 비교하라.
11) O. Scheel, *Die Kirche im Urchristentum*, 179. 쉘, 《원시 기독교 안에서 교회》, 1912.

항상 무엇인가 의심스러운 것처럼, 전체적 사유는 그와 같이 초이상적이다. 교회 가치들에 대한 이론적 근거와 오늘날 조직체의 실천적 형성을 위해서, 그에게 너무 많지 않고, 모든 경우에 유일하게 결정하는 근본사유를 제거해서는 안 된다는 대단히 근대적이고 이상적으로 발전되며, 대단히 다수적인 루터적 사유의 정신화가 존재한다. 그 사유에는 확실히 고급스러운 교회 유형의 본질에 대한 직관이 존재하고, 도처에 나타나는 종파 유형과 급진적 개인주의에 직면해서 그 유형에 대한 종교적 칭의가 있다. 그러나 교회 문제의 본질적 측면들은 논외에 머물러 있다: 정신문화에 대한 교회의 관계와 항상 필연적이고 오늘날의 신학적이고 철학적 차이들을 통해서 얽혀 있는 조직체의 요구들에 대한 교회 관계. 그 양쪽 물음들은 오늘날 형태에서는 신약성서에 대해서 거의 진술하지 않는, 전적으로 루터의 지평 밖에 존재하였다. 따라서 그 질문들은 독립적이고 새로운 답들을 요구한다. 이 교회의 개념은 그와 같이 문화정치적이고, 사회학적 근거들 곁에서 역시 내적이고 종교적 가치로부터 민족교회의 개념을 포괄적이며 수많은 주체적 기독교의 다양한 단계들을 포괄하는 은혜의 조직체에 기반을 세우는 것이 적합할지도 모른다. 계속해서 정교회적 개신교주의에 속한 루터의 근원적으로 강력하고 경건하게 채색된 직관에 대한 확고한 기억을 통해서 내재화되고, 보다 영적인 종교적 공동체의 인정을 얻어내는 것이 적합할지도 모른다. 모든 것을 관조하는 순수 신학적 입각점으로부터 그 근거는 더 이상 적합하거나 충분하지 않다. 문화가 없고 역시 사회적으로 유용한 공동체의 영향에 대한 능력이 있었던 종파에도 불구하고, 급진적이며 최상이고, 가장 단일적인 종교적 척도들을 놓는 개인주의의 곁에서 교회는 다양한 성숙한 수단들을 포괄하고, 그에게서 비롯된 위대한 힘과 민족의 의미를 통해서 존재하고, 간과할 수 없는 시대의 보편적 문화에 대한 연결의 필연성을 수반한 가장 적합하고 강하게 지지할 만큼 가치가 있는 우리의 종교적 삶의 형태라는 사실이, 그와 같은 대상을 위해서 동일하게 보다 더 고려되어야 한다. 만약에 교회가 동일하게 그러한 사실로부터 그들의 올바른 조직과 근대적 삶과 사유의 어마어마한 '다양성'과 '역동성'에서 기술적으로 지배한다면, 교회가 형성된 고백에 대한 억압을 포기하고, 성서와 기독교의 전문가와 머리로서 그리스도와 성서에 대한 순수하고 보편적 고백에 만족한다면, 또한 나머지 그 공동체에서 가장 가능한 제의적이고 예전적 자유와 최상으로 가능한 양심의 공동적 자유에 대한 보호를 보장한다면, 오늘날 교회가 그 과제를 해결할 수 있는 능력이 있다는 사실이 첨가되어야 한다. 하지만 이 모든 것은 소위 법률가, 신학자의 순수하고 경건하고, 이상적이고, 대단히 규정화되지 않은 교회의 개념에서 나온다. 우선 그 개념에서 출발하는 규정들을 통해서, 그 개념은 현재의 삶에서 교회의 의미와 위치에 대한 수많은 물음에 대한 대답을 위해 사용될 것이다.[12]

어떤 식으로든 분류된 교회의 신학적 개념과 종교철학적 개념은 결국 문화의 추상적 개념도 이 물음에 대한 대답이 될 수 없다. 오히려 구체적으로 주어진 관계와 그들 속에 놓여 있는 가능성들과 관심들에 대한 분석이 그 문제에 대한 답을 줄 수 있다. 동일한 경우 그 대답은 역시 현재를 위한 의미를 갖는다. 그 대답은 보다 초기의 역사, 교회의 의미, 우리 앞에 놓인 모든 미래를 위한 의미를 갖지 못한다.

---

12) RGG¹ 판에 있는 트뢸취의 논문 "교회"를 보충하면서 비교하라.

기독교의 절대성과 종교사(1902)

첫째 판에 붙이는 글

인쇄를 위해서 탈고작업을 할 때, 본 저서는 하나의 강연[1]의 양 이상으로 많아졌다. 그래서 나는 강연 형태를 포기했으며, 주제에 대한 논문의 목적이 강연을 염두에 두고 있었다는 사실을 해명할 때 강의 준비의 표시를 그대로 두었다. 하지만 고의적으로나 우연히 이 여름에 제기된 나의 논문에 대한 문제제기들 혹은 주제를 거절하는 논문들에 대해 반박하기 위함은 아니다. 내가 이 작업들에 대한 지식을 갖기도 전에 벌써 강의는 약속된 터였다. 그러나 지금 나는 이 강의를 적어도 서언에서 이러한 작업들의 의도를 서술하면서 시작하려고 한다. 나의 묘사에서 나는 논쟁을 단지 그 원칙들에 제한해왔다.

커다란 특징으로 아돌프 폰 하르낙의 학장 취임 연설, "신학부들의 과제와 보편적 종교사(1901)"는 동일한 주제를 다루었다. 그의 중요 논제[2]들에 대해서 나는 철저하게 동조한다. 그러나 내가 개별

---

1) 색인, 18.
2) 그러나 기독교에 대한 연구가 다른 종교들에 대한 연구들을 거의 대치하면서, 기독교의 다양한 자료들과 구역에 대한 암시와 함께 여기에서 우리가 다루고 있는 물음에 대해서 결정적인 것은 진술되지 않았다. 우리는 신학부들이 기독교적 종교 연구를 위해서 머물러 있기를 희망한다. 왜냐하면 기독교는 그의 순수한 형태

적으로 사태들에 대해서 무엇인가 다르게 파악하고, 그 이유를 밝힌 다는 사실은 다음의 연구를 통해 보여준다. 특별히 나는 그 사실, 즉 신학부들을 종교사학부로 변경하는 것을 철저하게 현재적인 상황의 결과로서 또한 나의 것과 친숙한 직관들의 결과들로서 볼 수 없다. 나는 그와 같은 교수단들이 거의 의미를 갖지 못한다는 점에서 하르낙과 일치한다. 왜냐하면 실제로 종교사 그 자체가 아니라 규범적이면서 종교사적 인식들의 취득이 문제이기 때문이다. 지금은 규범적이며 종교사적 인식들의 획득이 신학의 의미일 수 있다. 또한 이 규범적 인식들은 불확실한 거리에 존재하는 가능성들은 아니지만, 원래부터 오늘날 우리 문화에 속한 가장 넓은 영역과의 실천적인 일치를 통해 기독교적인 방향으로 인도되었다. 첫 번째, 단지 철학적 조직들에 저항하는 변증이나 사변적 계시에 대한 이론 대신 종교사로부터 규범성을 얻고자 한다. 두 번째, 오늘날 영적인 상황에 맞는 기독교적 이념 세계의 동일한 형상을 창조하는 것이다. 그 과정에서 좌초하거나 목적 없는 상대주의로 몰락하거나, 다른 방향에서 종교적 이상들을 찾아야 한다고 믿는 자는 당연히 하나의 동일한 교수단에서 함께 일하려 하지 않을 것이다. 이 문제들을 함께 고민하고 수행하는 교수는 그의 연구와 삶의 결단의 근본적인 시간에서 원칙적으로 종교에 대해 적대적인 방향으로 인도하는 경험적인 세계의 존립에 대한 해명들과의 논쟁과 같이 해결할 것이다. 그와 반대로 규범적이고 종교적 진리를 공식적으로 알지 못하고, 마치 북극 탐험가가 북극을 찾는 것 같이, 혹은 우물에 대한 연구자가 물을

에 있어서 다른 종교들 곁에 존재하는 한 종교가 아니라, 그 종교이기 때문이다. 그러나 기독교는 그 종교이다. 왜냐하면 예수 그리스도가 다른 스승들 곁에서 존재하는 한 스승이 아니라, 그 스승이기 때문이다. 또한 그의 복음은 선천적이면서 역사 속에서 벗겨진 인간성의 경향성에 상응하기 때문이다.(진술과 논문들, 1903ff., 2판, 172.) 90 페이지 이하와 비교하라.

찾는 것 같이 규범적이면서 종교적인 진리를 찾는 교수단을 구성하는 것은 확실히 불합리적이다. 종교적 내용을 가지고 다른 사람들을 가르치려는 자는 그 자신이 이미 하나의 위치를 가져야 하고, 그 위치를 얻는 가능성에 대해 이미 확신해야 한다. 그 확신은 경건한 사람을 위해서 무한히 멀리 떨어진 것은 결코 아니다. 만약 인간이 그의 진리와 그 진리의 형성을 무엇인가 멀리 떨어져 있는 것으로서, 혹은 그럴듯하게 여전히 거의 알려져 있지 않은 것으로 다루거나, 그 안에 오직 영원히 논쟁할 수 있는 문제들을 보면서 주어진 힘들과 신적인 영향들을 보지 못한다면 그 종교는 의미가 없고 종교도 아니기 때문이다. 따라서 무한한 연구 없이, 기독교와 관계 있는 우리의 삶의 실천적 합의를 넘어 명백해지는 것이 가능해야 한다. 또한 그 명료함을 토대로 기독교의 종교적 삶에 종사하는 학문적인 조직체에서 함께 일하는 것이 가능해야 한다.

사실 비신학적 학자들은 일반적으로 이 대상들에 대해 생각하면서, 충분히 학문적으로 교육받은 신학자들과 같이 종교적인 문제와의 관계에서 당연히 동일한 상황에 존재한다. 그러나 그들의 교수 능력은 종교의 이해나 종교적 삶의 촉진에 기여하지 않기 때문에, 신학자와 같이 상대적으로 완성된 입각점을 그들의 교수 능력의 전제로서 얻어왔던 것에 매이지 않고, 그들 스스로가 원하고 할 수 있는 경우에 지속적으로 자유롭게 결단할 수 있다. 신학부의 학자들 역시 자연적으로 교수 능력을 펼치기에 앞서 얻게 된 결정적인 입장들에 얽매이게 된다. 그러나 이 결단으로 인도하는 종교적이며 학문인 사유 작업과 그 결과들을 발전시키는 신학적 이론에 얽매인 것은 아니다. 당연히 그 입장은 이 결과 -신학부 교수들이 신학에 대한 결정적인 입장에 얽매이게 되는 -를 곧 가정적으로 문제제기할 수 있는 것으로서 다루어야 한다. 또한 보편적 사안들로부터 비롯된 그 결과는 오늘날의 영적인 상황에서 학문적인 인간을 위해서 피할 수 없는 것으로서, 인간 자신이 한 차례 역시 대자적으로 진지하게 문제를 제기해왔다. 그러므로 그는 보편적이고 원칙적 사안들로 인해서 먼저 지속적으로 자신에게 알맞게 만들어왔던 것에 대한 결과로서 이끌어가야 한다. 그러나 이 모든 것은 실제로 단지 기독교의 규범적 가치의 원칙적 물음과 관계한다. 또한 모든 계속되는 개별적인 물음들은 자연적이며 근본적으로 해결될 수 없고 오히려 신학부의 작업을 위한 열려진 물음들로 머물러야 한다. 그러기 위해서 근본적 문제는 분명히 앞서 해결된 상태여야 한다. 그리고 점점 신학에 있어서 중요 사실을 강조하면서 문제를 단순화하는 이론을 근본적인 결단과 고려의 결과로 형성하는데 성공하면 할수록, 근본적인 문제는 보다 쉽게 해결된 것처럼 보일 것이다. 이와 같은 이론과 함께 근본적 결단을 위해서 투쟁하는 인간에게 기여하는 것과 결단을 통해서 그 이론을 지속적으로, 어떤 것을 통해서도 미리 얽매어 있지 않은 개별 작업의 길을 마련하는 것이 중요한 목적이다. 하지만 나의 관점에서 볼 때, 이와 같은 이론은 역시 나를 위해서 단지 신학의 전제이면서 신학을 돕는 학문으로서 종교사와 하르낙이 허용한 경향이 나타나는 것보다 더 현저하게 관계해야 한다. 한편으로 종교사는 그 전제들을 가장 원칙적으로 파악하고 해결해야 하는 조직신학자 입장에서 그 사실을 진술한다. 다른 한편, 그 전제들을 해결된 것으로서 유효하게 만드는 경향이 있으며, 그 틀을 매우 좁게 표시하는 교회사가의 입장에서 그 사실을 진술한다.

이 과정에서 먼저 나의 두 손에 들어왔던 그 해의 두 번째의 학장 취임 연설 율리허(A. Jülicher)의《교회사의 방법, 과제, 목적에 관한 근대적인 의견의 다양성들》(*Moderne Meinungsverschiedenheiten über Methoden, Aufgaben und Ziele der Kirchengeschichte,* Marburg 1901)은 우리의 대상에 주목한다. 그렇지만 오해할 수 없는 암시에도 불구하고 나는 그 연설이 나와 관계해서는 안 된다고 믿는다. 왜냐하면 그의 연설은 여러 차례 나의 앞선 작품들을 통해서는 생각될 수 없었던 "신학의 역사적 방법과 교의학적 방법"이라는 짧은 나의 논문에 대한 이해와 관계하기 때문이다. 나는 본질적으로 난해하게 표현된 나의 입장에 대한 그의 거절을 현재적인 작업에 따른 문제에 대한 지속적 사유에서 발전된 의미와는 내용적으로 많이 다르지 않게 이해할 수 있다고 믿는다. 아마도 나는 여전히 강하게 본래적인 역사와 그로부터 출발하는 역사철학적인 사유 사이에 차이를 강조했어야만 했다. 그렇지만 만약에 그가 가치판단보다 분리된 것을 관계 안으로 가져오고 개별적인 현상들을 4단계 발전의 살아 있는 흐름에서 함께 보려는 시도를 포기한다면, 또한 그가 "단지 기독교와 그의 교회들을 다른 종교들의 중심에 세운다면 그에게 빛나는 정당성이 분배된다"(15쪽)고 진술한다면, 유일하게 최종적인 것은 역사로부터 솟아나고 율리허 역시 그곳으로부터 자신을 분리할 수 없는 직접적인 결과들이다. 나의 의견 역시 다르지 않다. 그렇지만 결국 나는 결정적이고 전체에 대한 입장을 제약하는 사유들이 교회사 학자들이 제시하는 그때그때의 형태가 아니고, 변하긴 하지만 오히려 그 맹아들로서 그 입장들이 원칙적으로 그들의 전제들과 결과들과 함께 수행되는 이론으로 발전되어야 한다고 믿는다. 그러나 그 입장은 분명히 종교철학적인 분출이나 의심스러운 보편화 없이 시작될 것이다. 마치 그 입장이 곧 학자들의 압도적인 작업을 통해서 추측된 것과 같이, 나의 의도는 모든 경우의 대상들에 대해 원칙적인 입장을 내세우는 것과 다르지 않다. 그렇지만 율리허 자신은 분명히 "다른 어떤 세계관에서 빌려온 자연인과 종교인 사이의 배타적인 대립(對立)의 사상"에 대해서 언급한다. 그러나 대립적인 세계관은 단지 역사로부터 상대적인 것을 통해서 절대적 대립을 대체하면서 함께 자라난 세계관일 수 있다. 그리고 그 곳에 동일하게, 곧 그들의 원칙적인 의미와 기독교의 평가에 대한 그들의 영향과 함께 철저하게 이 세계관을 고려하는 것이 가치가 있다.

중요하고 좀 더 오래된 견해를 되돌아보기 위해서 베르노울리(A. Bernoulli)의 유명한 《학문적이고 교회적인 방법》(Die wissenschaftliche und kirchliche Methode, 1897)이 나와 유사한 경향성을 나타내는 한, 나는 그의 의견에 동의할 수 있다. 또한 나는 베르노울리가 역사적 상대주의를 너무 과대평가하고 있고 그 전체적인 문제가 대단히 냉정한 기질과 함께 다루어질 수 있다고 믿는다. 기독교에 대한 근본 위치를 무한한 시대에 해결할 수 없는 문제로 만드는 학문적인 신학은 스스로 해체된다. 내 생각에 학문적 신학은 종교학적인 고려들의 악의적인 과장이기에, 그 곁에서 승인된 교회적인 신학은 조소를 당한 것처럼 나타나며 그 기반을 잃어버린다. 나는 보다 최종적인 사유에서 단지 그 순간, 즉 무엇보다 규정되고 역사적인 권위들 아래에 서 있는 교회들에 헌신하려는 신학자들의 교의학적인 연구와 실천에 존재하는 종교사적으로 근거된 신학을 통해 기독교의 전승된 견해들이 강력하게 변할 경우에 주의 있게 살피고 쉽게 변형할 수 있는 적응이 필수적이라는 사실을 정당한 것으로 인정할 수 있다. 그 밖에 나는 흥미로운 책 GGA(1898)의 425쪽부터 나와 있는 나의 평론을 독자들에게 참고하라고 권한다. 나는 물론 그것이 동일한 것으로 생각되지는 않지만, 모든 교의학들이 사실 동일한 것과 같이 그와 같은 변형의 대표작으로서 빌헬름 헤르만(Wilhelm Herrmann)의 교의학을 고려하고 싶다. 왜냐하면 실제로 그와 함께 이미 다음과 같은 진술 즉, 웅장한 스타일로의 변형의 문제를 다루고 있다는 사실이 언급되기 때문이다.[3]

---

3) 트뢸치는 1902년 ZThK에 출간된 논문《윤리학의 근본 문제들》에서 빌헬름 헤르만의 신학과 특징적으로 논박한다.(트뢸치 전집 2권, 552-672, 특히 570페이지 이하)

리츨학파의 계열에서 다음 세 가지의 논문이 발표되었다. (1) 보버민(Georg Wobbermin), "현대학문에 대한 신학의 관계와 과학의 전체적 윤곽 속에서 신학의 위치"(Das Verhältnis der Theologie zur modernen Wissenschaft und ihre Stellung im Gesamtrahmen der Wissenschaft, ZThK X. 375ff.). (2) 트라우브(Friedrich Traub), "종교사적 방법론과 조직신학"(Die religionsgeschichtliche Methode und die systematische Theologie, ZThK XI. 301ff) (3) 라이슬레(Max Reischle), "역사과학적이고 교의학적인 신학방법론"(Historische und dogmatische Methode der Theologie, ThR IV. 261ff u. 305ff). 이들의 주요 반론(反論)에 대해서 나는 부분적으로 다음처럼 대답해 놓았는데, 그 중 일부는 전에 한 적이 있는 이야기를 그대로 고집하는 부분도 있다. 동시에 여기에 다양한 친숙함이 존재하지만, 문서의 전체는 전적으로 다른 것에 직면해 있다. 만일 그동안 연구해온 나의 모든 이해의 전체를 교의학적 방법에 직면한 "역사적 방법"이라고 명명해 왔다면, 나는 당연히 전적으로 명료하게 다음 사실을 인식하고 있다. 이 역사적인 방법은 단지 대립적인 시각에서만 그렇게 불릴 수 있다. 내가 파악한 전체는 역사적인 것의 깊이 위에 근거되고 여기에서 형성될 수 있는 공통적 대상의 개념으로부터 형성된 총체적 직관이다. 그 직관은 자연과학적이고 양자의 차이에 무관심한 사변적 보편개념들에 직면해서 역사적 개념 형성의 특수한 양식을 만들어내고, 그 특수한 양식을 역사적인 개념 형성을 통해서 또한 역사에 직면한 현실적 수행에 있어서 역사적인 대상을 항상 다시금 질식하게 만드는 어려움으로부터 구해내려고 애쓴다. 그 총체적 직관이 그와 같이 필연적으로 파악됨으로써 역사의 상대적이고 개별적인 대상은 그곳에서 그의 완전하고 역사를 무제약적으로 지배하는 권리가 되었다. 그러나 상대적으로 개별적인 현상들 안에서 가치가 있다. 총체적 직관을 통해서 공통적인 이상을 지향하는 가치들의 생성은 제외되지 않았다. 그러나 적지 않게 나 역시 그 총체적 직관에서 역사에 대한 사유와 역사로부터 규범적인 것을 얻으려는 시도가 마치 칸트학파와 보다 엄격하게 자유와 실천적 이성의 의지들을 뒤에 세운 신칸트학파가 요구한 바와 같이 역사와 영혼의 사건에 대해서 순수 현상학적이면서 원인적인 고려를 불가능하게 만든다는 사실에 대해서 명확하게 인식하게 되었다. 나는 라이슬이 생각하듯이, 초자연적인 영향들이 나타날 수 있는 종교 일반에 대해서 인과적으로 고려할 틈을 보여주려는 것이 아니다. 또한 트라웁이 생각한 것 같이, 인과적으로 설명하고 평가하는 사유방식을 혼동하려는 뜻도 아니다. 오히려 나는 역사적 대상과 영혼 사건의 살아 있는 총체적 영역을 위해서 일반적으로 보편법칙적인 필연성들의 의미에서 인과적으로 고려할 수 있는 수행가능성에 대해서 논쟁한다.(여기에서 R. A. 립시우스의 교의학에 대한 나의 비판을 비교하라. *GGA*. 1894, 847쪽). 단지 순수하게 인과 방식과 기계적 방식으로 고려하고 판단하는 평가가 단순히 접촉 없이, 평면적 대상들로서 서로의 곁에 나란히 서 있을 수 없기 때문만이 아니다. 오히려 현실적이고 인과적으로 고려하면서, 내가 이념적 대상들과 보편적 가치들에 이르는 감정과 욕구를 확신할 수 없었기 때문이다. 역시 나는 전체적이고 비감각적 현실성과 관계하는 영적인 삶이 독립적인 원칙들 안에서 존재론적 근거를 요구한다고 생각한다.

 순수하게 인과적이지만, 현상적 의식에 따라 총체적 현상들이 진행하는 방식에 대한 전체적 이론이 나에게는 정당화되지 않고, 현실성에 의해서 결코 확증되지 않는 외적인 경험에 대한 이론에서, 내적 경험에 대한 이론으로 양도된 것으로 보인다. 이 문제들은 대단히 어렵다. 신학적인 고려 밖에서, 여전히 총체이고 영적 삶의 영역에 대해서 기계화하는 인과성에 대한 사유방식을 활용하는 태도를 반박하는 논쟁 역시 철학적인 이단일지도 모른다. 그와 같은 이론을 수행함에 있어서, 나는 대단히 많은 것이 부족할지도 모른다. 하지만 나는 학문을 인과성과 함께 일치시키는 것은 불충분하며, 그 경우에 종교적 진리에는 어떤 것도 남아 있지 않다는 사실에 대해서 확신한다. 실제로 이지적 특성과 선의 순수이성의 불가피성을 통해서, 나는 원인에 대한 칸트의 가르침과 특별히 그의 도덕적 이성의 나라가 발전하는 과정을 묘사하는 역사철학은 진리 안에서 순수현상학적 방식으로 인과적 영혼 사건에 대한 사유의 결과를 파괴하고, 영적인 사건의 존재론적 사유를 활용해왔다고 생각한다.[4] 나는 모든 순간 종교철학의 가치를 동일한 존재론적 원칙의 입증에 따른 포괄적인 기반 위에 근거를 제시하고, 역사에 나타난 보다 고귀한 영적 삶의 유형들에 대한 개념적 작업으로부터 비롯된 종교의 규범적 형성에 대한 질문에 답하는 것을 필수적인 과정으로 이해한다.

바로 종교적 규범 형성의 문제와 대단히 역동적으로 싸웠던 신칸트주의 신학자들은 모든 경우에 역사적 기독교의 절대적 가치에 대한 자신의 가르침을 역사적 그리스도에서 출발하는 인상을 가지고 있다. 따라서 역사의 개별적 대상들, 예수의 인격과 기독교 자체를 인과적이고 기계론적이며 현상학적 표석에 속하고, 역사에서 단지 보편가치적이고 합리적이고 또한 필연적이며 도덕적 판단이 계류하는 신칸트학파적 원칙과 일치시킬 수 없다. 이 결과는 다음 사실 ─ 전체적으로 18세기와 함께 한 칸트에게서 사실은 전혀 비율적으로 부족하지 않았던 역사적 의미를 빼앗는다 ─ 과 함께 철회되지 않는다. 단지 그에게 가장 아름다운 역사적 의미는 그의 현상학적 인과성 이론의 결과에 대항하여 아무것도 그를 돕지 못할지도 모른다. 나 역시 다음과 같은 사실을 발견했다. 그 역사적 의미는 신칸트학파적 신학자들을 다음과 같은 결과 ─ 예수의 인격과 기독교 자

---

[4] 1904년에 베를린에서 출간된 에른스트 트뢸치의 논문 "칸트의 종교 철학에서 역사적인 것"과 비교하라.

체를 신칸트학파적인 원칙과 일치시킬 수 없다 -에 대한 강요로부터 해방시켰던 역사적인 의미가 아니다. 그 역사적 의미는 전통의 의미와 진지한 역사비평적 연구들과 윤리적 요청들과 도덕적으로 순수한 인간이 바라는 요구들에 대한 변증적 암시에 따른 의미와 교의학적으로 고립시키는 역사적 사유방식의 대단히 파괴적인 결합에 있다. 만약에 그들이 진리가 아니라면 기만 혹은 망상이어야 했다. 역사적 의미는 무엇인가 본질적으로 다른 것을 요구하는 것으로 나타난다. 이 다른 것을 나는 새롭게 다음에서 서술한다.

신칸트학파화 된 종교관을 거부하며 존재론적 원칙들을 인정하라고 요구하면서 쓴 신중하고 교육적인 이멜스(L. H. Ihmels)의 논문, "종교철학에 직면한 교의신학의 독립성"(Die Selbständigkeit der Dogmatik gegenüber der Religionsphilosophie)—1901년 S. K. H. 왕세자를 위한 에를랑겐 증정본에 있다-은 나와 일치한다. 따라서 그 논문은 완전히 이해가 가능할 뿐만 아니라 부분적으로는 나의 연구들에 대해 호의적으로 마주하고 있다. 그렇지만 그는 다음 사실에 의해서 내 입장에 대해 비판한다. 내 입장에서는 기독교에 대해서 어떤 기쁨이나 확고한 입장들이 나타날 수 없다. 그와 같은 입장은 오히려 철저하게 다음과 같은 사실을 요구한다. 기독교에 대한 입장은 단지 어떤 다른 것을 끌어들이는 것이 아니라, 오히려 그와 함께 유일하고 확고하게 주어진 대상들에 대해서 집중하는 연구, 즉 이 대상에서 형성된 기독교적 인식론을 통해 얻어질 수 있다고 한다. 그와 같은 기독교적 인식론은 자연스럽게 그 대상의 가치를 유일하게 성서에서부터 일어나고 성서를 보증하는 회심의 경험에 대한 유일하고 초자연적 기적의 원인성에 대해서 철저하게 확실한 근거를 내세울 수 있다고 한다. 그에 대해서 나는 다음과 같이 반박한다. 그렇지만 이멜에 의해 얻어진 불변성은 단지 제시되고, 순수하게 고립시키는 초자연적인 요소를 통해서 현실화된다. 또한 기독교의 확실성에 대한 물음을 형식적으로 고립시키는 일은, 실제로 그 물음의 측면에서 동일한 방식으로 대상에 대해서 즉시 가정적으로 문제제기를 하고, 기독교를 긍정하는 종교적 체험을 심리적이고 역사적으로 대상화하고 고려해야만 했다. 또한 여기에서 나타난 학문적 연구의 결과는 전적으로 나의 연구처럼 열린 채로 있어야 했다. 이멜의 연구는 나의 연구보다 단순하고 적은 관계점들에 집중되어 있다. 하지만 그의 연구는 온전한 확신을 우선적으로 인간의 내적인 기적에서 파악하고, 그 기적으로부터 나타난 외적인 기적들에서 입증한다. 하지만 역사에 직면하여 그 연구는 기적들의 불가능성을 증명할 수 없다. 단지 그 확신은 세속 학문으로서, 원래 기적의 현실성을 보증하는 영적 의미에 도달할 수 없는 것을 암시하는 초자연적인 원칙을 통해서 얻게 된다. 그렇지만 이멜의 연구는 실제로 유일하게 우리에게 현실적으로 알려져 있다는 고립된 대상으로부터 출발하지 않고, 이 대상 안에 존재하는 거의 유일한 기적의 인과성 발견을 결정한다. 이 발견은 출발점으로서 종교사적 비교를 거절하면서 확실히 쉬워진다. 따라서 나의 연구에 대해서 이멜은 근본적으로 단지 초자연적인 확실함에 도달할 수 없다는 사실만을 비판할 수 있다. 물론 나에게는 초자연적 확실함이 도달할 수 없는 것처럼 보인다. 왜냐하면 상대적이고 역사적이며 제한적인 기독교 발생사의 특성이, 즉 그 기적이 추상적으로는 불가능하다는 사실과 진실한 것으로 가정하는 행위가 아무것도 얻어낼 수 없다는 사실을 증명하면서 확실하게 된 것처럼 보이기 때문이다. 또한 지금 그 사실을 통해서 이 연구는 보다 상세하게 되고 그 결과는 기적의 확실함 없이 존재한다. 그러나 그 연구는 내가 다음에 제시할 수 있다고 믿는 것처럼 신앙의 확실함 없이는 존재하지 않는다. 또한 그 결과는 종교철학적 증명이나 혹은 종교적 체험을 통해서 얻어질 수 있어야 한다는 딜레마 앞에 설 수 없다. 그러면 종교철학적 증명은 종교적 체험을 이미 규정된 종교로서 긍정적으로 형성하는 길을 전제한다고 한다. 하지만 항상 사람들은 모든 비교에 있어서 역시 특별히 기독교적으로 근거된 자기긍정에 머물게 된다. 그러므로 전적인 비교와 관계를 동일하게 단념하게 되거나, 혹은 불리하게 결정된 입장에 따라 취하게 될 것이라고 한다. 짧게, 모든 종교철학은 특별한 확신의 근거들에 대해 고백하는 대신에, 인간에게 유일하게 알려진 것, 생래적이고 특수한 것을 보편적 현상의 토대에 세운다는 자기기만에서 비롯된다고 한다. 하지만 그 변증은 매우 위험한 방식이다. 왜냐하면 이 변증은 그가 태어난 종교로 모든 사람을 환원할지도 모르기 때문이다. 만약에 루소가 생각한 것과 같이 결코 기독교 안에서 태어난 사람이 여기에서 초자연적인 요소들을 발견할 수 있는 상황이 아니었다면, 그 종교적 확신을 지리적인 문제로서 만드는 것일지도 모른다. 당연히 종교철학적 연구는 종교적 체험을 전제한다. 그러나 그 곳에서 교의학적이고 초자연적 사유방식이 우리에게 익숙해져왔던 가파른 양자택일의 형성에서는 아니다.

 실제로 역사의 본질은 바로 인간이 (낯설고 제약적인 종교적 삶)을 현실적으로 체험할 수 있고, 본래적으로 지금까지의 사실들을 가정적으로 객관화하며, 그의 순수하고 유일한 가치에 대해서 문제제기할 수 있는 가정적인 후체험과 같은 감정이다. 종교철학적 연구는 체험으로부터 생기지만, 유일하고 고립된 체험으로부터가 아니라 여러 번의 체험과 유일하게 교의학적으로 나타난 긍정적인 평가가 아니며, 오히려 여러 차례 가정적으로 공감한 체험들로부터 일어난다. 그러면 그 가치들 사이에서 궁극적 결단은 분명하게 궁극적이며 자명한 행위이다. 그러나 궁극 결단은 그 동기를 비교된 가치들에 대해서 고려하고 강조하면서, 보편적인 개념의 관계를 통해서 명료하게 할 것이다. 가슴 위에 양자택일의 선택을 정확하게 요구하는 일은 교의학적인 방법인 반면에, 양자에 대한 긍정과 관계하는 입장은 역사적 방법이다. 이 방법은 역사철학적 의미에서 이해되고, 그에 대한 진술은 이 책에 있다. 그러나 나의 '절대성'의 저서에서 가장 중요한 것은 기독교적 확실함이 보다 넓고 보편적인 기반에서 얻어지는 것이다. 뿐만 아니라 역으로 이멜의 의미에서 확실함을 주장한다는 말이 확고한 선례들을 얻는다는 사실을 뜻하는 것과 같이, 유일하게 기독교에 대한 역사적이고, 상세한 연구에 대해서 그와 같은 입장을 취함으로 인해서 어떠한 것도 거절당하지 않음에 있다.

이멜의 논문이 중요하고 확실하며 교훈적 논쟁이라면, C. F. G 하인리히가 자극적인 제목 하에 – "우리는 여전히 기독교인일 수 있는가?(1901)" – 제시할 수 있다고 믿어왔던 대립적인 논문이 피상적 특성과 불명료함으로 인해서 눈에 띤다. 라가데에 대한 일시적 암시에 따라 하인리히는 여기서 나를 다윈과 스트라우스와 연결했다. 그는 자연의 인과성을 개인적 삶에 양도하고, 역사를 위해서 거대한 천재들의 의미나 내적인 삶의 절대적 가치들이나 이상들을 알지 못했던 자연주의적 발전 사유에 대한 잘못을 나에게 뒤집어 씌웠다. 그는 나의 발전사유를 주의 깊게 구성하면서 즉시 자연주의적 인과성의 혼합을 배제하는 가치 있는 논문들을 분별력 없이 비판하면서 그 비평들과 함께 무시한다. 그렇지만 이 논문이 모든 이전 것들을 그 논문의 전제로서 함축하고 있다 할지라도, 트뢸취는 역사적 방법과 교의학적 방법에 대한 짧은 논문에서 몇 가지 동요들에 따라 나의 이론을 편하게 준비했어야 했다는 사실을 지적하면서, 분별력 없는 판단을 가지고 나의 논문들을 무시한다. 내가 "종교의 독립성"이라는 나의 중요한 논문에서 페크너의 훌륭한 논문인 "신앙의 근거들과 동기(1863)"(ZThK V, 400, 402, 434, 436)와 특징적으로 다양하게 관계해 왔고, 벨하우젠의 연구 방법에 대해서 나의 연구가 그 방법을 이론화하는 시도였다는 사실을 진술했음에 불구하고, 실제로 그는 나에 대한 비교에서 벨하우젠과 페크너가 여전히 인정할 수 있는 기독교인이라고 여기는 듯했다.(같은 곳, VI 102) 이와 같이 부정확한 논쟁에 있어서 어떠한 것도 자연스럽게 나타날 수 없다. 그러나 역시 하인리히의 긍정적 직관은 어떠한 유용성도 만들어 낼 수 없다. 왜냐하면 그의 직관은 눈에 띄는 부정확성과 암시의 혼합들로부터 거의 올바르게 읽힐 수 없기 때문이다. 단지 하나는 분명해진 사실을 강조하기를 원한다. 왜냐하면 나는 바로 이 점이 계속해서 특별히 불쾌감을 유발하는 것으로 인식해왔고, 하인리히는 그와 함께 내가 특별히 논쟁하는 것에 대한 특징적인 예를 제공하기 때문이다. 하인리히 자신이 실제로 추적하고 고대세계와 공동체의 흐름들과 원시 기독교 공동체 형성의 관계에 대해서 암시하면서 대단히 큰 공을 세웠고, 풍부한 역사적 결과들을 만들어왔다. 하지만 그는 기독교적 종교에 대한 역사적 고찰에 따른 모든 불쾌한 영향들을 올바르지 않은 문제제기에 대한 반영들로 이해하면서, 받아들이는 것을 거부했다. 왜냐하면 그 연구의 결과가 유쾌하지 않았고, 그 잘못된 문제 제기는 종교적 영역에서 보다 더 엉클어지면서 아무것도 일으키지 못하기 때문이다.

실제로 신학이 기꺼이 역사에게 보편적으로 가장 넓은 공간을 주지만, 전승된 입장에 대해서 거의 대립적으로 진행될 경우에, 신학적인 양식의 한 차례 특별한 문제제기를 준비한다는 사실은, 역사적 사유와 교의학적 사유를 혼동하는 신학의 악이다. 왜냐하면 이 문제 제기와 그의 놀랄만한 영향들의 비밀에 대해서 하인리히 역시 계몽적으로 해명했기 때문이다. 그 안에 기독교가 관계하는 문제제기에 대해서 항상 뒤따르는 전제들이 파악되어야 한다는 사실이 존재한다. 1) 교의학적이고 변증적 기독교상은 지속적으로 그 사태 자체와 함께 동일시되는 절대적이고 유일한 진리에 대한 그의 요구의 빛에서 볼 때, 기독교는 오로지 개별적이고 역사적 현상이라는 사실로서 고려될 수 있다고 한다. 2) 역사적 비판에 의해서 직접적이고 절대적으로 반박될 수 없는 모든 것은—그와 같은 경우에 비판에 대한 요구들은 대단히 엄격하게 받아들여진다—물론 도대체 무엇이 특별히 신학적 근본 토대인지, 신학에 의해서 가능한 것으로 받아들여져야 한다고 한다. 3) 그렇게 가능하고 최소한 반박할 수 있는 것으로서 존재하고 기적의 특징들을 산출하는 전승들에 대한 성서적 역사의 진술은 만약에 종교의 개념과 종교의 보편적 본질이 다시금 종교의 보편개념에 의해서 대단히 특별하게 신학적 수행들이 기대되는 절대적으로 초자연적인 현실화에 대한 요구와 함께 고려되어야 한다면, 단지 실증적인 진리로서 인식되어야 한다다. 그러면 이 문제제기에서 세계관은 전제로서 존재한다. 동일한 것으로서 그 세계관은 결코 근거를 내세울 수 없고 발전시킬 수도 없으며 항상 그와 같은 문제제기들의 불투명한 형태 안에 둘러싸인 채 머물러 있다. 그러나 그 세계관은 내가 벗어나야 하는 소위 자연주의적 세계관에 대립적으로 존재해야 한다. 그러면 이 전제들을 유보하면서 역시 그밖에 가치가 있는 역사적인 방법들을 온전하게 끌어들이면서 선입견 없이 역사적으로 탐구되어야 한다. 역사적 탐구는 쥐덫과 같이 문제들을 분명히 세우는 것이다. 만약에 신학이 불순한 학문으로 그들에게 나타난다면, 보다 멀리 서 있는 사람들에게 그 사실을 곡해할 수 없다. 게다가 중요한 물음, 즉 역사적 연구들이 거의 대자적으로 홀로 세계관과 관계없이, 경우에 따라 그와 같은 입장을 뒷받침하는 기독교적 원역사에 대한 파악을 불가능하게 만들어 온 것은 아닌지에 대한 물음이 철저하게 다루어졌다. 게다가 그 사실에서 모든 것을 우선적으로 지지하는 본래적인 근본 전제는 논의되지 않은 채 남겨져 있다. 즉 특별하고 배타적인 초자연주의는 철저하게 유신론과 함께 개인적인 삶의 절대적 인정과 거대한 천재들의 내면, 즉 영적 삶에 존재하는 이끌어 낼 수 없는 근원적인 계시들의 의미를 위한 이해와 일치하지 않는다. 나 역시 근원적 계시들 전부에 대해서 요구한다. 그 대립은 최종적 사유를 통해서 표시된 영역에 속한다. 모든 것은 불확실한 것에 머물러 있고 보다 정확한 논쟁은 가능하지 않다. 그러므로 해가 없지만, 그 대답을 자신 안에서 닫아놓고, 하인리히에 대해서 신학적으로 바른 문제제기를 하는 대립적인 물음과 함께 긍정적이지 않은 하인리히의 문제제기에 답하는 것으로 만족한다. 보다 보호된 곳일지 모르는 – 온실 안에 앉아 있는 그들은 무엇을 비판해서는 안 되는가?

대단히 많은 모순들을 제시한 후에, 나는 루돌프 오이켄의 새로운 저서, 《종교의 진리의 내용》(1901)에 대해서 특별한 호의를 가지고 소개할 수 있다. 대개의 입각점에서 볼 때, 그 책은 나의 입장들에 대해서 대립적인 입장을 취하고 있고, 무엇보다 나의 총체적인 고려에서 매우 밀접하게 가깝다. 대부분 그의 작업에서 다음과 같은 사실, 즉 내가 그로부터 배워왔지만, 일시적으로 그에게서 그 중요한 사태에서 일어난 그 일치는 대단히 독립적이라는 사실을 제시하기 원했다는 사실을 인정하게 될 것이다.

많은 비판가들이 다양하게 나를 비판했다. 그러나 나는 나의 이론의 새로움을 높이 평가하며 그것들을 받아들이지 않는다. 왜냐하면 나는 오랫동안 충분하게 고려되지 않고 단지 외관상으로 모순된 문제들이라는 사실을 끊임없이 제시해왔기 때문이다. 결론적으로 내 작업의 동기를 특징적으로 형성한 대단히 오래된 2가지 입장에 대한 암시는, 내가 그 모든 문제들에 대해 보다 특별하게 연대함에 대해서 의식하고 있었다는 사실을 이끌어 낼 수 있다.

칸트는 하만에게 헤르더의 "가장 오래된 문서"에 대해서 편지를 썼다. "만약 하나의 종교가 한 차례 그와 같이 제시되어서, 고대 언어들에 대한 비평적 인식과 언어적이고 고풍적 박식함이, 그 종교가 모든 시대를 통해서 모든 민족들에게 건설되어야만 하는 근본 요새를 만든다면, 그리스어, 히브리어, 시리아어 아라비아어에 대해 그리고 똑같이 고대의 문헌들에 대해서 조예가 매우 깊은 사람은, 그들이 의도한 것보다 불쾌하게 볼 수 있는 정통주의자들을 그가 원하는 방향으로 이끌어간다. 그러나 정통주의자들은 그들이 의도한 대로 불쾌함 없이 따라가야 한다. 왜냐하면 그들은 무엇인가 그들 자신의 고백에 따라 자신의 곁에 존재하는 증명의 힘이 이끄는 것 안에서 그와 함께 우열을 다툴 수 없고, 소심하게 미카엘리스[5]가 그들의 오래된 보물을 개조하거나 전적으로 다른 양식들과 함께 제공하는 것을 보기 때문이다. 만약에 신학부들이 역사적 문헌의 양식을 그들의 후학들에게서 보존하는 일을 시간이 지남에 따라 단념하게 된다면, 적어도 그 일이 우리에게 그 경우로서 존재하는 것으로 보이고, 자유로운 신앙을 가진 언어학자들이 유일하게 이런 화산과 같은 무기들을 지배하게 된다면, 저 대중 선동가들의 외양은 전적으로 마지막이 될 것이다. 그리고 그들은 그들이 가르쳐야 하는 것 안에서 문헌들의 교훈을 가져와야만 할 것이다. 또한 그들은 그와 같은 전리품을 불순하게 된 자들을 통해서 그들 자신의 본래적인 지반으로부터 그렇게 쉽게 빼앗기게 두지는 않을 것이다. 칸트의《서신 모음집》(*Gesammelte Schriften*, 1900, X 153). 오늘날 신학부들이 교회적으로 정치적 당파들의 억압을 당하고, 원시 기독교에 대한 자유로운 탐구가 언어학자들에 의해서 점차적으로 공격을 받게 된 곳에서 다시금 거의 특수한 기준에 따라 사실로서 존재한다.

"아직 나타나지 않은 정신현상에 대한 욕망의 상태는 필연적으로 보편적이고 인간적 의미에서의 정신 –그 까닭은 오로지 이런 정신에서만 욕망이 존재할 수 있었기 때문이다–과 기독교의 신적 원칙으로서 영 사이의 하나의 공동체를 전제한다. 하지만 그 공동

---

5) J. D. 미카엘리스(1717-1791), 괴팅엔의 오리엔탈리스트이면서 비평적인 성서 해명의 선구자.

체는 그들의 구성 요소의 통일성 없이, 즉 여기에서 보편적으로 인간적 의미에서 따른 정신과 기독교적 의미에 따른 정신 사이의 동일성 없이는 생각할 수 없다. 우리는 동시에 소위 기독교의 합리적인 입장과 유사하고, 그 사실에 따라 그리스도의 정신은 보편적이고 인간적 의미에서 정신 이상 다른 것이 아니라는 사실 역시 압도된 현상에서 나타난다. 그러나 우리는 이러한 형식을 동일하게 좋게 세울 수 있다. '둘은 서로 동일하다는 것이 전제되어야 한다. 그 결과, 인간의 보편적 의미에서의 정신은 영이라고 하는 것과 다르지 않다. 그러나 그 정신은 보다 열등한 힘 위에서 영이다. 그리고 우리가 단지 말한 바와 같이, 이 열등한 힘이 자기 자신을 통해서 후자의 우월한 힘까지 격상될 수 없었다. 우리는 무엇이 합리적이고 초자연적으로 나타나는지 요약한다. 그리고 양자들 사이에 차이는 사라진다. 그 결과 인간이 그 대립을 그의 최종적인 것까지 추종한다면 필연적으로 항상 오게 될 결과이다."(《기독교 윤리》, 1843, 303)

즉 무엇인가 18세기에 느꼈던 것으로서 칸트의 말, 무제약적 진리들에 대한 요구와의 대립에서 모든 역사적 대상의 다양성과 제약성을 우리에게 제시한다면, 슐라이어마허는 독일 이상주의의 시도, 역사적 상대성을 무역사적 합리주의, 즉 존재론적으로 즉시 역사의 충만함에 의해서 그들의 통일적 삶의 근거를 인식하는 역사 사유와는 다르게 극복하려는 시도를 보여준다.

슐라이어마허의 입장이 철저하게 최종적 진술이 아니고, 오히려 역사가 바로 이 입장을 여전히 보다 어려운 문제 앞에 세워왔다 하더라도, 내가 볼 때 이 길 위에서 우리의 작업은 결국 진행되어야 한다. 왜냐하면 슐라이어마허와 함께 보다 높은 힘으로의 정신 고양을 단순히 기독교 안에 한정 시키는 것이 더 이상 가능하지 않기 때문이다. 동일하게 기독교를 단지 역사적 예수의 인격성 안에 존재하는-절대적이고 모든 역사적인 제약성을 배제하는 정신의 현실화로서 규정하는 것 역시 불가능하기 때문이다. 이런 점들을 고려해 볼 때, 칸트에 의해서 만들어진 인식들의 경향이 매우 의미 있는 것으로 증명된 셈이다. 덧붙이자면, 이미 슐라이어마허도 역시 인위적이면서, 이멜에 의해서(7쪽) 정당하게 특별히 어렵게 느껴진 것으로서, 종교철학적 입장과 기독교적 공동체의 자기 증언의 조화를 통해서 그의 입장에 대한 사유성을 해명해왔다. 이러한 어려움들을 새로운 것에 의해서 논쟁하고, 가능한 곳에서 균형을 잡으려는 변증법의 기술 없이 극복해가는 것이 앞서 놓인 작업의 노력이다.

* *

*

둘째 판에 붙이는 글

본서는 오랫동안 절판된 채로 있었다. 나는 새로운 재판을 전적으로 개작하느냐, 그렇게 함으로써 사유의 좀 더 포괄적인 틀에 그것을 병합하느냐, 또는 본질적으로 수정 없이 두느냐의 선택 앞에서 있었다. 그러나 나는 후자의 방향으로 결정하였다. 나에게는 여유가 없었고, 부분적으로 책이란 결과적으로 신학적인 문제제기의 규정된 상황에 속하긴 하지만, 상황과 분리되지 않기 때문이다. 그 상황은 더 이상 오늘의 상황은 아니다. 지난 10년간 문제 제기들은 거의 엄청나게 날카로워졌다. 그러나 본서는 지금도 여전히 그 무렵의 정황을 자신의 출발점으로 삼는 자들을 위해서는 유용할 것이며,

그동안 야기된 변천들에 대한 이해를 돕는 데에도 유용할 것이다. 그 책은 다양한 비평들 중에서 내가 제시하기를 원하는 헤르만(W. Herrmann, ThLZ 190, S. 330-334), 예거(P. Jäger, ChW 1902, S. 914-921, 930-942), 그리고 오이켄(R. Eucken)의 비평들 외에 단지 여기에서 제시할 수 있는 많은 반박들을 제시할 수 있다: 토매(Thomä)의 《기독교의 절대성》(*Die Absolutheit des Christentums*, 1907), 브룬스태드(Brunstäd)의 《기독교의 절대성에 대하여》(*Über die Absolutheit des Christentums*, 1905), 베트(K. Beth)의 《기독교의 본질과 역사학적 탐구》(*Das Wesen des Christentums und die historische Forschung*, NKZ XV); 저자는 생물학상의 연구 결과에 응하여 최근 들어 그의 견해를 바꿨다. 하인리히의 《신학과 종교학》(*Theologie und Religionswissenschschaft*, 1907)에서 그는 그의 종전의 작업과 구별 짓는 차원으로 공평성을 추구했다. 훈칭거(A. W. Hunzinger)의 《교회적인 신학의 종교철학적 과제들》(*Die religions-philosophische Aufgabe der kirchlichen Theologie*, NKZ XVIII)과 《현대적인 조직신학의 과제와 문제들》(*Problem - und Aufgaben der gegenwärtigen systematischen - Theologie*, 1909), 이멜스(L. Ihmels)의 《보다 새로운 교의학적 신학에서의 시각들》(*Blicke in die neuere dogmatische Arbeit*, NKZ XVI S. 505-522), 부세트(W. Bousset)의 《칸트적이고 프리스적인 종교철학과 신학에 대한 적용》(*Kantisch-Friesische religionsphilosophie und ihre Anwendung auf die Theologie*, ThR 1909). 여기에서 역시 슈프랑거(E. Spranger)의 《역사학의 근거들》(*Die Grundlagen der Geschicht-swissenschaft*, 1905)과 가장 최근에는 카프탄(Theodor Kaftan)이 쓴 《에른스트 트뢸취, 비판사적 연구》(*Ernst Troeltsch, eine zeit-kritische Studie*, 1911)가 본이 되고 가치 있는 논쟁서로 언급될 수 있다. 이 확실한 입장에서 오이켄의 《종교철학의 주요 문제》(*Haupt-*

probleme der Religionsphilosophie, 1909), 그리고 모든 경우에 베르늘레(P. Wernle)의 잘 알려진 《신학개론》(*Einführung in die Theologie*)이 언급될 수 있겠다. 다른 의견의 표현들과 논쟁은 여기에서 가능하지 않다. 나는 그 논쟁을 내 다음 작업이 될 수행된 종교철학으로 연기해야 한다.[6] 여기에서 단지 나는 모든 논쟁들로부터 그 문제가 분명하게 나타날 것이라는 것을 보여줄 뿐이다. 내가 분명히 기독교적 특수 인과성으로서 인정할 수 없는 그 기적이 그 한 사람에게는 부족하다. 그렇지만 많은 사람이 조용히 나에게서 그 기적을 추축하고 있는 보편법칙성의 급진적 합리주의와 관련하여 나의 논문을 《우발성(偶發性) 개념의 의미》(*Die Bedeutung des Begriffes der Kontingenz*, ZThK XX, S. 421-430)[7] 제시한다. 그의 근본 직관은 이미 이 책의 저술을 위한 시간에도 가치가 있었다. 다른 것들에 대해 역사적이고 실증적 요소의 강조는 이념에 직면하여 너무 적었다. 다른 한 부류에서 역사적이고 실증적인 요소의 강조는 너무 강했다. 그리고 그들은 내 사유 과정 속에서 치료할 수 없는 틈을 발견하리라 믿는다. 그와 함께 나의 입장과 그와 함께 주어진 문제는 적당하게 변형되었다. 하지만 나는 그 위치를 계속해서 유지하리라 생각한다. 그리고 그 위치를 보다 포괄적으로 근거를 세울 수 있기를 희망한다.

다음과 같은 사실, 즉 나는 이 위치로부터 직접적으로 주어진 몇몇의 결과의 문제들을 다루어왔는지 암시한다면, 그 사실은 많은 독자들에게 환영받았을 것이다. 선교의 문제에 대해 나는 "근대세계에

---

[6] 트뢸치는 어떠한 수행된 종교 철학을 쓰지 않았다. 그러나 1907년에 출간되고 근원적으로 쿠노 피셔를 위한 논문집에 실린 논문 "종교철학"과 전집 2권에 결합된 논문들인 "종교적인 상황과 종교 철학 그리고 윤리를 위하여"를 비교하라. 종교철학은 게루트 폰 레포트에 의한 타자체로서 존재한다. G.v. 쉴리페에게서 비교하라.

[7] 전집 2권, 769-778.

서의 선교"(Die Mission in der modernen Welt, ChW 1906)[8]를 서술했다. 그리고 이 내용을 좀더 명확하게 하기 위해서 G. 바르네크에 직면하여 "선교동기와 그 과제, 그리고 근대적인 인간성 기독교" (*Missionsmotive, Missionsaufgabe und neuzeitliches Humanitäts-christentum*, ZMR 1907)라는 논문을 썼다. 이 과정에서 이루어진, 특히 예수의 인격에 대한 태도의 문제를 기술한 것이 《신앙에 있어서의 예수의 역사성 의미》(*Die Bedeutung der Geschicht-lichkeit Jesu für den Glauben*, 1911)라는 소책자이다. 제도권 교회의 정신과 본능에 대한 나의 서술의 관계를 《기독교 교회들과 및 단체들의 사회론》(*Soziallehren der christlichen Kirchen und Gruppen*, GS I, 1912)에서 해명했다. 끝으로 여기서부터 존재한 교리적인 주제들을 다루기 위한 예들을 우선적으로 《역사와 오늘의 종교》(*Religion in Geschichte und Gegeenwart*)로 함축한다.[9]

이 개정판에 일부 변화가 있다면 다만 문체상의 변화이다. 나는 헤르만에 의해서 정당하게 비판받은 몇 개의 문구들은 삭제했다. 최근 서적들이 내게 알려지는 대로 참고하였고, 이외에도 몇 가지 위치들에서 지나치게 간결한 본문은 어느 정도 확실하게 되었고, 넓히기도 하였다.

1911년 10월 16일
하이델베르크에서   에른스트 트뢸취

---

8) 전집 2권, 779-804.
9) 트뢸치는 역사와 현대에서 종교 1판에서 구속, 종말론, 율법, 신앙, 교회, 자연법, 계시, 예정, 개신교주의에 대해서 썼다.

한 권의 책 번역에도 역사가 있다

19세기에서 20세기로 넘어서는 시점에서 개신교 신학사상에서 기념비적 역할을 했던 트뢸취의 명저 《기독교의 절대성》(*Die Absolutheit des Christentums und die Religionsgeschichte*)이 제자들에 의해 한국어로 출판된 것을 기쁘고 고맙게 생각한다. 비록 그의 신학이 두 차례 세계대전을 비롯한 인류의 비극적 역사 속에서 크게 빛을 보지 못했고, 상대적으로 신정통주의 신학사조가 대세를 이뤄왔다. 그러나 오히려 지금과 같은 가치다원주의가 현실인 정황에서 트뢸취의 문제의식은 죽지 않고 소생 중이다. 또한 리프킨의 《유로피안 드림》에서 적시했듯 미국을 대신할 새로운 세계적 주체로서 하나의 유럽이 부상한 것도 이미 오래전 '문화통합(Kultursynthese)'이란 이름 하에 트뢸취가 시도했던 신학적 결과였다. 트뢸취가 단순히 신학자만이 아니라 정치, 법률 나아가 교육에도 정통한 사상가였다는 것이 그의 문화통합적 사유의 혜안의 배경일 것이다.

오늘 한국어로 소개되는 《기독교의 절대성》은 필자들이 예상하듯 교리적 관점에서 쓰여진 책이 아니다. 소위 보수 근본주의자들이 주장하듯 기독교의 우월성을 강조할 목적의 책이 아니란 것이다. 트뢸취 생존당시 역사주의가 강단을 지배했고, 역사주의의 등장 속에서 오히려 교리적 신학은 자신들 위상을 염려해야만 했다. 이 때 트뢸취는 "신학함에 있어 도그마적 방법인가 혹은 역사적 방법인가?"라는 긴 논문을 통해 역사주의를 발판삼아 기독교 신학의 재구성을 위한 이론적 토대를 제시했다. 신학이 연역적인 교리학을 전제로 역사주의를 배격하는 한, 강단학문으로 취급받지 못하던 상황에서 트뢸취 나름의 기독교 변증론을 펼친 것이라 하겠다. 바로 이런 논의를 발전시킨 것이 그의 명저 《기독교의 절대성》이었다. 시대정신인 역사주의를 방법론으로 채택하되 그 틀거지 안에서 기독교의 절대성을 새롭게 증명하고 싶었던 것이다. 하여 혹자는 이 책을 슐라이어마허의 《종교론》(Über die Religion)과 비교하기도 한다. 그 역시 종교를 비웃던 이성과 도덕의 시대에 직관과 감정으로 종교(기독교)를 지키고자 했던 탓이다. 여하튼 트뢸취는 역사 속에서 가장 훌륭한 규범(Norm)을 창출한 종교를 기독교로 보았고, 그것으로 기독교의 절대성을 주장코자 하였다. '하느님 나라'란 규범은 인류의 미래를 위해 여타 어느 종교와도 비교할 수 없을 만큼 탁월한 역사의 산물이란 것이다. 그가 염원한 문화통합 이념 역시 하느님 나라 규범과 무관치 않았다. 하지만 이는 슐라이어마허에게서 역사(신앙론)를, 칸트에게서 규범(순수이성비판)을 배워 양자를 비판적으로 종합함으로서 가능했다. 당시가 신(新)칸트 학파의 전성시대인 것을 생각하면 좋을 일이다.

그럼에도 트뢸취에게 항상 따라붙는 질문은 '역사 속에서 생겨난 규범이 과연 절대성을 지닐 수 있는가' 하는 것이었다. 지금껏 도그마적 사유에 익숙한 이들에 의해 이런 비판은 끝이지 않았다. 하지만 트뢸취의 문제의식을 오늘의 방식으로 적극 확장시켜 논의한 학자들도 없지 않았다. 正行(Orthopraxis)을 중심하여 종교간 대화이론을 전개한 폴 니터 같은 이들에 의해—그의 책《오직 예수이름으로만?》을 통해—트뢸취는 20세기를 새롭게 열었던 앞선 사상가로 크게 평가받은 것이다. 오늘 우리가 살고 있는 시대가 수없는 '脫'의 시대를 살고 있는 것을 감안한다면 트뢸취는 이미 脫기독교 시대를 예감한 선구자라 말할 수 있다. 필자 역시도 근 30년 전 스위스 바젤 대학에서 트뢸취의 저서를 읽고, 논문 일부를 구성했던 사람으로서 그의 독창적 학문성에 크게 감탄한 바 있다. 최근 탈현대적인 신학적 물음, '예수가 대답이라면 과연 우리의 물음(문제)는 무엇인가?' 역시 트뢸취로부터 시작된 질문일 것이다. 그가 넘고자 했던 도그마적 방법으로 신학의 역사를 되돌리기보다 그의 문제의식을 갖고 예수가 대답인 것을 진지하게 되물을 일이다.

이렇듯 중대한 의미를 지닌 트뢸취의 책이 출간되기까지 많은 사건이 있었고, 그것은 이제 이 책과 함께 독자들에게 역사로서 기억되기를 바라서 필자는 이 글을 쓰고 있다.

1980년대 중반 모교에 부임한 필자는 후학들에게 독일어와 유럽의 근현대 철학과 신학을 가르쳤다. 당시로서는 많은 학생들이 필자의 강의를 청강했고, 새로운 내용들에 공감해 주었다. 그중 남달리 독일어에 관심하며 유럽신학에 호감을 보이던 학생이 있었다. 작은 키에 다부진 질문으로 때론 필자를 힘들게 하던 총명한 사람이었다. 그가 바로 이 책의 상당 부분을 번역하다 운명을 달리한 (故) 이기호 목사이다. 목회 형편상 대학원을 휴학한 그는 목회도중 간간히 자신이 번역할 책을 한 권 추천해 달라고 하였다. 그런 노력이라도 있어야 목회가 느슨해지지 않을 것이란 이유에서였다. 당시 필자는 이런 부탁을 학문을 접을 수밖에 없었던 자신의 마음 다스리기라 생각했고, 트뢸취 책의 난해함을 강조하면서 이것을 건네주었다.

오랜 세월 소식이 없었고 필자도 잊고 있었다. 그러던 중 그의 부고 소식을 그의 아내로부터 듣게 되었다. 벌써 아주 오래된 일이라 몇 년 전 사건인지 기억조차 없다. 대전,청주 등에서 작은 목회하며 이 책을 붙잡고 우리말로 옮기는 일에 기쁨을 느꼈다는 것이 그의 부인의 전언이었다. 번역하다 그친 원고뭉치를 그녀가 필자에게 가져왔다. 한 권의 책으로 만들어 달라는 부탁과 함께. 마음 깊숙한 곳에 이들 부부의 바람을 묻은 채 필자는 분주하게 생활했고 긴 세월을 놓치고 말았다. 입이 열 개가 있다한들 고인에게 변명할 길이 없을 것이다. 故 이기호 목사와 그의 가족들에게 정말 죄송한 마음을 전하고 싶다.

그런 중에 제자 한 사람이 독일의 마인츠 대학에서 트뢸취를 전공하고 돌아왔다. 대학원 시절 야스퍼스의 철학적 신앙을 주제로 논문을 썼던 제자인데, 여러 주제로 고민하다 트뢸취를 연구하게 되었다는 것이다. 최태관 박사, 그를 만난 것은 행운이었다. 그를 통해 故 이기호 목사의 수고가 빛을 보게 되었으니 말이다. 그는 약삭빠른 학자 군에 속하지 않는다. 대기만성 형의 진실된 사람이라 지금도 여기고 있다. 모두가 자기 일에 바쁜 처지에서 이름도 빛도 없는 일에 시간과 정성을 쏟고자 하는 이들이 전무한 것이 현실이다. 최 박사는 이미 번역된 글까지를 꼼꼼히 교정하면서 선배가 남긴 몫을 본인의 작업이라 여기고 마지막까지 최선을 다해 주었다. 그를 통해 유가족에게 빚을 갚게 되었으니 필자가 크게 고마워해야 할 것이다. 마음속 깊은 곳의 돌덩이가 거두어지는 느낌이다. 본 책의 출판을 통해 유가족들도 고인의 마지막 향기를 온몸으로 느끼며 힘을 얻을 수 있었으면 좋겠다. 정말 그리 되었으면 좋겠다.

따라서 본 책은 故 이기호 목사와 최태관 박사의 공역으로 세상에 나오게 될 것이다. 두 사람의 아름답고 성실한 인격이 배어있기에 트뢸취 책이 한층 더 귀해질 것이라 확신한다. 트뢸취의 《기독교의 절대성》을 읽는 후학들은 이들 두 사람의 이름도 함께 기억해 주면 좋겠다. 목숨과도 바꾼 책이라 여긴다면 그의 이름을 어찌 떠올리지 않을 수 있 겠는가!

   한들출판사가 이 책의 출판을 참 긴 시간 기다려 주었다. 크게 고마운 일이다. 더구나 양장본으로 만들어 보급한다 하니 많은 이들의 서고에 꽂혀 읽혀질 것을 기대해 본다.
   이제 마지막 일을 머릿속에 계획해 본다. 故 이기호 목사의 친구들과 유족들을 모시고 책 출판을 함께 축하하는 일말이다. 그 기쁜 순간을 떠올리며 감사하는 마음으로 축하의 글을 마감하련다.

                   부암동
                '현장 아카데미'에서 이정배

기독교의 절대성

지은이   에른스트 트뢸취
옮긴이   이기호 · 최태관
펴낸이   정덕주
펴낸 곳   한들출판사
        서울시 종로구 연지동 136-46 기독교회관 1012호
        등록 제 2-1470호 1992.

E-Mail   handl2006@hanmail.net
홈페이지 www.ehandl.com
전　화   편집부 741-4068~69
        영업부 741-4070 FAX 741-4066

2014년 4월 5일 초판 1쇄 발행

ISBN 978-8-8349-652-2 93230